キャリア開発論

Textbook of Career Development

第2版

武石恵美子 著

Takeishi Emiko

自律性と多様性に向き合う

中央経済社

はじめに

学生が就職先を決めて就職活動を終えると,「これから先のことは自分で考えてもしかたがない」ということを口にするようになる。就職活動を通して,自分は何がやりたいのか,自分の強みは何か,と自分にとことん向き合ったはずなのに,就職先が決まったとたん,どんな仕事に就くのか,どこで働くのか,ということについて思考停止状態になり,あとは勤務先が決めることと,自分の将来を考えることを放棄してしまう。一方で,社会では,一億総活躍,多様な人材の能力を活かす,と個々の力に期待するようなフレーズが飛び交う。このような社会のムードを,学生が冷めた目で見てしまうのは,ある面で現実的なのかもしれない。

しかし,学生たちが職業キャリアを積み重ねていくこれからの社会では,自分が自分のことを考えなければ,(極端な言い方をすれば)誰も考えてくれない,という状況になっていくだろう。言い換えれば,自分らしい人生を自分の力で切り拓いていくということがこれまで以上に求められるし,それが可能になっていくことを願いつつ本書を執筆した。

本書では,特に職業生活において,自分らしい職業人生を歩むための個人の主体的な行動を,「自律的なキャリア開発」として議論を進めている。「人材開発」というと組織の視点がより意識されることになるし,「キャリア発達」「キャリア形成」には個人の主体的な働きかけの意味合いが薄い。「キャリア開発論」というタイトルを選んだのは,自身のキャリアに向き合う個人を中心にして現状や課題を明らかにしたかったからである。

主体的に自身のキャリアを律していくという意味で「自律性」が本書の重要な第1のキーワードである。自分ひとりで立ち上がる「自立」も重要であるが,立った後に方向を定めて歩き出すという意味合いで「自律」という言葉を使っている。自分がやりたいことや意義があると感じられることへのこだわり,それを少し長いスパンでとらえながら自分の進む方向性が決められることが，自律的にキャリアを歩むことだと考える。

個人が何を大切にするかは，個々に異なりきわめて多様である。また，個人の中で，一本筋の通った軸となるものがあったとしても，日々の生活においていつも１つのことだけを優先して生活することはできず，様々な事情と折り合いをつけなくてはならない。個々の自律性を重視するということ，自分の自律性を認めてもらうということは，他者の自律性も尊重するということである。したがって自律的なキャリア開発を進めようとすれば，個々人の多様性を受け入れることが不可欠になる。同時に，多様性を企業価値につなげようとする経営戦略（ダイバーシティ経営）が広がっているが，多様性が組織にとって有効性を発揮するためには，周囲に同化せずに自分らしく生きる個人であることが求められる。「自律性」は，「多様性」を受け入れてそれを組織の価値にしていこうとする社会や組織の環境がなければ空回りしてしまう。そこで本書の第２のキーワードを「多様性」とした。

これからのキャリア開発は，この「自律性」と「多様性」を軸に考えなくてはならなくなるというのが，筆者の基本的な考え方である。ただし，本書の執筆にあたっては，個人は自律すべき，企業は多様性を重視すべき，という「べき論」を論じないように心がけた。社会や企業の変化の中で，これからのキャリア開発をどのようにとらえたらよいのか，そこで，個人は，企業は，社会は，何ができるのか，という議論を展開することが，今日的なキャリア開発を論じることにつながると考えている。

本書は，まずは，キャリア開発論について体系的，実践的に学ぶ大学生や大学院生のテキストとして執筆した。そのため，キャリア開発に関する理論や議論を整理した上で，筆者が実施した最近の研究成果を踏まえ，今日的なキャリア開発の課題につながる場面を切り取って，具体的な状況を設定しながらキャリア開発を議論できる材料を提供している。これまでもキャリア開発に関するテキストは数多く出版され，筆者も活用してきたが，個人がキャリアを振り返りながら今後を考えるための啓発的な内容や，実践の場でキャリア支援を行う専門家に対する学説の紹介などが多く，今日的な課題におけるキャリア開発論を展開しているものは少ないという感想を持ってきた。現実に起きている状況をどのように理解し，また今後何が求められるのか，について検討する上で，具体的な状況を設定して議論することが有効であると考えた。したがって，本書の課題提起を契機に，働いている人が自身のキャリア開発に向き合う，あるいは企業の人事部門でキャリア開発支援策について考えていただくことも期待している。

以上の執筆意図から，本書は，大きく２部構成をとり，第Ⅰ部では，キャリア開発に関する基礎的な理論や近年の動向に関する議論を中心に紹介しつつ，なぜ今「キャリア開発」が注目されるのかについて，４章構成で述べている。特に，企業経営を取り巻く変化，その中でも本書でキーワードとして取り上げたキャリア自律に注目している。

第Ⅱ部は，正社員の多様化や女性のキャリア，非正規の問題など，具体的な場面を設定して，キャリア開発をめぐってどのような課題が起きているのかを考察し，今後について考える材料を提供している。個人の視点からみてキャリア開発上課題となると考えられるテーマを設定しており，企業の人材開発の視点として重要な経営を担うコア人材の開発やグローバル人材開発といったテーマは設定していないため，これらのテーマは別の専門書等を活用していただきたい。第Ⅱ部では，筆者が手がけてきた研究成果を紹介しながら，具体的なデータ等に基づいて現状を紹介している。現実から遊離した頭でっかちの「べき論」にならないように，実証的なバックデータにより，今後を考える材料を提供するように努めたつもりである。

自律的なキャリア開発を重視する時代になれば，企業が行う人材開発の役割が薄れてしまうというのは短絡的である。働く人の職業キャリアの開発の成否は，どのような仕事経験を積んだかということと密接にかかわっている。したがって，自律的なキャリア開発のために企業は人材開発から手を引く，のではなく，自律的なキャリア開発を支援するという観点から制度・施策を再編するということが必要になる。キャリア開発のありようが変化することで，個人と企業の双方が企業主体の人材開発の時代とは異なる考え方でキャリア開発に臨むことが必要になるだろう。個人が自律的に向き合うキャリア開発における企業組織の役割や施策のあり方，は，本書の執筆を通して常に意識していたことである。

キャリアという言葉が様々な場面で使われ，ごく身近なものとなってきた。キャリアに関する研究やそれに基づく理論化は，アメリカの研究者の業績が中心である。それは，アメリカの労働市場の構造と関連があるだろう。アメリカの大企業もかつては終身型の長期雇用を重視していたが，社会の変化とともに組織内でのキャリア開発だけに依存することが難しくなってきたことが，複数のキャリア論が展開される背景にある。日本がアメリカと同じ道をたどるとは考えにくいものの，キャリア≒生き方，を考えるのは，自分以外にはない，という姿勢で，「いつも」は難しいにしても，「折に触れて」自分に向き合うことが大切になっている。

以上が2016年９月に本書を出版した趣旨である。

今般，初版を大幅に加筆修正した改訂版を出版することとした。第１版の出版以降，世の中は大きく変化した。急速に進むデジタル化，働き方改革を取り巻く政策や組織対応，新型コロナウイルス感染症への対応など，構造的な変化が進んでいる。こうした変化を踏まえたキャリアのあり方をあらためて考える必要があると考え，構成を含めた改訂を行った。

本書の執筆にあたっては，これまで実施した研究プロジェクトの成果を活用させていただいている。それぞれの研究については，各章で言及しているが，プロジェクトを共に進めてきた研究者，実務家の方には心から感謝申し上げる。また，本書のテキストとしての性格上，大学の学部や社会人大学院の学生との議論が非常に有効であった。学生の皆さんにこの場を借りてお礼を申し上げる。また，本書刊行にあたっては，中央経済社学術書編集部編集長の市田由紀子さんに，第１版に私の企画をとりあげていただいて以降今回の改訂版においてもご尽力いただき，出版までこぎつけることができた。感謝の気持ちでいっぱいである。

キャリア開発を議論する際に定番のメニューがあるわけではなく，その意味で「キャリア開発論」は発展途上である。本書も重要なトピックを網羅できているものではなく，改善すべき点は多いと考えており，それも含めて議論していただき，ご批判を賜りたい。キャリア開発を論じる材料として，本書がお役に立てれば幸いである。

2023年３月

武石　恵美子

目　次

第 Ⅰ 部　全体像をつかむ

第1章　キャリア開発とは何か

最初に，本書のテーマである「キャリア」「キャリア開発」について，その概念を明確にする。本書では，職業キャリアの開発を中心テーマに据える。しかし，働く女性の増加などにより，職業以外のライフキャリアと職業キャリアとが密接に関連するようになってきている近年の状況を踏まえ，「キャリア」を広義にとらえる場面が多くなってきたという点を重視する。キャリア開発論を展開するにあたり，関連する基本概念，理論的枠組みについて理解しよう。

1．キャリアをとらえる視点

❖ キャリアとは

「キャリア（career）」の語源は，車が通った後にできる轍（わだち，ラテン語でカラリア（carraria））であるといわれている。「キャリア」を最も広く定義すれば，個々人がこれまでにたどってきた軌跡といえる。

キャリア研究の第一人者で組織行動学者のホール（Hall, D.T.）は,「キャリア」の使われ方を，①昇進・昇格，②専門職，③生涯を通じた職務の連鎖，④生涯を通じた役割経験の連鎖，の４つに分類している（Hall［2002］)。①②はかなり限定された使われ方であり，④が最も広義の使われ方といえる。「キャリア」を広義にとらえれば個人が生きてきた「経歴」であり，人生そのものといってもよいだろう。しかしそれではあまりに茫漠とした概念になるので，③のような職業に関する経歴としてとらえられることが多い。「キャリア」のつく言葉を思い浮かべると，「キャリア・ウーマン」「キャリア・ガイダンス」「キャリア組」など，職業と関連付けた「経歴」として使われる言葉が多い。

「職業キャリア」は，仕事の経験を通して能力やスキルを身につけ，職業人として一人前になっていくプロセスでありその結果である。キャリア支援を研究する渡辺とハー（Herr, E.L.）は，キャリアについて次のように述べている。「キャリアは，個々人が，具体的な職業や職場などの選択・決定をとおして，時間をかけて一歩一歩努力して進んでいくのであり，創造していくものである。個人が何を選び，何を選ばないかによって作り出されるものであるから，ダイナミックであり，生涯にわたって展開されるものなのである。したがってキャリアは個々人にとってユニーク（独自）なものである。」（渡辺，Herr［2001］，p.19）

本書において，「キャリア開発」を論じる際の「キャリア」は，「職業キャリア」を念頭に置いている。しかし一方で，職業キャリアがそれ以外のキャリア，つまり学習や家族形成，社会活動などの「ライフキャリア」と切り離しては考えられない時代になってきたことが社会の変化として重要である。したがって，職業キャリアと職業以外のライフキャリアについても意識的にその関連性を考えていくこととしたい。

❖ 職業キャリアとライフキャリア

職業キャリアを開発する個人は，職業生活以外の様々な領域で役割を担っている。これをモデルとして展開したのが，「キャリアレインボー」（**図表１-１**）の提唱で著名なスーパー（Super, D.E.）で，「ライフ・スパン」と「ライフ・スペース」の観点から理論的アプローチを試みた（Super［1980］）。このモデルでは，個人は，「生活空間」（ライフ・スペース。家庭，学校，地域社会，職場が主なもの）と，年齢と関連する「発達段階」（ライフ・スパン。成長，探索，成立，維持，衰退）の２つの次元の中で，複数の役割（子ども，学生，余暇を過ごす者，市民や国民，労働者，伴侶，家庭人，親，年金生活者など）を担いながら，生きているととらえた。複数の役割は，個人の人生の経過の中で，その時々によって重要性が変化する。それを決定する要素として，①関与（commitment）：役割に対する態度で情意的側面，②参加（participation）：時間やエネルギー投入の度合いで行動的側面，③知識（knowledge）：正確な情報で認知的側面の３つがあるとしている。個々の役割は多重的な構造を形成しており，その相互作用を通じてライフスタイルが決定されるというモデルである。

（図表1－1）　Superのライフ・スパン/ライフ・スペース・アプローチ

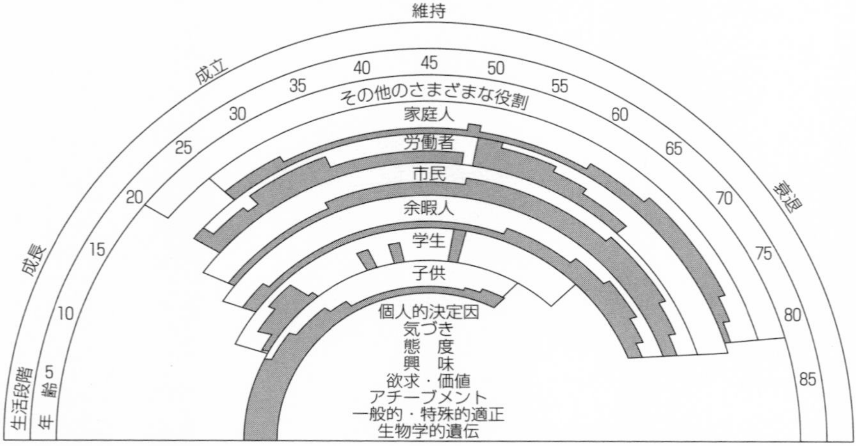

出所：渡辺，Herr［2001］より。

このモデルによりキャリアを解釈すれば，人はライフ・スパンとライフ・スペースの２次元の中でキャリアを形成しており，人間の一生を通じて各種の役割を果たしながらダイナミックに変化するものがキャリアといえる。職業人としての役割はその一部であり，家庭や社会とつながりながら，役割相互に影響を与え，影響を受けながら，広義の「キャリア」が形成される。

個人は，自身のキャリアを振り返って総括するとき，どの役割に重点を置くか，それは千差万別である。組織のトップに上り詰めた，高い収入を得て経済的に安定した仕事ができた，というように職業キャリアにおいて成功したとしても，それが人生全体の満足につながるとは限らない。家族との関係や友人とのつながり，職業以外の場面での社会的な承認など，複合的な要素でキャリアの成功を実感することの方が多いかもしれない。飛躍的な経済成長が期待できない安定的な社会になり，一人ひとりが価値を置くものは多様になっており，個人が担う多様な役割の相互の関係性に目配りしながら，キャリア開発を考えていくことが必要な時代になってきている。

❖ キャリアをとらえる視点の変化

それでは，キャリアをとらえる研究の視点は，時代の変化によりどのように変化してきたのだろうか。

従来のキャリアの概念は，１つの企業の中で経験を積み，昇進や昇給によって上昇していく直線的なイメージで語られることが多かった。前記のスーパーは，キャリアを，生涯にわたって発達・変化するものととらえ，成長・探索・成立・維持・衰退という５つのキャリア発達段階を示した（Super［1957］）。

また，人の発達を人生の四季にたとえたのは，レヴィンソン（Levinson, D.J.）である。彼は，人生を児童期・青年期，成人前期，中年期，老年期の４つの時期に大きく分け，それぞれの時期は，「安定期」と各段階の境目にある「過渡期」を繰り返しながら展開するものととらえる「ライフサイクル・モデル」を提示した（Levinson［1978］,［1996］）。

この２人に代表されるキャリアのとらえ方は，人生の出来事があるパターンで生じることを前提としており，安定的な社会構造の中で，主として男性，かつ，いわゆる終身雇用型のキャリアを歩む個人を念頭に置いたモデルといえる。実際に，レヴィンソンのモデルは，1978年の原著名には「Man's Life」という言葉が含まれており，男性の人生モデルを示している。

しかし，このモデルが現実の社会に合わなくなってきた。伝統的な状況下では，社会の変動幅は小さく安定的で，長期に１つの組織でキャリアを形成するモデルが人々に受け入れられ，経営者も労働者も互いに長期的な雇用関係の下でキャリア開発を行ってきた。しかしこうしたキャリアのありようは，大企業で働く男性労働者には適合するモデルであっても，女性や非正規雇用を含む多様な就業形態の労働者，あるいは比較的流動的な中小企業の労働者にはフィットしにくいという問題が指摘されてきた（Cytrynbaum & Crites［1989］など）。

社会の変動が大きく，組織を超えて多様な人材が働く時代になり，「終身雇用・男性」の典型的な労働者のモデルがあてはまらない労働者が増えてくるのに伴い，キャリアをとらえる視点も変化してきた。**図表１－２**に示すように，キャリアの選択の時期は学校から職業への移行期の一時点だけでなく，様々な時期にキャリア選択に向き合う機会が増え，職位や賃金が上昇するような直線的なキャリア形成から，多様なジグザグの方向へのキャリア展開が行われるよ

（図表1-2）　キャリアをとらえる視点の変化

	伝統的な状況	今後の状況
環境の特徴	安定的	変動的
キャリア選択	初期の年齢（一度だけ）	様々な年齢で繰り返し
キャリアの責任の主体	組織	個人
キャリアの見通し（空間）	1つの組織	複数の組織
キャリアの見通し（時間）	長期	短期
キャリアの変化の方向	上昇する	多様に変形する
事業主の期待	忠誠心，コミットメント	仕事への専念
労働者の期待	雇用保障	エンプロイヤビリティへの投資
キャリア上昇の基準	勤続に応じた上昇	成果や能力に応じて上昇
成功の意味	職位の上昇など競争での勝利	達成感など内的なもの
育成方法	計画的にジェネラリスト育成	OJTで専門性育成
キャリアの特徴	直線的	多面的

出所：Baruch［2004］より。

うになってきた。また，キャリア成功は高い地位に就くといった外形的に測れるものではなく，個人が達成感を感じるといった内的な側面からの価値が重視されるようになってきた。

先に「ライフサイクル・モデル」を紹介したが，同じパターンを各世代が繰り返す循環的な意味合いがあるこの言葉に代わり，「ライフコース」が多用されるようになっている。歴史的なバックグラウンドや，社会の変化の影響を受けて人生は多様なパターンをたどることに注目した言い方として「ライフコース」が使われるようになってきたのは，人生の多様性を反映したものといえる。

2．キャリア開発とは

❖ キャリア開発とは何か

「キャリア開発（Career Development）」とは，個人の職業経歴としての「キャリア」をある方向に導くことである。キャリアの変化をとらえる中立的な概念ではなく，組織にとっては個人の能力を高めるなどにより人材の価値を高めることを含んでおり，また個人にとっては自分にとって望ましい職業経験を積んでいくプロセスといえる。

「キャリア開発」と似た概念に「人材開発」がある。人材開発の主体は第一義的には組織サイドにあるといえる。企業や団体などの組織が，経営資源の1つである「ヒト＝人材」の能力を高めて，経営に貢献する人材に育てる仕組みが人材開発である。

これに対して「キャリア開発」は，組織にとって有用な人材として能力を高める「人材開発」の側面は当然含まれるものの，個人の側面を重視する。つまり，働く個人にとって，満足感や達成感が味わえる，納得感を実感できる方向に自身の専門性が向上し仕事の幅が拡大する，さらには人間的にも成長する，というように，働く人からみたキャリア開発の視点を重視する概念である。

「キャリア開発」というときの，「キャリア」は個人の経歴であり，それは必然的に個人に帰属するものである。組織が行う人材開発に加えて，個人にとっての望ましいキャリア展開，双方に目配りをした概念が「キャリア開発」である。もちろん，「人材開発」は，個人のキャリア展望等個人の状況や事情を踏まえて実施されることが有効であり，個人サイドの視点がないわけではないが，これまでは，組織の関与に，より重点が置かれてきたといえる。

❖ キャリア開発の主体

キャリアを「開発する」というとき，「開発する」主体は，大きく分けると，「組織」と「働く（働こうとする）個人」の2つの主体があることになる。さらに，組織と個人によるキャリア開発につながる行為を支援するものとして，公的な政策等も重要な役割を担っている。

組織は，個人の能力やスキル，あるいは意欲や組織や仕事へのコミットメントといった内的なものを含めて，人材としての経営資源を組織活動に活用することを目的に，キャリアを開発する。一方で，個人は，自身の経済的基盤を得るためには賃金が上昇することが重要であり，それが職業能力を高めるインセンティブとなるが，それ以外にも，地位，仕事のやりがい，周囲からの承認など，職業キャリアを開発することによる自己に対する効果を期待する。

それでは，組織と個人は「キャリア開発」にどう関与するのだろうか。

キャリアが個人に帰属するものである以上，働く人が自身のキャリアの展開を主体的に考えなければ，キャリアは流されてしまう。しかし，個人が自分のキャリアを白地の状態からプランニングをして開発するのは現実には難しい。多くの個人は，組織の中で働いており，組織の中の仕事の体系や育成のシステムを理解することによって，効果的なキャリア開発が可能になる。いずれ転職して他の組織に移る，もしくは自ら起業するという予定がある場合でも，今の経験が基礎になって次のステップに移っていくものであるため，今所属している組織においてキャリアを効果的に開発することが望ましい。したがって個人の志向するキャリアの展望と，組織が個人に求める人材開発の方向性の両方が，できるだけ適合するような方向でキャリアが開発されることが重要である。

しかし，日本企業で働く個人が，自身のキャリア展望を主体的に考えてきたか，というと，実はあまり考えていないケースの方が多かった。中堅社員の研修で，５年後，10年後の自分の姿についてイメージしてもらおうとしても，それができない社員が多いと嘆く研修担当者に出会うことが多い。組織に入ると，自分の将来に向き合う機会は意外に少なく，５年後，10年後を主体的に考えなくても，これまでは組織の中でキャリアが形成でき，結果として満足できるキャリアを歩んできたと振り返る個人が多く存在してきたのである。

❖ なぜキャリア開発か

では，なぜ今「キャリア開発」が重要なのだろうか。

もう一度，**図表１-２**のキャリアの概念の変化の議論に立ち返ってみよう。これまでは，１つの組織で長期的にキャリア開発が行われるものと考えられてきた。特定の組織の中でキャリアを開発する上で，どのような経験が重要か，あるいはどのような順序で経験するのが育成面で効果的か，という情報は，従業員以上に組織サイドが豊富に持っている。そのメリットを活かして従業員の配置や異動に組織が主体的にかかわるのが，「人材開発」である。

たとえば，組織の異動命令は極めて重く受け止められ，従業員個人がそれに異議を申し立てる余地はほとんどないというのが，これまで日本の組織で働く人の一般的な考え方である。また，組織が行う人材開発には自身のキャリアにとって何らかの意味があるはずであり，それに従うことの効果を期待する意識が従業員にもあった。

従業員と組織との関係を表す概念として，「心理的契約」がある。「心理的契約」とは，「当該個人と他者との間の互恵的な交換において合意された項目や状態に関する個人の信念」（Rousseau［1989］）である。事業主と従業員とが，お互いに何を与え合う義務を負っているかということに関する，従業員側の知覚を意味するものである。たとえば，年功処遇から成果主義的な処遇に移行した場合に，その変化を受け止めた従業員が心理的契約を更新することがあると考えられている。組織の成長，存続に疑念を抱かなくてすむ時代であれば，いったん心理的契約が成立すれば，組織と個人の強い結びつきを前提に人材開発を行うことが理にかなっていた。

ところが，個人と組織の関係性が変化し，組織が提供してきた賃金やポストといった報酬のみで，個人のモチベーションを維持することが難しくなってきた。昇進や昇給，ポスト処遇，雇用の安定という報酬そのものに対する従業員の信頼も揺らいでいる。組織を信頼して任せてきたキャリア開発の前提条件が崩れつつある。組織としても，変動の大きい社会の中で，長期的な視点で従業員のキャリア開発の方向性を見定めることが難しくなってきている。

こうした状況の変化については第３章で詳しく述べるが，端的に言えば，組織が従業員個人と長期的な雇用関係を維持しながら個人のキャリアの方向性を見極め，その結果に責任を持つということが非常に困難になり，組織主導の「人材開発」の限界がみえてきたということになろう。

１つの組織の中でキャリアを全うできる確実性が高く，組織が行う人材開発の仕組みに乗っていることの合理性があれば，従来型の人材開発の仕組みが機能するはずであるが，先が読めない時代に入り，企業は人材開発の手掛かりを失い，また企業競争の激化により時間をかけて人材を育成する余裕もなくなってきたという事情がある。個々人のキャリア志向も多様になり，それぞれが抱える事情に配慮しつつキャリア開発を行うことが，企業に求められている。

３．キャリア開発に関連する理論的アプローチ

❖ 労働者モデルの変化

キャリアを開発する個人をどのような存在としてとらえるかにより，個人に

対するマネジメントや支援のあり方は異なってくる。経営資源としての人を動かすためのマネジメントのあり方を検討する人的資源管理論において，労働者モデルがどのように変遷してきたのかについて概観したい。

19世紀末に，技術者であったテイラー（Taylor, F.W.）は，労働者の時間動作を研究し，標準化された作業方法（暗黙知から形式知へ）により仕事を行い，労働者を選別して育成し，作業能率を促進するために出来高払いによる報酬を支払う「科学的管理法」を提案した（Taylor［1911］）。それ以前のマネジメントは，経営者の気分に左右されるような成り行きに任せるものであったが，テイラーによって，近代的な管理が始まったとされる。この管理の対象となる人材像は，金銭という経済的な報酬によって動機づけられるという点で，「経済人モデル」といわれる。

1920年代になると，メイヨー（Mayo, E.）らのいわゆる「ホーソン実験」が始まる（Mayo［1933］）。ウェスタン・エレクトリック社のホーソン工場で，従業員の生産性を上げるための研究が行われた。まず，物理的な仕事環境（照明，室温，換気）と生産性との関連性が調査されるが，両者の間に関連はみられなかった。その後の実験や従業員との面談を通して，報酬や労働環境以上に生産性向上に重要な要因が，集団の基準（規範）や労働者の感情や態度などの人間的要因であることが明らかになった。労働者の作業能率は，注目を受けることや労働者の非公式集団の中の規範によって影響を受け，労働者は職場の人間関係に規定されて働いているとして，「社会人モデル」が提示された。

1960年代になると，自身が電話会社の経営者であったバーナード（Barnard, C.I.）の「組織論」が注目されるようになる。バーナードは，組織の目標達成と組織を構成する個人の動機の充足という，両方の側面を「同時的発展」することが組織の存続にとって重要な条件であるとした（Barnard［1938］）。ここでは，自由意思を持ち，自身の内的な目的により動機づけられた「自律人モデル」が提示された。

この組織論を基礎に置きながら，個人の動機の中でも，とりわけ成長や自己実現の欲求が重視されるようになる。中でも，マズロー（Maslow, A.H.）の「欲求階層説」が代表的である（Maslow［1954］）。人が基本的欲求を満足させようと努力するときに，生理的欲求，安全的欲求，社会的欲求，自尊的欲求，自己実現欲求の５つの欲求があり，それらが緊急度の順に階層を形成しており，低次の欲求が満たされるとその上位の欲求があらわれると考えた（**図表１－３**）。このうち，生理的欲求，安全的欲求，社会的欲求，自尊的欲求は充足されると次の欲求をもちやすくなるが，自己実現欲求はありたい自分を求める欲求であることから際限がないもので，人間は最終的に自己実現を目標にすることになるというモデルを提示している。

また，ハーズバーグ（Herzberg, F.）の動機づけの二要因論は，個人に満足をもたらす「動機づけ要因」と不満足をもたらす「衛生要因」を分離してとらえている点に特徴がある。この分類によると，経済的な報酬や作業環境，人間関係などの社会的要因は衛生要因，すなわちこれがないと不満足をもたらすが，これらの要因が十分でも不満は減少するが満足につながるとは限らないとした。一方で，満足度をもたらす動機づけ要因として，仕事そのものの充実（職務充実），承認，責任，達成，成長の可能性などがあり，これらに目を向けることの重要性を指摘した（Herzberg［1966］）。

（図表１－３）　マズローの欲求階層説

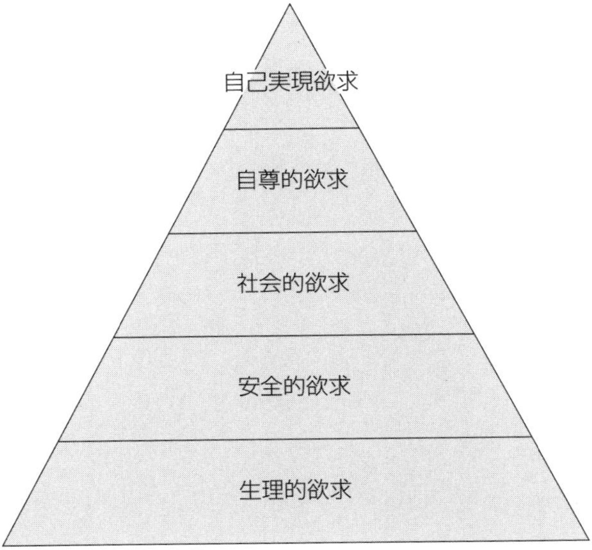

出所：Maslow［1954］より。

これらの議論において想定する人材像は，自身の価値観に基づき意思決定を行う「自己実現人モデル」である。

一方で，シャイン（Schein, E.H.）は，個人の多様性を重視し，上記のモデルはそれぞれの一側面を指摘しているにすぎず，動機づけは複雑なプロセスを経ているとして，「複雑人モデル」を提唱している。個々人によって重視するものが異なることに加えて，人生のステージにおいて重視するものが変化すると考えられた（Schein［1965］）。

❖ キャリア開発への動機づけ

なぜ個人がキャリア開発を行うのか，といえば，賃金や地位などの外的な報酬に加えて，「自己実現」という労働者個人の中の内的な価値基準に基づき成長を目指すからであり，これらが総合的にキャリア開発の動機となっているといえる。では，労働者が自身のキャリア開発に主体的に取り組む過程を，どのようにとらえることができるだろうか。

マズローの影響を受け，マクレガー（McGregor, D.M.）は，低位の欲求（生理的欲求，安全性欲求）が個人を支配すると仮定する「X 理論」と，高位の欲求（尊厳欲求，自己実現欲求）が個人を支配すると仮定する「Y 理論」を提示した。「人間は本来仕事をしたくない」という X 理論的人間観に立つと，賃金や労働環境といったものを考えて仕事への動機づけを高めることになる。しかし，人間には成長，責任，組織の目標に向かう行動などが存在するという Y 理論的人間観に立つと，それを高めるような組織側の役割が重要になるとしている（McGregor［1960］）。

また，アージリス（Argyris, C.）も，マズローの「自己実現人モデル」に依拠し，個人の自己実現欲求が仕事遂行過程で満たされていく組織を作ることが，個人・組織双方にとって有効であると考えた。つまり，職務における能力発揮の機会を増やす「職務拡大」（job enlargement）が重要であり，個人の方向性と組織の方向性とを調整するためには職務内容の決定に担当者を参加させていく「参加的リーダーシップ」が重要であることを指摘している（Argyris［1957］）。

このように，個人が自身のキャリア開発を行う上で，成長や自己実現という動機づけの「要素」が重要であることが指摘されてきた。他方で，仕事への動機づけの「プロセス」を説明する理論として代表的なものに，利益期待を最大化させるために合理的に行動する個人を基礎に置く「期待理論」がある。

ポーター（Porter, L.W.）とローラー（Lawler, E.E.）による「期待理論」では，「行動は，その行動が報酬につながる期待と報酬の魅力度によって規定される」と考える（Porter & Lawler［1968］）。個人は企業組織の中で，自己の報酬のために仕事をする。ここで報酬とは，物質的，評価的なものに加え，人的（良好な人間関係など），理念的（企業の経営ビジョンや価値観），自己実現的（自己の能力の開花，自己の可能性を活かすこと，挑戦的な機会の提供など）報酬も含めてとらえる。このトータルで見た報酬の魅力度が高ければ，モチベーションは高くなる。次に，報酬獲得の期待は，努力をすれば報酬につながる業績を上げることができるかという「努力→業績期待」と，業績が上がれば成果としてのアウトカムへの報酬獲得ができるかという「業績→成果期待」に分解され，それぞれが高まるとモチベーションが高まると考える。以上の関係を表したのが下記の式である。「業績→成果期待」を高めるのがインセンティブ・システムであり，自身の能力を高めるというキャリア開発は「努力→業績期待」を高めることに関連しているといえるだろう。

M	=	（E→P期待）	×	（P→O期待）	×	V
（モチベーションの強さ）		（「努力→業績」期待）		（「業績→成果」期待）		（報酬の魅力度）

❖ 組織内キャリア開発モデル

上述の一連の流れと少し視点が異なるが，組織内キャリア発達の3次元モデルを最後に紹介したい。

シャインは，キャリアの発達をライフサイクルとの関連でとらえながらも，組織内でのキャリア開発をモデル化し，組織と個人の相互作用によって成長するものとして位置づけている。組織内の移動と関連付けて，**図表1-4**で示すような3つの次元で進むととらえた（Schein［1978］）。

第1の次元は「階層」の軸ということができる。研修生→一般社員→係長→課長という形で，組織の階層を隔てる境界を通過するプロセスである。昇格・

昇進という垂直的なキャリア開発ということができる。

第２の次元は，「職能，技術」の軸ということができる。働く人の専門知識や才能，技術に応じた仕事経験が積まれる。専門性の高い個人は特定の職能でキャリアを形成するが，一方で，製造→販売→マーケティングというように組織の部門間の機能的境界を配置転換やジョブ・ローテーションに基づき移動するプロセスがある。この職能次元に沿った移動は，水平的キャリア開発ということができる。

第３の次元は，「部内者化，中心性」の軸といわれるものである。同一地位・同一部署（機能）内であっても，仕事の中味が組織にとってより重要で中心的なものへと移動していくプロセスである。地位・機能が変化しなくても，責任のある仕事が配分される，重要な情報を取り扱うようになる，信頼されるなど，組織の中での自己の重要性が変化することにより，組織の内部へとより近づくことを意味する。この反対は周辺性であり，地位や機能が変化しても，職務内

（図表１－４）　組織内キャリア発達の３次元モデル

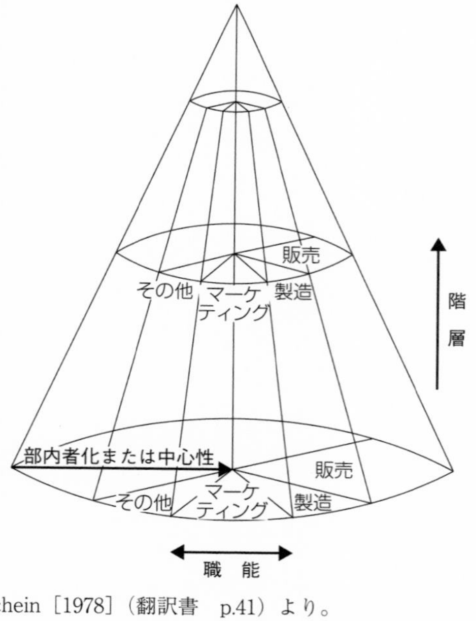

出所：Schein［1978］（翻訳書　p.41）より。

容が重要性の薄いものである場合はこれにあたる。

4．キャリア開発を取り巻く社会的な要因

以上，個人に帰属するキャリアに個人が向き合うということに関連の深いモチベーションの理論を中心に整理をしてきた。キャリアを開発する個人の周囲には，様々な社会環境が存在する。個人をどのような労働者モデルでとらえ，またその個人を取り巻く社会環境変化の方向をどのように認識するか，により，キャリア開発のあり方，それを支える制度は変化する。人間の複雑な心理や行動にかかわる事象を1つの理論のみで説明することはできないが，社会の変化の方向性をとらえながら，キャリア開発の課題やあり方について考えていくことが必要であろう。

図表1-5は，シャインが示した個人と組織の相互作用を分析する上で考慮すべき要素である（Schein［1978］）。個人と組織は社会の中にあり，両者の相互作用の中で双方にとって有益な状況となるような調和過程があり，それが最適に作動すれば，個人と組織にとってよい結果がもたらされると考える。シャインは，「社会にとって，組織にとって，また個人にとっての問題は，組織へのエントリーの時点だけでなく，組織ないし個人のキャリア全体ないし生涯を通じて，それぞれの要求をどう調和させるかである」（p.1）と述べ，この調和過程を重視する。

本書のテーマである「キャリア開発」は，個人と組織がともにかかわるということが基本である。ただし，本書の問題意識を先取りして言えば，個人が「自律的に」進めるキャリア開発へという重点の変化が起こりつつあり，それに対して社会や企業がいかに向き合うべきかを検討することがより重要になっていと考える。個人が「自律的に」進めるキャリア開発，すなわち「キャリア自律」の時代に移行する中で，どのような課題があるのかを本書では検討していきたい。

（図表１－５）　人的資源の計画と開発モデル

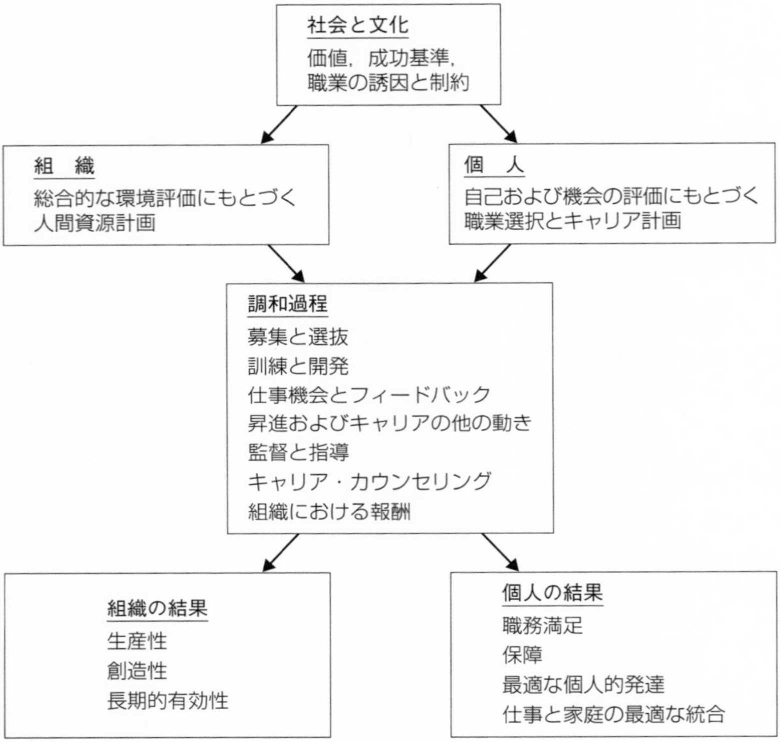

出所：Schein［1978］（翻訳書　p.3）より。

本章のポイント

①キャリアをとらえる視点が，社会の変化とともに変わってきている。

②職業キャリアの開発には，キャリアが帰属する個人と，個人が働く組織との２つの主体がかかわることが重要だが，近年は，より個人の主体性が重視されるようになってきている。

③働く個人をどのような存在として位置づけるかにより，その個人のキャリア開発のとらえ方が異なってくる。人は複雑な存在ではあるが，人材としての個人を理解しようとする科学的なアプローチが蓄積されてきた。

コラム　自分らしいキャリアとは

納得できる自分らしいキャリアというものを，どのようにとらえればよいだろうか。キャリアをとらえる視点に「外的キャリア」と「内的キャリア」がある。

「外的キャリア」は，外からみてわかるキャリアであり，学歴，所属する企業規模や企業名，職業，職位・ポスト，所属部門，社会活動の内容などがあげられる。職務経歴書などに書く内容は，外的キャリアが中心になる。

一方で「内的キャリア」は，個人側からキャリアをとらえる視点である。個人にとって意義が感じられるか，働きがいややりがいにつながっているか，という主観的な観点からキャリアをとらえようとするものである。

本章で何度か紹介しているキャリア論の第一人者シャインは，自分にとって重要なものを考えるときに，次の3つを知ってそれを達成することが内的キャリアの満足につながるとした（Schein［1965］）。

①　**自分は何ができるのか（才能や能力）——'can'**

②　**自分は何をやりたいのか（動機や欲求）——'want'**

③　**自分は何に意義や価値を感じるのか（価値）——'value'**

同じ仕事をしていても，それに意義を感じることができるか，満足することができるか，については個人差がある。上記の①から③を満たせば，仕事に前向きに取り組めるし，そうして取り組んできた自身のキャリアに満足し，納得することができるだろう。

働くことに対するモチベーションの源泉や今後のキャリア開発で何を重視するのか，といったことを考えようとすれば，内的キャリアに注目することが重要である。個々人の志向の違いも，人事における「適材適所」の重要な要素となりうる。また，個人が，自身の今後のキャリア開発について自覚的になることが求められる。

ただし，内的キャリアが重要で外的キャリアは本質的ではない，ということではない。内的キャリアを自覚するためには，目の前にある仕事を経験することが必要であり，両者の相互作用によって豊かなキャリアが形成されると考えるべきだろう。

第2章　キャリア開発の主体

個人の職業キャリアは，教育を受けたり仕事に関する経験を積んだりすることにより開発される。キャリアが開発されると，その個人の能力が高まり所属する組織のパフォーマンスが高まることを通じて組織にメリットをもたらす。同時に，個人にとっては，組織貢献に応じて賃金上昇，高いポストの提供が行われ，さらにやりがいのある仕事に就くことが可能になることなどのメリットが大きい。キャリア開発が適切に行われれば，個人と個人が所属する組織の双方にとってメリットがある。このことは直感的に理解できるが，本章では，これを人的資本・人的資源の理論に基づいてモデル的に説明していきたい。

1．人的資本と投資

❖ 人的資本とは何か

企業の経営活動における経営資源としての「人材」について，経済学や経営学では，「人的資本（human capital）」や「人的資源（human resource）」と呼ばれている。「『人的資本』ないし『人的資源』とは人々が働く職場に持ち込む特性のことを指し，具体的には，知性，才能，コミットメント，暗黙知や技能，学習能力」で，人的資源管理は「人のもつ諸能力を高めることが持続的競争優位を獲得する上で極めて重要であることを強調する雇用関係管理の戦略的アプローチの1つであり，その管理は雇用に関する施策，計画，実践を統合した一連の組み合わせを通じて達成される」（Bratton & Gold［2003］，p.12）とされている。

ここで人材は，他の経営資源と同じように生産要素の1つと位置づけられ，管理できる資源としてとらえられている。一方で，人的資源は，人格や意思を持つ点において他の経営資源とは異なり，そのスキルや意欲を向上させることにより組織への貢献度を高めることができるし，その反対もありうるという側面もある。後者の視点に立つと，従業員の能力の有効活用を図るために，人的資源の開発や動機づけなどが重要になってくる。

❖ 人的資本への投資

「人的資本」への投資理論を明快に展開したのが，ノーベル経済学賞を受賞したベッカー（Becker, G.）である。なお以下では，経済学における議論を紹介するために「人的資本」という言葉を使用する（Becker［1993］）。

ベッカーの人的資本は，企業にとっての設備投資と同様の考え方を適用する。企業が設備機械を購入する際には，費用を負担し，購入後機械を使用して収益を上げる。機械購入の費用を上回る将来の収益を期待して，今の時点で設備投資を決定する。人的資本も同様に，将来従業員の生産性が高まって経営に貢献し収益につながることを期待して，知識やスキルを高めるために教育訓練等のコストを支払うが，これが訓練の「投資」となる。この投資には，職業能力を高めるということ以外にも，心身の健康維持や人間関係のネットワーク拡大なども含まれる。

ここで，人的資本＝ヒトに由来する特殊性に留意が必要である。投資されたことによって能力が高まることは，組織だけでなく労働者本人にとってもメリットがあり，労働者にも能力を高めたいというインセンティブが生じる。労働者も，自分の能力を高めるために，学校に通ったり資格を取るなどにより自己研鑽を行うこともできる。また，組織サイドからみれば，労働者の能力が高まった時点で，もっと高い賃金を払ってくれる他社に転職してしまうリスクも考慮しなければならない。

この理論に依拠すれば，期待する収益を上回って過剰に投資することは無駄になる。したがって，どこかで投資を止める必要がある。人的資本にどれだけ投資をするか，を合理的に設定することが必要になるということである。キャリア開発は誰がどのような判断で行うのか，という問に対して，次節では，人的資本理論に基づき，能力のタイプ別に議論を整理したい。

2．職業能力開発の投資と収益

❖ 進学という投資

仕事の遂行に必要な能力や知識の基礎は，まずは学校教育において開発される。学校教育では，働くことを含めて生きるための能力やスキルを身につけることができる。教育は義務教育とそれに続く高等教育があるが，高等教育を受けることの個人の意思決定について，「人的資本」の理論に依拠すると以下のような説明ができる。なお，高校進学は日本では広く定着しているので，高校から大学に進学する際の決定を例にあげて説明する。

高校を卒業して大学に進学するか否かの決定は個人（家計）が行い，その費用は個人（家計）が負担する。その際，大学進学により期待される収益は，その後の職業生活において進学が有利になる，という点にある。具体的には，賃金の高い仕事に就くことができる，良質な仕事経験により継続的に賃金上昇が見込めて生涯賃金が高くなる，といったことが，期待される経済的な収益である。人的資本理論では，大卒者が良質な仕事に就いて賃金が高くなるのは，大学教育投資により生産力が高まり人的資本の質が高まっているからだと考える。これ以外にも，非金銭的な収益があるが，ここでは金銭的な面に着目して説明をする。

以上の投資と収益の考え方を図示したのが**図表2－1**である。議論をシンプルにするために，高卒で入社した場合の賃金（Wh）と大卒で入社した場合の賃金（Wu）は年齢が上がっても一定としている。大卒者は高卒者に比べて生産性が高いために高い賃金水準が期待できるとする。

まず，大学進学を決定した個人（家計）は，大学に行くための投資をすることで人的資本を高めようとする。投資のコストは２つのタイプに分けることができる。１つは，大学の入学料や授業料，一人暮らしをする場合はその生活費を含む，大学に通うことに伴う支出で，図のIaの部分にあたる。もう１つ大学に進学することで見えないコストが発生している。つまり，大学に進学せずに就職していたら賃金を得ていたはずであるが，その賃金を得る機会を放棄して大学に進学していることになる。これは「機会費用」といわれ，**図表2－1**

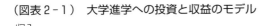

(図表2-1)　大学進学への投資と収益のモデル

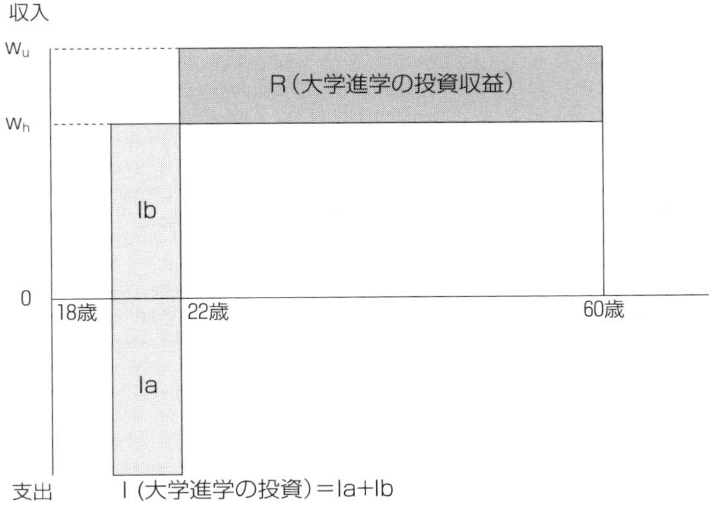

のIbの部分である。この2つを合算したコストIが，大学進学の「投資額」となる。

個人からみた投資は，将来の収益を期待して行われるが，将来の収益は大卒で入社した場合の賃金（Wu）と高卒で入社した場合の賃金（Wh）の差額分に勤続年数を乗じたRである。Rは，学歴による賃金差が大きいほど，また勤続年数が長くなるほど大きくなる。

高校卒業時の18歳の時点で大学進学を決定する場合，投資額（I）と期待される収益額（R）を比べて，収益が投資を上回る（I＜R）と期待されれば大学進学を決定することになる。進学をすればすべての人の人的資本が同じように高まるわけではなく，潜在能力や意欲などが人的資本の蓄積に影響するために，進学により期待される賃金差には個人差がある。また，自分の就きたい職業が学歴による賃金格差が小さい，将来長く働く気はない，などの場合にも，大学進学の決定は行われにくいことになる。

なお,「人はなぜ進学するのか」という問に対して，以上の人的資本理論と対立する理論として「シグナリング理論」が有名である（Spence［1973］)。これについて，簡単に紹介しておこう。人的資本理論では，教育により個人の能力が高まりそれが労働生産性に寄与し，賃金上昇につながると考えるが，「シグナリング理論」では，大学教育によって人的資本が蓄積されたかどうかはわからないと考える。むしろ，大学に進学する個人は，潜在能力の高さや努力をいとわないといった性質を持つことの「シグナル（合図）」となり，雇用機会や賃金において有利な条件を獲得できると考える。能力が低ければコストをかけて高い学歴を身につけることはしないので，能力のある個人が大学に進学することが合理的であり，学歴間の差はこうした能力を反映していると考える。

❖ 企業内での能力開発

学校教育の場合は，個人が投資をして個人がその収益を受け取るので，投資と収益の主体が個人であるために，議論はシンプルである。しかし，企業内でのキャリア開発は，組織と労働者個人の２つの主体がかかわるために少し複雑になる。就職後の職業能力の開発について考えてみよう。

企業内で行われる職業能力開発の形態は，①職場の中で仕事をしながら行われるOJT（On-the-job Training），②職場を離れて行われる研修などのOff-JT（Off-the-job Training），さらに，③労働者が必要性を感じて自発的に自己研鑽を行う自己啓発，の大きく３つに分けることができる。

能力開発のための投資には，教育訓練等を受けるための経費などの直接的なコストに加えて，訓練を受けずに仕事をしていればアウトプットとして成果を出すことができたはずであるため，訓練を受けるために生産性が低下することによる「機会費用」も含まれる。上司から仕事を教えてもらったとすれば，上司が部下に仕事を教えずに自身の仕事に専念していたときの成果を犠牲にしていることから，ここにも機会費用が発生している。一方で，能力開発のための投資をしたことにより生産性が向上した労働者に対してはそれに応じて賃金が上昇し，また，職場も生産性の上昇というベネフィットを受け取ることになる。

ここで，企業の中で求められる能力を大きく２つのタイプに分類する。「一般的技能（general skill）」と「企業特殊的技能（firm-specific skill）」である。

「一般的技能」とは，企業横断的に通用する能力で，ある企業で身につけたものが他社でも通用するような能力である。コンピュータの汎用ソフトのスキルや英会話，簿記の知識などが例としてあげられる。医者・看護師の医療技術や，弁護士の法律知識や訴訟の手続きのためのスキルなど，専門職に共通に求められる能力も，専門職の分野における「一般的技能」といえる。

一方で「企業特殊的技能」は，特定の企業のみで通用する能力で，転職をすると価値がないスキルである。たとえば，専門職の弁護士であっても，法律や訴訟などの専門的な能力以外に，顧問契約をしている企業との人的なネットワーク構築や顧問企業の取引先との関係についての知識など，それがあることによって仕事が円滑に進んで弁護士事務所の生産性に貢献するスキルがある。このスキルは別の弁護士事務所に移動して顧問企業が変わると役に立たないため，特定の組織のみで通用するものといえる。一般の企業でいえば，ある自動車メーカーA社に勤務して100の生産性をあげていた熟練生産労働者が，別の自動車メーカーB社に転職すると，新しい設備や生産のシステム，人間関係などに慣れていないために80の生産性に落ち込むような場合に，差し引きの20はA社で有効だったがB社では有用でないA社特有のスキルだったとみることができる。

以下では，職業能力のタイプをこの２つに分けて議論を進めよう。ただし，現実には，職業能力がこの２つのタイプにきれいに分類できるわけではないし，以下で述べるような投資と収益の関係が明快に実証されているわけではないが，モデルとして理解をしてほしい。

❖ 一般的技能の場合

この２種類の能力への投資がどのように行われるのか，人的資本理論に基づいて考えると以下のようになる。

まず，「一般的技能」の場合である。

教育訓練等の投資によって能力やスキルが高まると，それを必要とする組織ではその価値に見合った賃金が提示される。一般的技能は，特定の企業だけでなく企業横断的に求められるものであることから，能力やスキルの価値はいずれの企業においても同じように評価される，つまり能力が上がった労働者にはどこの組織でも同じ賃金水準が提示されると考えられる。

ここで，一般的技能の開発において，仮に企業A社が投資を負担すると，その収益は投資をしたA社が受け取って，労働者の受取分は発生しないために，労働者の賃金水準は変わらない。しかし，投資コストを負担していないA社以外の企業では，企業側が収益を受け取る必要はないために，労働者に生産性に見合った，A社よりも高い賃金を提示できる。このため，現在勤務しているA社は，労働者が高い賃金を提示する他社に転職してしまうリスクを負うことになる。

したがって，「一般的技能」の開発は，企業側が投資を行うことには積極的になれないため，学校教育と同様に，労働者個人が投資を行いその収益は労働者に帰属するというのが合理的になる。

❖ 企業特殊的技能の場合

次に企業特殊的技能について考えてみたい。企業特殊的技能は，特定の企業では有効であるが，それ以外の企業では通用しない。このコストはどのように負担するのが適当だろうか。

特定の企業A社で必要とされる能力であるから，企業が投資をすべて負担すると，その収益はA社が受け取ることになり，労働者は，能力を高めても賃金が上がらないことになる。したがって，労働者には，能力向上のために努力しようというインセンティブは生じない。労働者が自身の能力を高めることに熱心になれないために，訓練の効果は期待できない。また，労働者は賃金面で当該企業に勤務するメリットはないので転職する可能性もあるが，そうなると企業は投資を回収できないというリスクを抱えることになる。

一方で，労働者が投資を全額負担して本人が収益を全額受け取るとどうなるだろうか。A社にとっては，企業特殊的技能を高めた労働者に対して，能力開発コスト負担をしていないために能力の上昇に見合った賃金額を提示することもできるが，上昇分より低い賃金を提示しても労働者はそれを拒否できない。他社に転職しても，自分でコストを払って開発した能力はそこではまったく評価されないことから，能力開発前の賃金水準しか提示されない。これではA社の提示額よりももっと低い賃金になるため，転職のメリットはない。この場合，労働者は，自分が投資したコストを回収できないリスクを抱えることになる。

しかし，企業特殊的技能が高まることは企業，労働者にとってもメリットが

（図表２－２）　企業特殊的技能の場合の投資と収益のモデル

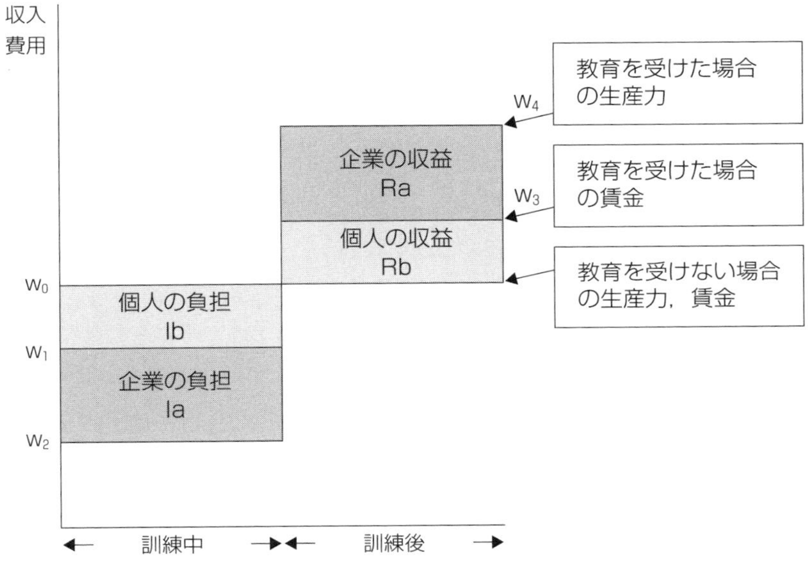

あるため，そこに投資をすることは合理性がある。したがって，企業特殊的技能の場合には，企業と労働者が共同で投資をして共同で収益を回収するというのが合理的な解となる。これを図示したものが**図表２－２**である。

訓練期間中は，企業は労働者の生産性よりも高い賃金を支払ったり訓練費用を負担するなどしてコストを負担する（Ia）。また労働者も，訓練期間中は生産性に見合った本来受け取れるはずの賃金の一部を放棄して低い賃金を受け入れながら，将来の収益を期待して訓練を受ける（Ib）。訓練が終了すると，労働者の能力が上がり生産力が高まるが，その上昇した分の収益を企業（Ra）と労働者（Rb）が分け合うことにより，投資に見合った収益を双方が受け取ることになる。労働者は当該企業において活用できるスキルを身につけたので，その企業にいれば高い賃金が支払われるが，それは他の企業においては評価されないスキルであるために，他社に移動すると訓練を受ける前の賃金水準になってしまい，労働者は元の企業にとどまることが合理的になる。

企業特殊的技能の開発は企業もコストを負担することになるわけだが，企業が積極的に投資する対象は選別される。つまり，投資する価値のある能力の高い人材であることは当然であるが，能力が高くても定着が期待できない人材への投資には消極的になることが，理論的に帰結される。たとえば，結婚や出産などのライフイベントで離職する確率が高い女性従業員や，有期雇用契約の従業員に対して，能力開発に積極的になれないのはこのためである。

3．内部労働市場とキャリア開発

❖ 労働市場の２つのタイプ

以上の２つのタイプの能力のうち，どちらがより重視されるのかは，労働市場の特徴や雇用システムと関連する。

労働市場とは労働力が取引される「市場」である。労働力を求める（需要する）企業等と，労働力を提供する（供給する）労働者という需給関係があり，労働者に職務やポストが配分され，賃金が決定するというメカニズムが「市場」には存在する。

一般の財やサービスは，需給バランスで価格が決定する完全競争の市場を前提にしている。株式市場を例にあげれば，上場企業の財務情報等が市場に適切に提供されていれば，売り手と買い手が対等の立場で交渉できるマーケットとして成立している。ある企業の株式購入希望者が増えれば値段が上がり，株を売る投資家が増えると値段が下がるというように，需給バランスを反映した価格で取引される競争的な市場である。行楽シーズンに観光地の旅館の宿泊料金が高くなるのも，同様のメカニズムである。

労働市場はこのような完全に競争的な市場というものは考えにくいものの，労働力の需給バランスを反映して取引が行われる市場があると見なすことができる。

たとえば，派遣労働力は一般の財やサービスの市場に近い構造になっている典型的な例で，企業が必要なときに必要な能力のある人材をその時の需給バランスに応じた料金で雇用する。景気が良くなり労働力の需給がひっ迫して売り手市場になると，派遣労働者が受け取る賃金を上げる必要が生じ，派遣労働者に業務を依頼する派遣先企業が派遣労働者を雇用する派遣元企業に支払う派遣料金は上昇する。その反対に，景気が悪くなって労働力需給が緩和すると，派遣料金は下がる。労働力という商品に対する需給バランスが労働者の賃金などの処遇に影響する，という形で，商品・サービスの取引に似た競争原理で動く労働市場が成立していると考えられる。

このような特徴をもつ労働市場は，次に説明する「内部労働市場（internal labor market）」との対比で「外部労働市場（external labor market）」と呼ばれている。

❖ 内部労働市場の構造

では「内部労働市場」とは何か。「内部労働市場」の実態を明らかにしたのが，ドーリンジャー（Doeringer, P.B.）とピオーリ（Piore, M.J.）である。彼らは「内部労働市場」を「労働の価格や配分が管理規則や手続きによって統制される製造工場などのような管理上の単位」（Doeringer & Piore［1971］, p.1）と定義した。一般には企業を単位として内部労働市場をとらえることが多く，「企業内労働市場」と呼ばれることもある。

前述した派遣労働者と異なり，正規の従業員の場合は，いったん企業に雇われると，その企業の異動，育成，昇進，賃金にかかわる社内の規則や慣習に応じて職務や賃金が決定するのが一般的である。賃金水準やポストの配分が組織の中のルールにより行われるために，外部労働市場の需給バランスの影響を受けにくい。内部労働市場には限定された入職口（port of entry）を通じて参入し，いったん入職するとその後の労働の価格である賃金や仕事・ポストの配分は，それぞれの管理規程や慣習により規定されるという点で，外部労働市場と明確に異なる構造があると考えられている。

それでは，内部労働市場と外部労働市場という2つの異なるタイプの労働市場が存在するのはなぜか。

あるポストに空席が生じた時に，それを埋めるやり方としては，外部から採用する方法と，内部の異動で対応する方法がある。労働市場を見渡して最適な人材を採用するというのは1つの方法ではあるが，その人材を探して採用するまでのコストは膨大なものになる。一方で内部の人材の異動で対応するのは，外部の適切な人材を見落とす可能性はあるが，内部の人材の中から最適な人材を選ぶことで人材の探索コストは大幅に軽減できる。内部の人材から上位ポストへの昇進の道が拓かれていることは，従業員にとっても自分の能力を発揮して認めてもらおうという意識が働く。内部労働市場にいる労働者は外部労働者が利用できない機会を提供されているという特権を持っていると見なすことができ，外部との競争からも守られている。内部労働市場は，外部労働市場に比べて雇用が保障され，賃金などの処遇条件も有利で，組織の中でのキャリア開発の機会もある良好な労働市場といえる。

一方で，内部労働市場における雇用や賃金決定だけでは硬直的になってしまい，経済の変化に柔軟に対応するのが難しい。このために，外部労働市場による調整が求められることになる。たとえば，長期の安定的な雇用で特徴づけられる大企業では，正規の従業員だけでは雇用調整の手段は限られてくるため，景気変動に伴う生産変動への雇用面での調整を，柔軟性の高い中小企業が吸収したとの見方がなされる。また，パートタイム労働についても，景気変動への調整弁である縁辺労働力としての性格が指摘されてきた（篠塚［1989］）。

このように，内部労働市場と外部労働市場は「相補的な存在」（伊藤，加護野［1993］）ととらえることができる。

❖ 内部労働市場の特徴

内部労働市場を生成する要因として，次の３つがあげられている（Doeringer & Piore［1971］）。

① 技能の特殊性：職場には一定の職務秩序があり，そこで求められる技能は企業特殊的である。企業特殊性が高くなるほど，使用者側の費用負担が大きくなり，募集・選抜のあり方にも影響を及ぼす。

② 職場内訓練：必要な技能が職場の中で仕事を通じて習得される。新入社員は不熟練職種に入職し，その後より複雑な仕事を経験しながら技能習得が進むが，一般的にこれは非公式に行われることから，学習過程は無意識的なことが多い。ポストに空席が生じた場合は，そのポストにふさわしい人材を内部昇進により選抜する。

③ 慣習：配置，昇進，異動などの労働力の配分，賃金の決定は，需給バラ

ンスではなく組織の慣行，すなわち過去の慣例や前例に基づく不文律によって決まる。これは，雇用の安定性の派生物であり，OJTや職場のコミュニケーションを通じて職場特有の慣習や取り決めがなされる。

つまり，内部労働市場は，組織という集団が形成されると，そこに慣習が生まれ，仕事を覚える過程で職場内でのコミュニケーションが密になされるようになり，働きやすい職場になるような制度等ができ，それによって生産性も向上するというように，自然に形成されるものと考えられている。

内部労働市場論では，企業特殊的技能をOJTにより獲得するという点を重視する。特定の企業内で有用な企業特殊訓練を重視するのは，それが労働者よりも事業主に対して訓練投資のインセンティブを与え，いったん投資が始まると，事業主は投資に見合った収益を上げるために労働者の継続雇用を促すという循環につながる。労働者にとっても，特殊訓練を受けた分だけ市場よりも高い賃金を獲得することになるために，その企業にとどまるメリットが生じ，長期的な雇用関係の中で内部労働市場が強化されていく。

どの企業にも，程度の差はあってもその企業に特殊な技能が存在し，そのための熟練形成にあたっては，企業特殊的であるがゆえにOJTが重視されることになる。「企業内」での熟練形成を前提にするために，企業の中で仕事やポストに空きが生じると，そのポストは，すでに企業内に在籍している労働者の中で，企業の慣行（年功等）によって配分される（内部昇進制）ことになる。

4．日本の雇用システムとキャリア開発

長期継続雇用，年功的な処遇制度に特徴づけられる日本企業は，内部労働市場の特徴が強くあらわれている。長期継続雇用慣行が広く定着してきた日本企業では，企業特殊的技能を高めることを重視し，前述した人的資本への投資理論に基づくと，労働者と組織がともに個人のキャリア開発に関与するという状況にあった。もちろん，長期継続雇用慣行は，すべての企業にみられるわけではなく，業種や規模，職種によってその傾向は異なるものの，長期継続雇用は労使双方から広く受け入れられ，それをモデルにした人事処遇制度が広く定着

してきたといえる。

日本の雇用システムの特徴は，長期継続雇用（終身雇用），年功制，企業別労働組合の３つがあげられるが，これを「三種の神器」と呼んだのは，アメリカの経営学者で日本企業の成長に注目したアベグレン（Abegglen, J.C.）である（Abegglen［1958］）。

長期継続雇用と年功的な処遇制度は，表裏一体の関係にある。すなわち，企業が長期的な視野に立って従業員の育成投資を行う前提には，従業員が長期雇用にメリットを感じて定着することが必要になる。年功的な処遇制度は従業員の定着を促し長期継続雇用を支える装置として機能した。ここで「年功的」というのは，年齢や勤続に応じて上昇する企業への貢献カーブよりも傾斜のきついカーブで従業員を処遇することである。簡単に言えば若いときには貢献よりも低い賃金を甘受し，その分を職業キャリアの後半で受け取るという賃金カーブにすることで，長期継続雇用の合理性を担保する仕組みとして機能する。この年功カーブがあることにより，従業員は定年まで真面目に働くという意識になり，中途離職よりも企業定着が積極的に選択され，同時に，企業が従業員の働きぶりを常にチェックしなくても従業員の組織貢献が期待できるというメリットもある。転職などの流動性が低くなり長期継続雇用が定着すると，労働条件の決定は企業個別的な要因により行われることになり，労働条件を交渉する労使関係が，企業別に形成される。

高度経済成長期を通じて「三種の神器」のメリットを労使が認めてきたために，この３つの仕組みがシステムとして日本社会に定着してきたといえる。日本の組織におけるキャリア開発の特徴や今日的な課題については次章で詳しく述べることとしたい。

本章のポイント

①労働力は経営からみれば人的資源であり，能力開発のための投資を行うことにより，組織にとってもリターンが期待できる。

②能力，スキルには２つのタイプがあると考えられており，１つが組織横断的に通用する「一般的技能」で，もう１つが特定の組織のみで通用する「企業特殊的技能」である。「一般的技能」を開発する際には，労働

者個人が投資を負担し収益を受け取ることが合理的で，「企業特殊的技能」に関しては，組織と労働者が共同して投資をして収益を回収することになる。

③日本の労働市場は，「企業特殊的技能」が重視される傾向が強く，企業内での能力開発が重視されてきた。

コラム　判例にみる雇用保障重視の姿勢

日本で「終身雇用」が労使間の合意として成立したのは1960年頃とされている（仁田［2003］）。この関係が危機にさらされるのが，70年代の石油ショックである。多くの日本企業では，雇用維持が困難になるが，人員整理をできる限り回避し，労働時間や採用抑制などによる雇用調整を行い経営危機に対応した。

50年代以降，解雇から労働者を守る趣旨で，使用者が解雇権を行使する際には合理的な理由が求められるようになる。裁判において解雇権を厳しく制限する「解雇権濫用法理」と呼ばれる判例法理により，解雇を行うことはきわめて難しいとの認識が一般的になった。この法理は，現在では労働契約法第16条において，「解雇は，客観的に合理的な理由を欠き，社会通念上相当であると認められない場合は，その権利を濫用したものとして，無効とする」という規定が置かれて法制化されている。

さらに日本の雇用保障の強さを特徴づけるのが，「整理解雇の４要件」である。経営的な危機に直面した企業が，経営上の理由から人員削減をする際に，４つの要件を満たさなければ解雇権濫用にあたるという判決が蓄積されてきた。

その要件とは，①人員削減の必要性，②解雇回避努力，③人選の妥当性，④手続きの相当性，である。たとえば，解雇回避努力とは，正社員の解雇は最終的手段であり，その前に，役員報酬の削減，新規採用の抑制，希望退職者の募集などできる限りの努力をすることが必要であり，それでも整理解雇が避けられない場合に認められるというもので，実質的な経営危機にあっても正社員の整理解雇は困難であるという実態がある。

解雇要件が厳格なことに加え，企業の存続が難しい整理解雇にあたっても要件がそろわないと人員整理が難しい点に，日本の雇用保障重視の姿勢が反映されているといえる。解雇に対する厳しい対応は，長期雇用を従業員に保障する機能をもち，これが労使双方にとっての了解事項となっている限りにおいて，人的資本，特に企業特殊的技能に企業と労働者が共同でコストを負担するという関係が成立することになる。

働く人にとって生活の基盤を脅かされる解雇が安易に実施されるのは問題であるが，日本的な雇用システムをこれまでのように維持することは難しく，今後の動向を見据えた議論も必要になっている。この一環として，解雇が無効となった場合に，使用者が金銭を支払うことで労働契約を終了する「金銭救済制度」のあり方についての検討などが行われている。

第3章　経営環境とキャリア開発の変化

日本の組織における伝統的なキャリア開発は，長期的な雇用関係を基礎に置いて，企業の中で必要な企業特殊的技能を育成することを重視し，組織が，重要と考えるキャリア開発を主導するという点に特徴があった。個人が，自身のキャリアについて向かい合う機会は多かったとはいえないし，むしろ考えても仕方がないというムードすらある。しかし，経営環境が変化し，将来予測が困難になってきており，組織主導から個人が自律的にキャリア開発を行う方向へという変化が生じている。

1．日本の組織のキャリア開発の特徴

❖ 組織主導のキャリア開発

キャリアは個人に帰属するものではあるが，長期雇用を前提としてキャリアの企業内部化が深化している日本の正規従業員のキャリア開発には，「組織主導」といってよいほどに，企業組織が強く関与してきた。

第２章で述べたように，日本的雇用システムは，長期継続雇用，年功制，企業別労働組合という特徴があり，ここから派生する人事制度・施策として，新卒一括採用を中心とする採用慣行，採用後に企業主導で行われる配置や異動，それと関連して内部の人材でポストを配分していく内部昇進制などが相互に関連して機能してきた。伝統的な大企業を中心に，新卒の若者を将来の可能性を見込んで採用し，入社年次をベースに基本的に定年までの長期的な勤続を予定して育成や処遇体系を決定し，同じ組織に所属していることで一体感が醸成されていくといった特徴がある。

職場の熟練形成の研究で著名な小池和男は，長期に経験する仕事群をキャリアと呼んで，キャリアの成立のためには，「高度の技能を要し，さらに長期の見通しを可能とする分野という2条件」（小池［1999］，p.164）が必要であるとしている。大企業を中心に長期継続雇用が広く慣行化されるにつれて，組織内での様々な経験が熟練形成につながると考えられ，相互に関連性のある仕事群をやさしいものから難しいものへと経験していくことでキャリアが形成されるようになるとされてきた。

このように，伝統的な人事管理においては，1つの組織の中でキャリアを開発することが，他社と差別化した人材育成につながり，企業の競争力につながると考えられてきた。「企業は人なり」といわれるが，人材の能力を高め，スキルが高い人材を定着させる仕組みとして，内部育成が非常に重視されてきた。他社が模倣できないようなコア・コンピタンスは，企業の競争力を高めることにつながる。

1つの組織の中で高度な技能を身につけるためには，関連する仕事を段階的に経験しながら次第に難しい仕事へと，キャリアをOJTにより形成していくのが効果的である。個人ごとに技能習得の程度を評価しながら次の仕事に異動することで，キャリア開発の有効性が高まる。関連の深い仕事を段階的に経験するための仕事群は，企業による個別性が大きい。このため，組織内での異動等を通じた仕事経験により開発されるキャリアは，企業特殊的な性格を帯びるようになる。

内部労働市場が成熟するということは，仕事やポストが企業内のルールに従って配分される傾向が強くなることである。この前提に立てば，組織の構造を熟知している人事部門や職場の上司が，従業員や部下のキャリア開発に責任をもって対応する方が，従業員個人の判断で仕事を選択していくよりも，人材の育成効果は大きいといえよう。「企業内移動（異動）によって能力開発を高めていくという方法を重視するというのが，日本的雇用システムの特徴である。企業内でのキャリアアップというルートである。」（久本［2008］，p.112）との指摘もあるように，従業員自らの意思によって企業内で仕事やポストを異動するということはほとんど行われず，組織が行う人事異動による企業内での多様な経験を通じてスキル形成が行われる点に，日本企業のキャリア開発の特徴がある。

❖ キャリア開発に対する個人の無関心

以上より，従業員個人からみれば，将来のキャリアについて主体的に考えなくても，一定のキャリア開発が行われてきたともいえる。雇用の流動性が低く，1つの組織での雇用継続を重視する日本では，従業員の希望よりも組織の要請を優先させて要員配置を行うことが合理的であったという側面もある。

日本の雇用システムを，欧米型の「ジョブ型」に比べて「メンバーシップ型」と特徴づけたのが濱口［2009］である。労働者の仕事内容や就業場所などをあらかじめ決めない包括的な雇用契約の下で，企業側が，配置や異動に関して幅広い裁量性を持ち，組織の論理で従業員の仕事内容や就業場所が決定されるということが一般的で，日本の雇用契約の特徴は，「一種の地位決定契約」（濱口［2011］，p.17）にあるとした。メンバーシップ型雇用の下では，従業員は組織の決定に従っていれば，長期的スパンで効果的にキャリアを開発できるというメリットがあった。個人が自身のキャリア開発を自身の問題としてとらえて仕事を選ぶようになると，組織の裁量性が低下し配置や異動が硬直的になり，人事管理が難しくなるというデメリットが大きいと考えられてきた。

「ジョブ型」と「メンバーシップ型」の違いに関して，佐藤［2022］は，「社員が担当する職務の割り当てや配置職場に関する人事権の所在や在り方」という「人事権の所在」に着目した（佐藤［2022］，p.92）。日本では，企業が，採用はもとより配置や異動に関して包括的な人事権を持っており，社員が担当する業務や職場を選択する権限は大きく制約されてきた。「ジョブ型雇用」と言われる欧米では，採用に当たって職務に必要な能力を保有しているかという点が重視され，採用後の異動は社内公募など従業員自らの選択がベースになっていくことと比較すると，日本の特徴が理解しやすい。

組織が強い人事権を持って個人のキャリア開発に強くコミットする分，個人が自身のキャリアに主体的に向き合うことをしなくても，異動等による仕事経験の蓄積により，自然とキャリアが開発されてきた。これまでも異動に関する従業員の希望を聴く制度として「自己申告制度」があったが，希望を聴きおく，というだけで形骸化しているケースも多く，従業員も「希望を言ったところでそのとおりにはならない」と冷めた目でこの制度を見る向きも少なくない。ただし，組織のキャリア開発の方向性が，結果として個人のキャリア形成につながってきたことから，一定の効果があったといえよう。

2．内部育成の課題と新しい動き

❖ 人材調達に2つの方法

企業が主導して行うキャリア開発は，経営資源としての「人材」を，内部で育成することによって調達する手段ということができる。日本の雇用システムの下では，内部育成を基本に人材育成が行われてきた。最初は外部から採用しなくてはならないが，入職ルートを限定的にして，採用後の育成に力点を置いた人事管理を行ってきたのが，典型的な日本企業の特徴である。

人材の内部育成のメリットについて，①経営理念や仕事に関する価値観を含めて自社に特有の能力開発が可能になること，②人材育成により能力向上が図られることが働く人のモチベーションにつながり企業に対する魅力が高まること，③長期的・計画的な人材活用が可能になること，が指摘されている（守島[2009]）。

内部育成が，人材を組織の中で育てる（make）のに対して，「人材」という資源の調達は，採用という形で外部調達（buy）をすることもできる。即戦力を積極的に中途採用する外資系企業は，外部調達により「人材」資源の獲得を進めているとみることができる。

当然のことではあるが，内部育成と外部調達は二者択一ではない。両者を組み合わせることにより，効果的な人材の調達を行うことが可能になる。この考え方のモデルを示したのが，レパック（Lepak, D.P.）とスネル（Snell, S.A.）の「人材アーキテクチャー」である。長期雇用を前提とする内部育成の「Make」と短期雇用を前提とする外部調達「Buy」のどちらを選択するか，という人事管理方針が，人材の価値と人材の企業特殊性の2つの軸で決まると考えた（**図表3－1**）。第1象限が企業のコア・コンピタンスを高める人材で，内部育成が適していると考えられる（Lepak & Snell [1999]）。ただし，日本企業においては，学校を卒業したばかりの新人は第3象限からスタートするなど，各象限

（図表3－1）　人材アーキテクチャーの考え方

人材の企業特殊性	低 ← 人材のコア・コンピタンスに対する価値 → 高	
高	**第4象限** 顧客と間接的な業務に従事する人材 • 雇用様式　提携 • 雇用関係　パートナーシップ • 人事施策　協働	**第1象限** 内部育成のコア人材 • 雇用様式　内部育成 • 雇用関係　組織志向の関係的契約 • 人事施策　コミットメント重視
低	**第3象限** 定型業務に従事する人材もしくはアウトソーシング • 雇用様式　請負契約 • 雇用関係　取引的契約 • 人事施策　コンプライアンス	**第2象限** 戦略的に重要であるが市場調達が容易な功利的人材 • 雇用様式　獲得 • 雇用関係　共生 • 人事施策　市場主義

出所：平野［2006］，p.56より。

に内部育成型の人材が存在するという特徴もあると指摘されており（平野［2006］），日本の人事管理の特徴を組み込んで解釈することが必要である。

典型的な日本の企業では，労使ともに1つの組織で長期に継続して働くことに価値を置く考え方が主流であったために，外部労働市場（転職市場）が人材の育成や供給等の需給調整機能を十分果たしていないのも事実である。企業が人材の内部育成を重視することと，外部労働市場の需給調整機能が未整備であることとは，コインの表裏の関係にある。

とりわけ正規従業員については，第2章のコラムにあるように簡単に解雇することが難しい実態にあるために，組織の都合で従業員の入れ替えを行うことは容易ではない。こうした労働市場の特徴の下で，企業は，参入の入り口を限定し，外部調達ではなく内部育成型の人材調達に軸足を置いてきた。

❖ 内部育成の前提

人材育成策は，組織の経営目標から落とし込まれるものであり，したがって，経営環境の影響を大きく受けることになる。第2章で示したように，人材の育成にはコストがかかるが，それはベネフィットを期待して行う投資という意味合いがある。しかし，コスト―ベネフィットの関係は，経営環境によって変動することに留意が必要である。

繰り返し述べてきたように，日本企業では，安定的な雇用関係をベースに，長期的な視点で企業が従業員のキャリア開発に注力してきた。内部育成が成立するためには，この長期的に安定した雇用関係が重要である。同時に，育成にあたっては，将来にわたって求められる能力の質，すなわち需要予測を見極めることが必要になる。組織が強い人事権を持って従業員の育成責任を果たすためには，企業が事業展開の今後の姿をある程度正確に予測できることが必要で，それができないと，内部育成に注力することは難しい。

組織の中で効果的に経験を積むプロセスは，経営環境が安定していれば，時代による変動は小さい。上司や先輩がたどってきたプロセスを参考にしながら仕事経験を積んでいけば，一人前に，さらにはその上のポストを目指して，順調にキャリアを積むことができると考えられてきた。

❖ 経営環境の不透明化と育成策

ところが，内部育成によるベネフィットが大きかった従来の社会構造が，大きく変化している。企業間の競争はグローバル化して激しさを増し，技術の変動幅は大きく，短サイクル化している。それに伴い事業戦略や組織構造を経営環境の変化に合わせて機動的に見直していくことが，企業が持続する条件となっている。現代のように社会変動が大きくなると，企業経営の将来についての見通しが不透明にならざるを得ない。

「VUCA（Volatility（変動性），Uncertainty（不確実性），Complexity（複雑性），Ambiguity（曖昧性）の頭文字を合わせた言葉）の時代」という言葉が使われるようになって久しいが，これまでの戦略が通用しにくい時代となり，正解がわからない状況下で将来の人材を育成することは極めて難しくなっている。

人的資源管理の動向に詳しいアメリカの経営学者キャペリ（Cappelli, P.）は，社員のキャリア・プランニングに積極的に取り組んできたアメリカの大企業が，1980年代から90年代に外部調達に舵を切ったことを指摘し，計画的に人材を育成するプログラムが放棄されていったとしている。50年代頃に，アメリカの大企業の管理職層人材は，終身雇用を基礎に置いて組織内部で育成され供給されるというのが一般的であった。これが大きく変化したのは，長期的な視点に立って人材マネジメントやキャリア・プランニングを行うことがきわめて困難になったためである。具体的には，「組織再編の頻度と規模があまりに増大したため，既存のキャリア構造をいくらこまめに調整してもうまく機能させることはできなくなった。人材ニーズを正確に予測することは，事実上不可能となった」ことと，企業再生に向けたダウンサイジングや組織のフラット化により「それまでの職務階層からいくつかの階層が取り除かれ，キャリア構造が改まり，昇進パスの明確さが失われた」ことの影響であるとしている（Cappelli［2008］，p.97）。

将来予測の不透明さが高まることにより，長期間かけてキャリア開発を内部で行うことのコストに対する収益が大きく低下し，人材を「make」するやり方から「buy」の方向へという変化が，1980年代から90年代のアメリカで起きたことである（Cappelli［2008］）。

❖ 日本企業が直面する課題

日本の組織も同様の構造変化を受けている。しかし，従来の内部育成を基礎に置く人材育成のあり方を大きく変えるかどうかは不透明である。

この点について管理職の育成・登用方針に関してみると，現状では，「内部育成・昇進を重視」（67.6％）が多数を占め，「経験人材の外部調達を重視」（7.4％）はわずかであり，「Make 型」の人材育成が主流にあるといえる（労働政策研究・研修機構「人材マネジメントのあり方に関する調査」（2014））。

図表3－2に，正社員の能力開発の責任主体についての企業の考え方を示した。「企業主体」という考え方が，2000年代初めに減少しながら，その後に上昇するなど，現状では企業から個人へという大きな流れになってはいない。日本経営者団体連合会「人材育成に関するアンケート調査」（2019）では，キャリア形成の現状を会員企業対象に調査しているが，「会社（人事・上司）主導」が4分の3を占め，「社員自律的」とする企業を大きく上回っている。

しかし，従業員の能力開発や人材育成に関して課題意識を持つ企業は多い。**図表3－3**は能力開発や人材育成に関して問題がある事業所の割合を示してい

（図表３－２）　正社員の能力開発の責任主体について（企業調査）

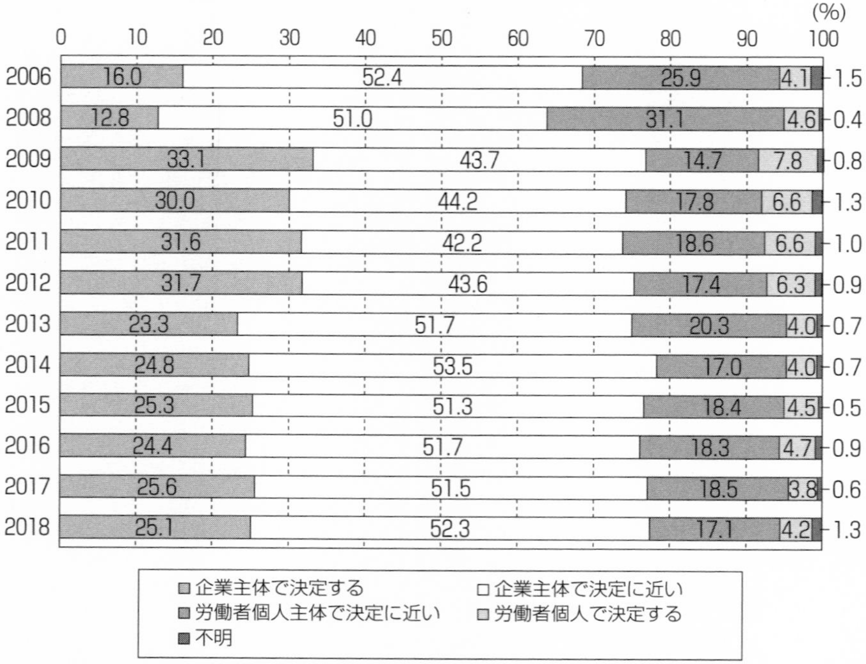

注：2007年度，2019年度以降は，当該項目は調査されなかったためデータがない。
出所：厚生労働省「能力開発基本調査」

るが，2000年代半ば以降減少傾向にあったものが，近年上昇している。具体的な問題点としては，指導する人材不足や人材育成を行うための時間的余裕の不足，さらには育成した人材の離職問題などがあげられており，近年これらの課題を指摘する企業が増えている（**図表３－４**）。日本経営者団体連合会「人材育成に関するアンケート調査」(2019）によれば，上述したように会社主導のキャリア形成が多数の現状にあるが，今後に関しては「社員の自律性重視」が６割を超えており，会社主導から変化していくことが予想される。

組織運営上重要な役割を担う管理職の育成についての課題も出てきている。管理職の育成・登用上の課題（複数回答）として，「世代等により管理職候補者の能力・資質にムラがある（質的確保が困難な世代がある）」(52.9%）が最

（図表３－３）　能力開発や人材育成に関して問題がある事業所の割合

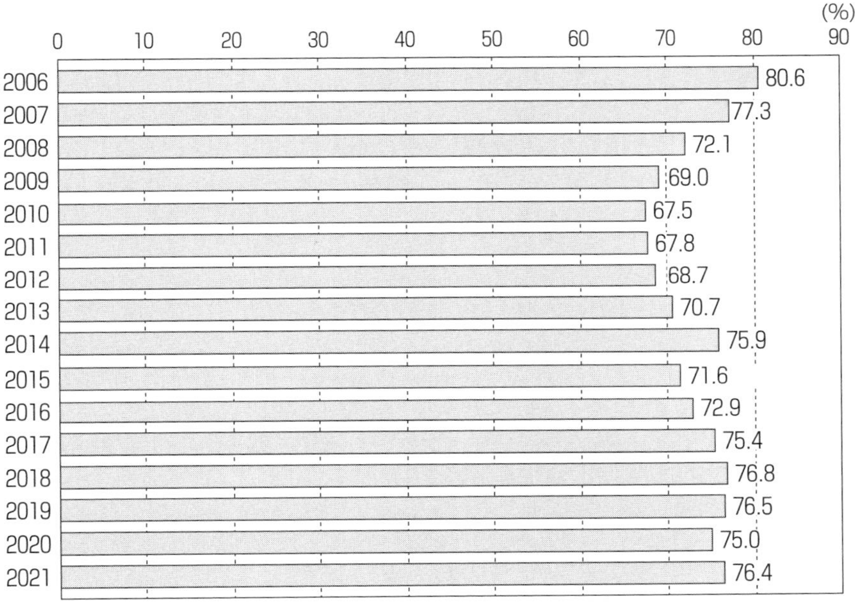

出所：厚生労働省「能力開発基本調査」

（図表３－４）　人材育成に関する問題点（複数回答）

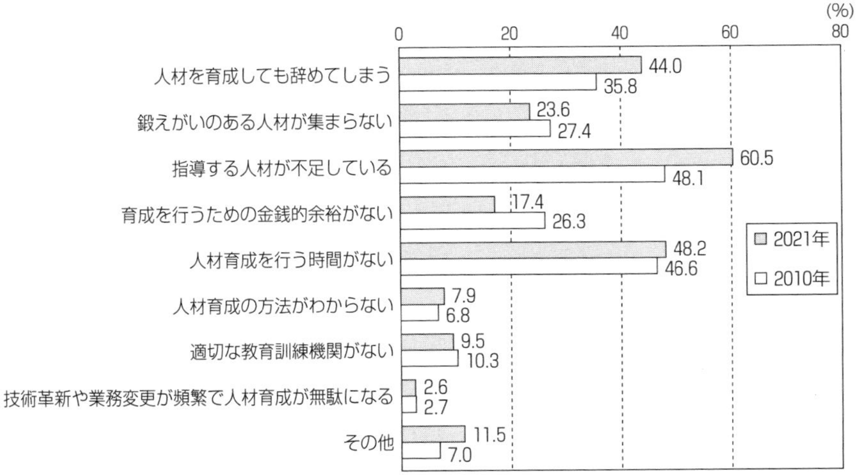

出所：厚生労働省「能力開発基本調査」

も多くあげられ，計画的な育成の難しさが指摘されている。さらに，「管理職になりたがらない者や，転勤の敬遠等で管理職要件を満たせない者が増えている」（31.0％），「事業展開の不確実性の高まりに伴い，管理職の計画的・系統的育成が困難になっている」（27.8％），「ライン管理職になれなかった人材の有効活用やモチベーション維持が難しい」（26.9％）なども課題視されている。近年の管理職の能力・資質については，「部下や後継者の指導・育成力（傾聴・対話力）不足」をあげる企業が6割に上っている（労働政策研究・研修機構「人材マネジメントのあり方に関する調査」［2014］）。

経営の見通しの不確実性の増大は，正社員をスリム化して非正規を増やすという方向にもつながっている。様々な外的要因により企業の業績の変動が大きくなれば，それに柔軟に対応できるような労働力へのニーズが高まる。人件費の固定化を回避して変動費化したいとの要請により，非正規化が急速に進んできた（これに関しては第11章で詳述）。

そもそも，組織主導の人材育成は，育成のためのコストの配分を組織が決定するために，育成機会が全従業員に開かれていなかったという問題もある。キャリア開発のチャンスが与えられなかった従業員にとっては，不公平感につながりやすい。具体的にいえば，女性よりも男性に，非正規従業員よりも正規従業員に対して育成投資は手厚くなる傾向があり，意欲や能力があっても，個人属性や置かれた状況によりチャンスが与えられない人材が出てきてしまうという不合理な側面がある。

さらに，日本の企業が重視してきたOJTによるキャリア開発という点でも，課題に直面している。OJTが機能するためには，今よりも高度な仕事が順次提供されていくことが重要である。経済が順調に成長すればそれは可能であるが，成長が停滞すると，より高度な仕事を提供し続けることが難しくなり，OJTによるキャリア開発には限界がくる（今野［2012］）。

日本企業は，現場を中心に組織内部で人材育成策を展開しているものの，乗り越えるべき課題が多いのが現状といえよう。これらの個別の課題に関しては，第Ⅱ部の各章で展開する。

❖「リスキリング」への注目

社会変動が大きく今後が見通せない状況において注目されているのが，「リスキリング」すなわち「職業能力の再教育・再学習」である。デジタルトランスフォーメーション（DX）に代表されるように働く人に求められる知識やスキルが構造的に変化する状況下で，その変化に適応するためには，仕事上必要となる新しい知識やスキルを，適時従業員に再教育する，あるいは従業員自らが学ぶ，ということが重要になる。長寿化により職業人生が長期化し，この点からも働きながら学び続けることの重要性は高まっていく。

新しい知識やスキルの獲得は，まずは職場でOJTやOff-JTの形で行われることになる。職場における再教育は業務に直結する実践的な学びにつながる可能性が高いことから，リスキリングの重要な機会と位置づけることができるだろう。

ただし，職場の中だけでは新しい知識やスキルに対応することが難しいケースが増えている。技術が新しいために社内に教育をする人材がいない，外部の機関で社内にはない新しい技術を学んできてほしい，といった組織サイドの事情やニーズがある。また，働く個人が自らのキャリアを考えて，今いる組織の外で学びたいと考えることも増えていくだろう。組織の外にも目を向けて学ぶ機会を活用することの必要性は，今後ますます高まっていくと考えられる。

外部の学ぶ場として，大学・大学院などの高等教育機関や，民間もしくは公的な職業訓練機関などがある。特に学校教育は，人生の初期に組織的な教育を集中的に受けて教育が終わって社会に出るという「フロント・エンド・モデル」（池田［1996］）により，社会に出ていない若者が主たる対象であった。「リカレント教育」はOECDが1973年に提示したもので，労働や余暇などの諸活動と教育を生涯にわたって分散させるモデル（OECD CERI［1973］）であり，フロント・エンド・モデルとは大きく異なる。日本では，大学在学者の年齢が20歳前後に集中しており，ヨーロッパの国のように多様な年齢層が大学に在籍している状況とはかなり様相が異なっており，この点でも「フロント・エンド・モデル」が強固な社会といえる。

リスキリングの重要性が増すと，教育を「社会人や職業人が自ら主体的に教育を受けるかどうかを決めること」（佐々木［2020］）としてとらえ直す必要がある。

❖ 自発的な学びへ

知識やスキルは仕事を通じて獲得する部分が多いことから，従業員の育成に企業が一定の役割を果たしていくことは当然であるが，本章で述べてきたように，それだけでは変動する技術の変化に対応することは難しい。従業員が自発的に学ぶことへの動機づけや，それを支援することが必要になる。

内閣府「生涯学習に関する世論調査」(2022) によると，この１年間に月１回以上の学習をした割合は75％と高く，「仕事に必要な知識・技能や資格に関すること」を学習した割合は40.1％に上る。学習した人の学習理由は，「勤務先などから勧められたため」は8.0％にとどまり，「仕事において必要性を感じたため」が53.5％と多数を占め，仕事のために自発的な学びをする人は少数ではない。従業員自らが「学ぶ」という姿勢を持つことを支援し，その機会を提供する，さらに学びを職場で活かし評価する，という循環が求められる。

前述のように，学びの機会は，社内の資源やネットワークだけでなく，勤務先の外にも拡がっている。荒木［2008］は，ワークプレイスラーニング（仕事の活動と文脈において生じる人間の変化と成長）が物理的な職場の境界を越えて展開されつつあることに注目し，職場を越境して展開される学習活動をワークプレイスラーニングの一類型として明示した。中原［2012］は，組織の枠を超えて学習する「越境学習」が注目されてきた背景として，それが企業の競争優位を支えるイノベーションを生む可能性があるという経営的側面と，雇用の流動性や組織再編の動きの活発化などにより組織を越えたキャリア形成へのニーズの高まりという社会的な側面をあげる。これに関して石山［2018］では，個人が組織を越えた活動をすることによりどのような学習効果が得られているのかを検証し，「ボランティア活動」「地域コミュニティ」「異業種交流」といった活動が，本業の業務改善にフィードバックされていることを明らかにしている。

従業員の自発的な学びが，多様な形，多様な場面に拡がる可能性があり，これらを視野に入れた施策が求められることになろう。

3．キャリア開発施策をめぐる動き

❖ 人事政策との整合性

企業が行うキャリア開発をめぐる課題を乗り越えつつ，今後は，従業員との協働でキャリア開発を効果的に行うことが必要になってくる。繰り返しになるが，労働者は組織内での仕事経験を通じてキャリアを開発していく。キャリア開発が個人主導になるということは，組織の関与の度合いが少なくなるということではなく，関与の仕方が変わる，ということである。

キャリア開発は，企業の採用や異動，報酬のあり方などの人事施策と相互に関連しあいながら展開される。これまでの日本型人事管理では，労働者の「『雇用と生活を守る』ことを人事管理の設計思想」（今野，佐藤［2020］，p.11）としてきたが，これからは労働者個人が望むキャリアを重視することが重要になるとの指摘が多くなっている。厚生労働省に設けられた研究会では，個人主体のキャリア開発を積極的に位置づけ，個々人の職業キャリアの準備・形成・発展を保障していくための「キャリア権」を保障することの重要性にも触れている（厚生労働省・キャリア形成を支援する労働市場政策研究会［2002］）。

国の政策も，従業員の自律性を重視した企業のキャリア支援策を後押しするようになっている。

職業能力開発政策の方針を示した「第11次職業能力開発基本計画（計画期間：2021年度から2025年度まで）」において，今後の方向性の４つの柱の１つが「労働者の自律的・主体的なキャリア形成の推進」である。労働市場の不確実性の高まりや職業人生の長期化などを踏まえ，労働者が時代のニーズに即したスキルアップができるよう，キャリアプランの明確化を支援するとともに，幅広い観点から学びの環境整備を推進する政策の重要性が明記された。

また厚生労働省は，従業員の自律的なキャリア形成支援について他の模範となる取組みを行っている企業等を表彰し，その理念や取組内容等を発信，普及することによりキャリア形成支援の重要性の定着を図るために，「グッドキャリア企業アワード」を実施している。2019年表彰企業のSCSK㈱は，技術変化が激しいIT業界において，従業員が主体的に学び続けることが個人の成長と事業の成長に寄与するとして,「学び」の支援に取り組んでいる。具体的には,専門性のレベルを認証する制度と上司との面談制度により,長期的なキャリア形成の方向性を確認し,従業員の自己研鑽を促している。継続的な学びと成長の機会提供として,「キャリア開発」「リーダーシップ開発」「専門能力開発」「ビジネス基礎能力開発」の4分野において,多様な研修コースを開設している。特に,従業員の主体的な成長を促す施策の充実化を進めており,自己研鑽へのインセンティブの仕組み,場所にとらわれない働き方の提供,副業・兼業制度など包括的な施策を展開している。

❖ 従業員の希望を反映させる制度

多様な人材が働くようになり,かつ,経営環境の将来予測が難しい状況にあって,組織主導で進める人材育成策だけでは個人にとって望ましいキャリア開発を行うことが難しい時代になっている。従業員個人の望むキャリアの方向性と組織が求める人材像とをどこかですり合わせる施策が必要になっている。

近年は,企業内で実施する研修に「キャリア」を冠するものも増えている。そこには,従業員が自身のキャリアに主体的に向き合うことを促そうとする意図が含まれている。キャリア関連の研修効果を高めるために,組織の中にキャリアコンサルタントを配し,キャリアの棚卸しや自己理解,情報提供や職業体験を通じて,自身の職業生活を設計したり,能力開発の方向付けを行ったりするための組織的な支援も併せて実施されるようになってきた。

従業員の希望や意思を反映させる仕組みとして従来から広く導入されている施策の1つが,「自己申告制度」である。現在の職務内容やスキルに関する自己評価,今後のキャリアの展望,具体的に経験したい仕事・勤務地,組織に配慮を求める個人的な事情などを定期的に申告するものである。この制度はかなり普及しているが,とりあえず提出するが希望は聴いてもらえないだろう,というのが多くの従業員の受け止め方であった。しかし,申告内容に関して,上司と本人が面談する場を設定したり,申告内容を異動に反映させたりするなど,実質的に機能させるための工夫が行われるようになってきた。

従業員の希望を配置や異動に直接反映させる制度として,「社内公募制度」や「FA(フリー・エージェント)制度」があげられる。「社内公募制度」は,組織が人材を求める際に，当該ポストや職種の要件を社内に公開し，応募してきた従業員の中から必要な人材を選抜する仕組みで，異動先を従業員の希望により決めるものである。「FA制度」は，プロ野球選手のFA制度に似ており，従業員が自らの経歴や能力，希望する職種や職務を登録して人材として売り込むというもので，従業員の情報をみて受入れを希望する部門があれば，その従業員と面接をして選抜する制度である。

これらの施策は，従業員の希望や事情を担当する職務や働き方に反映させることから，意欲向上につながることが期待できるというメリットがある。ただし，こうした制度が効果的に運用されるためには，たとえば社内公募であれば募集するポストが求める人材要件を明確に定義することが求められるとともに，応募する従業員が自身のキャリアを長期的に考えることができるような支援策の充実や，送り出す側の職場の理解など，制度の意義についての職場や従業員個人への浸透などを併せて進める必要がある。

❖ 従業員の意識の多様性を反映させる制度

また，従業員の多様なキャリア開発ニーズを受け止める施策も必要になっている。たとえば，複線型人事制度が1つの施策事例である。第6章で具体的に述べるが，働き方（労働時間，職種，勤務地など）に複数の雇用区分を設けて，それを従業員個人が選択できるような施策が実施されている。

典型的には，男女雇用機会均等法対応として導入された「コース別雇用管理制度」がある。異動の範囲が広く転居転勤を前提にキャリアを形成し処遇水準も高い「総合職」，異動の範囲は限定的で処遇も上限がある「一般職」に区分して，従業員にどちらかの区分を選択させるというものであり，キャリア志向の違いに応じたコース選択という建前となっている。近年では，たとえば一般職の処遇の上限を引き上げたり，昇進可能性の制限を撤廃するなど，コース別雇用管理制度を見直す動きも出てきている（この制度の課題は第8章で述べる）。

複線型人事制度は，適切に運用されれば，正社員の中の多様なキャリア志向性を受け止める制度と位置づけられる。雇用保障の高い正社員である以上は働き方の選択ができなくてもやむを得ないという考え方もあるが，働き方において個々に重視するものは違っている。重視する条件を本人が選べるようにすることで，むしろ人材活用がうまくいくという考え方で，この制度が実施されてきている。

❖ 従業員の学びの支援制度

組織が提供する能力開発施策の形態は，職務を通じた訓練であるOJTと職務を離れて研修やセミナーなどに参加するOff-JTに分けられる。

仕事経験を通じた成長が重要であることから，従来はOJTの育成面での効果が強調されてきたが，仕事を取り巻く環境変動が大きい昨今，より戦略的に将来必要になる知識やスキルを身につけることも重要であり，Off-JTが見直され，能力開発の課題と指摘されている。次世代のリーダー層の育成などのために企業内大学を設立するなどの動きもみられている。

さらに，個人が自身の関心や志向性により自発的に学ぼうとする意思を尊重することが重要になっており，それを支援する施策として，自己啓発支援も重視されている。

現在，自己啓発を行う労働者は正社員で44.6%，正社員以外で20.4%と，必ずしも多くはない。また，自己啓発を行った主な理由は，正社員では「現在の仕事に必要な知識・能力を身につけるため」(81.5%)，「将来の仕事やキャリアアップに備えて」(60.9%）が多く，正社員以外でも同様の傾向である。自己啓発を行う上で問題があると感じている割合は，正社員（81.7%），正社員以外（75.3%）ともに８割程度と高く，正社員では「仕事が忙しくて自己啓発の余裕がない」(57.8%)，「費用がかかりすぎる」(27.1%）など，課題も多い（厚生労働省「令和３年度　能力開発基本調査」)。

従業員の自発的な学びの機会は，副業という形でも獲得できるだろう。以前は，副業は，本業の円滑な遂行を妨げる，情報やスキルの社外流出につながる，といった理由で禁止をする企業が多かった。しかし近年になって，副業を通じた経験やネットワーク形成のポジティブな側面が評価され，収入を増やすこと以上にスキルアップ目的で副業を希望する個人も増えるなど，副業のとらえ方が大きく変化し，副業を認める，さらには奨励する企業が増えている。厚生労働省は2018年に「副業・兼業の促進に関するガイドライン」を策定し，副業を推進すべきものと位置づけた。副業といってもその内容は多様であるが，スキルアップや幸福度向上につながるタイプが存在していることも明らかになっている（川上［2021］）。

新しい知識やスキル獲得において，社員がその重要性を実感して前向きに取り組む意欲喚起策に加え，必要と考える学びの機会を提供する時間や経済的な支援についても求められる状況になっている。具体的には，コラムにあるキャリアコンサルタントの活用や，教育訓練のための休暇制度の導入，国の教育訓練のための給付金制度の活用などが期待される。

４．キャリア開発における組織と個人のベストミックスを探る

日本企業におけるキャリア開発が，これまで組織主導で行われてきたことの意味は大きい。そのメリットを評価しつつも，経営環境の変化に対応して，必要な人材をどう確保していくことが効果的なのかを検討することが，組織に求められている。組織主導だけでキャリア開発を行うことが難しい局面を迎えているといえるだろう。同時に，従業員個人からみれば，長期化する職業生活の中で，キャリアチェンジが求められる場面が増えると考えられ，こうした変化を見据えたキャリア展望を行うことが必要になっている。

キャリアが労働者個人に帰属する以上，いつの時代も個人の主体性が問われるわけだが，それが特に重視される状況になってきた。しかし，個人が主体的にキャリアを考えることが重要であるにしても，キャリアが組織の中で開発される以上，組織も個人のキャリア開発にかかわることの重要性は変わらない。そのかかわり方が変化してきているということである。

組織が行うキャリアマネジメントと個人が行うキャリアデザインの最適な組み合わせのあり方を考えることが求められている。ただし，日本の組織では，「個人」によるキャリア開発という視点が，必ずしも社会の中に根付いていない。この点について，次章では，「キャリア自律」をキーワードにして議論をしていくこととしたい。

本章のポイント

①内部育成を中心にした組織主導のキャリア開発は，長期的に安定した雇用関係が成立する条件が整っていれば有効性が高い。

②しかし，組織の内部で育成するメリットが，経営環境の変化の中で薄れてきている。特に事業展開の方向が見定めにくい不確実な状況の下で，キャリア開発における組織のかかわり方が変化し，従業員が主体的に学ぶ姿勢が重視されるようになってきた。

③そうした変化は，国の政策方針においても明記されるとともに，企業内の人事制度面での対応にも現れており，社内公募制度や複線型人事制度などの制度化の動きとも関連している。

コラム　キャリアを支援する専門家

キャリアコンサルティングは，2001年に職業能力開発促進法の改正により制度化された。「キャリアコンサルティング」とは，「労働者の職業の選択，職業生活設計又は職業能力の開発及び向上に関する相談に応じ，助言及び指導を行うこと」（法第2条5項）である。

キャリアコンサルティングにより，自分の適性や能力，関心などの自己理解，社会や企業内の仕事についての理解を通じて，仕事を主体的に選択できるようになることが期待されている。個人が自身のキャリアプランを明確にして，そのために必要な知識・資格の習得や仕事の選択を行うことが希望するキャリア開発につながり，そのためのキャリアコンサルティングの活用は有効であると考えられている。

キャリアコンサルティングを行う専門家として，「キャリアコンサルタント」がいる。2016年4月から，キャリアコンサルタントは国家資格となった。また，「キャリアコンサルティング技能士」の制度もあり，キャリアを支援するプロフェッショナルとしての制度整備が図られてきている。キャリアコンサルタントは，企業内でのキャリア支援，ハローワークなどの人材の需給調整機関，教育機関などでキャリア支援を行っている。2022年には「職業能力開発促進法」が改正され，従業員がキャリアコンサルティングを受ける機会を確保できるようにすることが事業主に求められることとなった。

木村［2015］は，キャリアコンサルティングにおいては，個人の支援に加えて，「環境に介入」することが重要であると指摘している。つまり，個人を囲む家族，組織，社会と個人のキャリア形成のかかわりを考え，環境を変える力が必要だという。メンタルヘルス不調，フリーター，介護をする労働者など，個人に対する支援だけでは解決できないキャリア開発上の問題は多く，環境側の課題を見つけてそこに介入しなければ，真のキャリア支援にはつながらないという考え方である。

個人主導のキャリア開発のためには，キャリアコンサルティング機能の充実が必要であるが，現状では，特に企業内で活躍する有資格者が少ないなど，その活用に課題が多い。キャリアコンサルタントの資格を持つ専門家の養成とともに，現場の管理職がキャリアコンサルティングのマインドを持つことの重要性も高まっていくと考えられる。

第4章　求められるキャリア自律

個人の職業キャリアを取り巻く環境変化により，長期的にキャリアを見通すことが難しくなっている。また，キャリアの成功の意味が個人により多様化し，仕事へのやりがいや自己実現といった内的キャリアが重視される傾向が強まっている。こうした変化に伴い，職業の選択やその後の職業キャリアの開発に，これまで以上に個人が主体的にかかわり，キャリアの展開を自己決定するという姿勢，すなわち「キャリア自律」が強く求められるようになってきた。キャリア自律とは何か，また自律する個人を社会的にどう支えればよいのだろうか。

1．自律的なキャリア開発へ

❖ キャリア自律とは

前章で述べたように，社会構造の変化の中で，これからは働く個人が自身のキャリア開発に積極的にかかわっていくことが，強く求められる時代になっていく。

それでは，「キャリア自律」とは何か。組織内での自律したキャリアの考え方について，「従来組織の視点で提供されていた，人事の仕組み・教育の仕組みを，個人の視点から見た，キャリアデザイン・キャリア構築の仕組みに転換するもの」（花田［2006］，p.54）と述べられている。働く個人が自身のキャリア開発に主体的・自律的に向き合い進むべき方向を決めること，をキャリア自律ととらえ，それを前提にした人事・育成の仕組みを構築することが組織に求められているとの指摘が多くなってきた。

ただし，自律的にキャリアを考えることが，組織と距離を置くような遠心力としてのみ作用するわけではない。ハーシュマン（Hirschman, A.O.）は，たとえば労働者が組織に対して不満をもったときに，その不満を表明する方法として，「離脱（exit）」つまり組織を辞めることと，「発言（voice）」つまり不満を直接表明すること，の２つの選択肢を提示する。この２つが，組織の問題が解決されるメカニズムであるが，発言にはコストがかかり発言者の影響力や交渉力に左右されるので，離脱のオプションがあると発言することは回避されてしまう。ここで重要な概念として登場するのが「忠誠（loyalty）」である。つまり，忠誠という概念を導入することにより，離脱か発言かの二者択一ではなく，忠誠者が離脱という脅しをかけながら発言することが，組織の回復メカニズムとして有効に作用することを示した（Hirschman［1970］）。

自律した個人には，自分のキャリアだけを考えるのではなく，組織との関係性維持も視野に入れつつ自己の人生に積極的にかかわっていこうとすることができる能力を持っていることが期待される。組織へのロイヤリティを維持しながら離脱せずに発言する自律性，それを備えた従業員と対峙する組織側の度量が求められるということであろう。

❖ キャリア自律が求められる背景

本書では，個人が自身のキャリア開発に主体的にかかわることが強く求められる状況に変化していること，その変化をとらえたキャリア自律の重要性について繰り返し述べてきたが，あらためて，キャリア自律が求められる背景をまとめておこう。

前章まででも述べたように，従来は，特定の組織に所属して知識やスキルを身につけ，それに伴って組織内での地位が上昇していく直線的なキャリアが，伝統的なキャリア成功のモデルとされていた。組織内でのキャリア形成は，発達段階に基づく生涯発達の理論，つまり生涯を通じて階段を上るように発達するキャリア観に依拠して展開されてきた。特定組織の中で安定した雇用機会が提供され，そこで培われる仕事経験がその後のキャリアの基礎になっていくというモデルである。日本の伝統的な企業の雇用システムの特徴となってきた長期継続雇用の下では，企業組織の責任において従業員のキャリア開発を行うことが効率的かつ効果的であると考えられ，組織の関与が強い点に特徴があった。

しかし，もともと組織内で段階的に形成されるキャリアのとらえ方は，たとえば，職業キャリアの中途で中断が発生するような女性のキャリアには適用しにくいなど，すべての個人に対して同じように適用できるものではない。このため，個人の自律的なキャリア開発を重視する考え方は，女性の社会進出が早い段階から進んできた欧米においては，日本に先んじて強調されてきたといえる。女性を含めて多様な労働者が働く状況が進んでいる職場では，直線的なキャリア発達を基礎に置くキャリアへのアプローチが，時代に合わないものとなった。そこで，仕事環境の変化や不確実性を増す社会環境の中で，特定の組織への長期にわたる帰属や依存に基づく伝統的なキャリア観に代わる自律したキャリア概念の構築が求められてきた（Sullivan［1999］）。

働くことを取り巻く経済社会環境の変化は，近年日本でも欧米と同様の状況になってきた。激化する国際競争や事業部門の海外移転や縮小・廃止等に伴い，企業の経営活動の将来見通し不安定化と流動化等が進んでいる。こうした状況を背景に，「日本的雇用システム」の基盤である，長期に安定した雇用関係を維持することを基礎に置く組織と従業員の関係が変容している。企業が従業員個人のキャリア形成に一定の責任を果たすという時代は過去のものとなりつつあるとして，個人が自身のキャリアに自律的に向き合うことの重要性が指摘されるようになってきた。

キャリア自律の重要性は実務の現場においても強調されるようになってきた。日本経済団体連合会［2006］は，企業は経営を取り巻く環境変化の中で厳しい競争を勝ち抜いていく必要性が高まっており，そうした状況に対応するためには「自律型人材」が不可欠であるとした。ここでいう「自律型人材」とは，「自ら主体的に考え行動する人材」のことである。企業主導の一律的なキャリア形成ではなく，従業員の主体的なキャリア形成への取組みが求められるとして，キャリア自律の重要性に言及した。

さらに日本経済団体連合会［2020］では，「Society5.0の時代」を強く意識して，人材戦略の転換に言及するようになっている。「Society5.0」とは，狩猟社会（Society1.0）から始まり，農耕社会（Society2.0），工業社会（Society3.0），情報社会（Society4.0）に続く次の時代区分で，内閣府「第５期科学技術基本計画」（2016～2020年度）において，我が国が目指すべき未来社会の姿として提唱された。その定義は，「サイバー空間（仮想空間）とフィジカル空間（現実空間）を高度に融合させたシステムにより，経済発展と社会的課題の解決を両立する，人間中心の社会」とされている。日本経済団体連合会では，「Society5.0」を「創造社会」と称して，「デジタル革新と多様な人々の想像・創造力の融合によって，社会の課題を解決し，価値を創造する社会」（日本経済団体連合会［2018］，p.10）ととらえた。この時代においては，デジタル技術を活かし新しい価値を創出できる人材が求められ，中長期的に自社に適した社員を育成する従来型の育成の仕組みだけではSociety 5.0時代に活躍する人材の輩出は困難になるとして，働き手には，主体的に自身の価値「エンプロイアビリティ」を磨いていくことを求めている（日本経済団体連合会［2020］）。

2．キャリア自律の概念

❖ キャリア自律の２つの軸

それでは，「キャリア自律」とは，具体的にはどのようなものとしてとらえればよいだろうか。「キャリア自律」というとき，組織のキャリア開発施策にのみ依存するのではなく，働く個人が自身のキャリアを主体的に考えて自己決定することが重視される。組織における成功だけでなく，ライフキャリアを含めたトータルなキャリア開発において，個々の意思が反映され，個々人がその結果に責任を持つ，ということが自律したキャリアには重要である。

自律したキャリアの概念については，いくつかのアプローチがあるが，以下では２種類の自律的キャリア概念について紹介する。１つは「プロティアン・キャリア（protean career）」であり，もう１つは「バウンダリーレス・キャリア（boundaryless career）」である。

❖ プロティアン・キャリア

プロティアン・キャリアとは，アメリカの心理学者であるホール（Hall, D.T.）によって提唱された概念である（Hall［1996, 2002］）。「プロティアン」とは，ギリシャ神話に登場するあらゆる物に変身できる能力を持つ海神「プロティウス」に由来する。移り変わる環境に対して，変幻自在に適応していくキャリアのあり方を意味する。

社会の構造変化が大きくまた頻繁に起こるような状況下においては，組織もその時々の変化に対応をするが，同時に個人も社会環境や組織の変化に適応してキャリア開発を行うことが求められる。たとえば，電機製造業の会社が，家電製品の製造は人件費の安い海外拠点や海外メーカーに任せて産業用の機械に重点をシフトするようになると，家電製品を開発・製造していた部門の従業員を別の事業部門に異動させる，もしくは希望退職を募る，という対応をとらざるを得ない。こうした事態がいつ起こっても不思議ではないような状況下で，組織の要求にのみ対応したキャリア形成をしていることのリスクは大きい。構造改革が，個人の組織との心理的契約の修正を迫る場面となる。

社会の構造変化を避けることができない以上，そのような社会においてキャリアを開発する上で重要なことは，自分にとって何を重視するのか，何を成功と考えるか，について自分なりの軸を持つことである。個人が，自身で重要と考えることを基礎に置いて主体的にキャリア開発に取り組み，仕事における満足度や成長感などの心理的成功を目指す自己志向性が，プロティアン・キャリアの特徴である。他者から評価されること，賃金や地位が高くなることといった外的な基準のみに依存するのではなく，自分自身が大切にするもの，その価値基準において成功と感じることに重きが置かれる。

自己志向的なキャリアを開発する上で重要になるのが，「アイデンティティ」と「アダプタビリティ」の２種類のコンピタンシーとされている。変化に対応するときに自分自身を見失うと自らの価値観で判断することができず，変化に流されることとなる。そのため，「アイデンティティ」すなわち自身の価値観や興味を自覚し，過去から未来を通じて一貫した自分を意識すること，が重要になる。また，外的な変化に対応する上で，「アダプタビリティ」すなわち適応力が求められることになる。「アダプタビリティ」は，適応性が高いという能力だけでなく，状況に適応しようとする意思という側面も重視される。外的な状況変化に対して，自己のアイデンティティを探索したり，行動を起こしたり，あるいは環境に働きかけるなどをして，自分にとって統合性のある構造を作ることが必要になる。

❖ バウンダリーレス・キャリア

もう1つのバウンダリーレス・キャリアは，アーサー（Arthur, M.B.）とルソー（Rousseau, D.M.）によって提唱された概念である。「バウンダリー（boundary）＝境界」のないキャリアという意味で，職務，組織，国家，産業という境界を超えて展開するキャリアを意味する（Arthur & Rousseau [1996]）。これは，伝統的な組織内キャリア（organizational career）と対置される概念である。伝統的な組織内キャリアでは，特定の組織の中で，長期的・段階的にキャリアを開発し，その結果として昇給や昇進という報酬が与えられ，それが典型的なキャリアの成功モデルであった。しかし，雇用の流動化が進むと，1つの組織内に閉じたキャリア開発のケースは少なくなっていく。

その典型例として，シリコン・バレーの技術者が，企業を横断的に移動しながらキャリアを形成するケース等が紹介されている。シリコン・バレーでは，技術の急速な変化に伴い企業のビジネスも絶えず変化しており，IT技術者はこの変化に合わせて柔軟に対応することが求められる。技術者の組織を超えた移動は活発であり，このような労働市場で，個人は，市場競争力のある知識やスキルを身につけることで，自分にとってよりよい仕事に就くことができると考えられる。実際に，移動によって経験が広がり，キャリアが開発されることが多い。また，よりよいキャリアを歩むためには，コミュニティカレッジやスポーツクラブなど，企業組織の枠を超えて形成される外部の多様なネットワークが活用されており，企業の外に関心が向くことが重要となる。

バウンダリーレス・キャリアに求められるのは，自己のキャリアに責任を持つという個人の強い意思であり，また，多様なネットワークを構築してそこから学習をする能動的な姿勢である。

3．日本の組織におけるキャリア自律

❖ 日本的経営とキャリア自律

日本でも，欧米諸国のように自律的なキャリア開発が注目されるようになってきたが，一方で，長期継続雇用を1つのモデルとして様々なシステムを構築してきたわが国において，欧米型の自律的キャリアの概念が機能するかについ

ては不明な点も多い。特に日本企業では，伝統的に組織へのロイヤリティを従業員に求める傾向があり，キャリアに自律的に向き合う個人が増えることは，こうした日本企業が重視してきた価値観と対立するという側面もある。従業員の自律的なキャリア意識が高まることは，雇用の流動化につながり，日本の労働市場や雇用システムの構造と齟齬を来すことも考えられる。

このような日本の組織の中で，キャリア自律ということをどのようにとらえればよいのだろうか。筆者らが実施した，日本企業で働く労働者のキャリア自律の構造に関する分析結果(1)を紹介しながら，この問題を掘り下げていこう。

❖ キャリア自律の構造

プロティアン・キャリアとバウンダリーレス・キャリアの具体的な特徴について，アメリカの研究者が測定する尺度を開発している（Briscoe, Hall & DeMuth [2006]）。筆者らは，この尺度を日本企業で働く個人に適用した調査(2)を実施した（武石，林 [2013]）。

キャリア自律の測定のために使用した項目は**図表４－１**に示した。プロティアン・キャリアの項目が14，バウンダリーレス・キャリアの項目が13で，計27項目から構成されている。この27項目を，因子分析の方法を用いて類似性の高い項目をまとめた結果，プロティアン・キャリアについて「自己指向」（Self-Directed Career Management）と「価値優先」（Values-Driven）の２つの因子，バウンダリーレス・キャリアについて「バウンダリーレス思考」（Boundaryless Mindset）と「移動への選好」（Organizational Mobility Preference）の２つの因子，計４つの因子が抽出された。

「自己指向」は，「私のキャリアを決めているのは自分だ」というように，自分の責任でキャリアを決定しているという意識を示している。「価値優先」は，「重要なことは，自分が正しいと考えるキャリアであって，会社とは関係ない」というように，自分の価値基準によりキャリアの成功を判断する意識である。「バウンダリーレス思考」は，「いろいろな会社の人と交流することは楽しい」に代表されるように，組織の中の閉じた仕事経験ではなく，組織の枠にとらわれないで働くことに意義を感じる意識である。「移動への選好」は，現在所属する組織にはこだわらない意識である。

(図表４－１)　自律的キャリアの構造

プロティアン・キャリア	第１因子	第２因子	
私のキャリアを決めているのは自分だ	0.743	0.249	①自己指向尺度（Self-Directed Career Management Scale）α＝.849
結局のところ，キャリアアップできるかどうかは，自分自身にかかっている	0.678	0.106	
私にとって最も重要なことは，自分自身でキャリアを選択していくことである	0.670	0.295	
私のキャリアは，いつも自分がコントロールしている	0.647	0.261	
キャリア上の成功や失敗の責任を負うのは自分だ	0.610	0.138	
新しい仕事を見つけなければならない時は，他の人に頼るのではなく，自分の力で対処する	0.572	0.320	
全般的にいって，私は自立したキャリアを歩んでいる	0.529	0.246	
勤め先から成長するチャンスが与えられないとしても，自分でそれを見つけるようにしてきた	0.525	0.212	
重要なことは，自分が正しいと考えるキャリアであって，会社とは関係ない	0.167	0.755	②価値優先尺度（Values-Driven Scale）α＝.704
会社から自分の価値観に反することを行うように求められても，私は自分の良心に従うだろう	0.239	0.664	
過去を振り返ると，会社から意にそぐわないことを頼まれたとき，私は基本的に自分の価値観にしたがってきた	0.155	0.650	
一番大切なことは，他の人の考えではなく，自分の考えるキャリアの成功である	0.347	0.563	
会社や組織の都合に反してでも，自分の中での優先順位を大切にしてキャリアを切り拓く	0.312	0.562	
他の人が自分のキャリアをどう評価しようと，あまり気にしない	0.174	0.548	

バウンダリーレス・キャリア	第１因子	第２因子	
いろいろな会社の人と交流することは楽しい	0.887	−0.018	③バウンダリーレス思考尺度（Boundaryless Mindset Scale）α＝.895
自分の勤め先以外の人と働くことはわくわくする	0.885	−0.030	
自分の部署にとどまらず他部署との交流や調整を求められるような仕事は楽しく思う	0.768	0.029	
社内外のいろいろな組織出身の人たちとプロジェクトに取り組んだりすることは楽しい	0.748	0.006	
私は，新しく経験することやこれまで体験したことのない状況に直面するとわくわくする	0.698	0.012	
振り返って考えてみると，社外との交流が求められるような仕事を希望してきた	0.616	0.015	
何か新しいことを習得できるような仕事を求める	0.570	−0.049	
勤め先の会社から少し離れて働くことは楽しい	0.545	−0.077	
もし今の会社が終身雇用を保証してくれるなら，他の会社に移ることは絶対にない（逆転）	−0.060	0.805	④移動への選好尺度（Organizational Mobility Preference Scale）α＝.845
他の勤め先を探すよりも，なじみのある会社に所属している方がよいと思う（逆転）	−0.016	0.747	
理想のキャリアがあるとすれば，それは一つの勤め先で働き続けることだ（逆転）	−0.015	0.737	
ひとつの勤め先にずっと働き続けられるという見込みが欲しい（逆転）	0.048	0.668	
もし今の勤め先に働き続けることができないとしたら，私は途方にくれるだろう（逆転）	−0.048	0.662	

注：最尤法（バリマックス回転）で因子を抽出した。
出所：武石，林［2013］より。

（図表４－２）　自律的なキャリア意識の４つの要素の相関係数等

	サンプル数	平均	標準偏差	相関係数			
				①	②	③	④
①自己指向	2,039	4.53	0.81	−			
②価値優先	2,039	4.22	0.82	.549***	−		
③バウンダリーレス思考	2,039	4.45	0.92	.545***	.430***	−	
④移動への選好	2,039	3.95	1.04	.066***	.040	.039	−

注：***は１％水準で有意であることを示す。
出所：武石，林［2013］より。

この４つの因子を，自律的なキャリア意識を説明する４つの要素とした。それぞれの関連性について相関をとると，**図表４－２**に示すように，「自己指向」「価値優先」「バウンダリーレス思考」の３要素はそれぞれ相関は高いが，「移動への選好」は他の３つの要素との相関はほとんどみられない。これらについて様々な角度から分析を深めると，「自己指向」「価値優先」「バウンダリーレス思考」の３つは，相互に関連しながら自律的なキャリア意識を構成すると考えられるが，「移動への選好」は他の３つとは異なる解釈が必要である。「移動への選好」は，キャリアへの不満あるいは組織への不信等が背景になって，組織外への移動を希望する意識を含んでいることが明らかになっている（武石，林［2013］）。

❖ キャリア自律に４つのタイプ

キャリア自律意識の４つの要素に対する回答パターンが似ている対象者をグルーピングするために，クラスター分析の手法を用いて対象者のタイプ分けを行い，４種類のタイプに分類した。以下で，４つのタイプ（クラスター）別にその特徴の分析結果を紹介したい。

タイプ別にキャリア自律の４つの要素の平均値を**図表４－３**に示したので，これによりタイプごとの特徴をみていこう。「自己指向」，「価値優先」，「バウンダリーレス思考」の３要素の高低と「移動への選好」の高低の組み合わせでタイプ分けがなされている。

(図表4-3)　自律的なキャリア意識に関する4尺度を用いたグルーピング
(クラスター分類の結果)

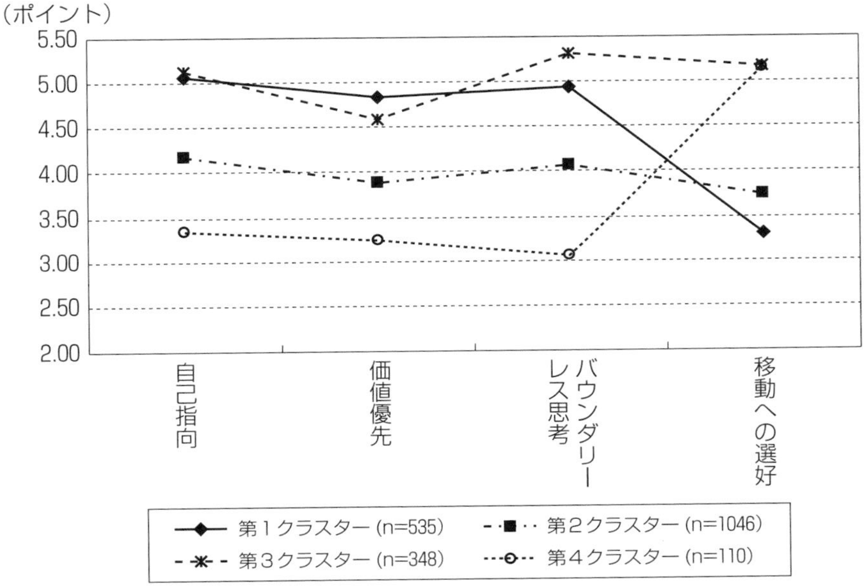

出所：武石，林［2013］より。

まず，第1クラスターは「自己指向」，「価値優先」，「バウンダリーレス思考」の3要素の点数が高く「移動への選好」が低いパターンで，『自律度高，移動選好低』グループである。この対極にあるのが第4クラスターであり，「自己指向」，「価値優先」，「バウンダリーレス思考」の点数が低く「移動への選好」が高いパターンで，『自律度低，移動選好高』のタイプといえる。第3クラスターは4要素がすべて高水準で『自律度高，移動選好高』のタイプ，第2クラスターは4要素がすべて中程度で『自律度中，移動選好中』のタイプとみなすことができる。

以上のような特徴を持つ4種類のクラスターの中で，第2クラスター『自律度中，移動選好中』に分類される回答者が1,046名と全体の約半数である。4尺度のすべてが高水準である第3クラスター『自律度高，移動選好高』は348名（17.1%），第1クラスター『自律度高，移動選好低』は535名（26.2%），第

4クラスター『自律度低，移動選好高』は110名（5.4%）と少ない。

❖ 4つのタイプの特徴

自律的なキャリア意識の4つのタイプは，それぞれどのような特徴があるのだろうか。

まず**図表4－4**は，個人属性別の特徴をみている。男女，年齢，学歴による違いはみられない（有意差はない）。一方で，**図表4－5**には，勤め先の状況，あるいは個人の仕事特性などとの関連を示した。これらは，自律的なキャリア意識と関連しており（有意差あり），職場の状況や仕事のタイプ，将来への展望の持たせ方などの施策と自律的なキャリア意識の関連が示唆されている。

自律的なキャリア意識をもちながらも移動選好が低いという点で，組織にとって1つの望ましい自律の形といえる「自律度高，移動選好低」の第1クラスターに注目すると，組織の特徴としては，日系企業よりも日系企業以外で高い割合である。仕事の特徴としては，営業職の場合，専門性を高められるような職業的キャリアが確立されている場合，昇進が速いと感じている場合にその割合が高い。

一方で，4つの尺度が中位である「自律度中，移動選好中」のタイプは，組

（図表4－4）　個人属性別，各クラスターの割合

（%）

	サンプル数	第1クラスター 自律度高，移動選好低	第2クラスター 自律度中，移動選好中	第3クラスター 自律度高，移動選好高	第4クラスター 自律度低，移動選好高
計	2,039	26.2	51.3	17.1	5.4
性別					
男性	1,545	26.7	51.2	17.0	5.1
女性	494	24.7	51.6	17.4	6.3
年齢層					
25－29歳	540	25.7	50.6	17.6	6.1
30－34歳	710	25.9	50.4	17.7	5.9
35－39歳	789	26.9	52.6	16.1	4.4
学歴					
大学（学部）	1,653	26.4	50.8	17.4	5.5
大学院（修士）	386	25.6	53.6	15.8	4.9

出所：武石，林［2013］より。

（図表4－5）　キャリアの特徴別，各クラスターの割合

（%）

	サンプル数	第1クラスター自律度高，移動選好低	第2クラスター自律度中，移動選好中	第3クラスター自律度高，移動選好高	第4クラスター自律度低，移動選好高
資本					
日本の企業	1,946	25.8	51.8	16.9	5.5
それ以外	93	35.5	40.9	21.5	2.2
職種					
専門・技術的な仕事	865	25.3	52.3	16.5	5.9
管理的な仕事	182	27.5	44.5	22.5	5.5
事務の仕事	525	24.8	56.2	13.9	5.1
販売の仕事	82	22.0	56.1	15.9	6.1
営業（外回り等）の仕事	248	35.9	35.9	24.6	3.6
サービスの仕事	71	23.9	60.6	9.9	5.6
製造，運輸など現場の仕事	66	18.2	60.6	15.2	6.1
現在の仕事の展望					
専門性を高められるようなキャリアが確立されている	385	35.1	44.9	14.3	5.7
昇進して管理・監督的な仕事が用意されている	966	27.4	51.1	17.9	3.5
のれん分けなど独立・開業の機会が多い	33	30.3	45.5	3.0	21.2
一人前になっても，その先の仕事は質的にあまり変わらない	655	19.1	55.6	18.2	7.2
昇進の速さ（本人判断）					
はやい	104	29.8	31.7	33.7	4.8
ややはやい	287	32.4	42.9	20.6	4.2
平均的	1,073	27.0	52.9	14.8	5.2
ややおそい	245	23.3	56.3	15.1	5.3
おそい	184	21.7	53.8	15.8	8.7
比べる社員がいない	146	16.4	58.2	19.9	5.5

出所：武石，林［2013］より。

織特性では日系企業で，また仕事の特徴としては，事務の仕事，一人前になってもその先の仕事は質的にあまり変わらないなど，仕事に展望が開けない場合にその割合が高い傾向がある。

また,「自律度高, 移動選好低」のタイプとは反対に移動選好のみが高い「自律度低, 移動選好高」のタイプでは, 一人前になってもその先の仕事は質的にあまり変わらない, 昇進が遅いと感じている場合にその割合が高い。

基幹的な仕事に就きキャリアの展望がある場合に「自律度高, 移動選好低」が高く, 反対に定型的な仕事で仕事の質が変化しないという意味で展望の持てない仕事に就いていると自律的なキャリア意識が低くなっている。この結果から, 組織の中での仕事のタイプや将来への展望の持たせ方により, 自律的なキャリア意識を醸成できる可能性が示唆されている。

移動選好が低く他の自律度が高いタイプは, 自分のアイデンティティを意識し組織外への関心を持ちつつ, 今の組織への愛着も感じているという点で, 日本企業における自律した従業員の１つのモデルといえるだろう。

４．キャリア自律を支える仕組み

❖ キャリア開発の自助と共助

ところで, キャリア自律, といわれても, 個人としてどうすればよいのか戸惑う人も多いだろう。これからは自律的にキャリアを考える時代だから, 自分で考えるように, と放り出されても, 正直何をしてよいのかわからない。まず必要なことは, 自分のキャリアに向き合うことがこれまで以上に求められている社会に変化していることを理解して, 自身のキャリアを自分が作るという意識を持つことである。キャリア開発について, これまでは企業が主導する「共助」が重視されたが, これからは労働者の「自助」努力がより重要になる。

労働法が専門で「キャリア権」の重要性を主張する諏訪は, 変化の時代においては個人の変化対応力が重要であり, 変化対応力を醸成するには長い職業生活における能力開発を継続していくことが必要であると指摘する。「自己の職業生活を守るために, 断片化しがちなキャリアを自分なりに統合し, エンプロイアビリティを高める工夫が要請される」(諏訪［2012］, p.13) として,「自助」が基本であることが指摘されている。

同時に, 個人が所属する企業や組織が行うキャリア開発支援策としての「共助」の役割は, 仕事を通じてキャリアを開発するという観点からは依然として重要である。キャリア自律が組織の活力の源泉になるという経営者サイドで強調されている考え方は，外的な報酬ではなく自ら自発的に行動することで人は強く動機づけられるという「内発的動機づけ」を重視したデシ（Deci, E.L.）とライアン（Ryan, R.M.）の「自己決定論」に依拠しているといえるだろう（Deci & Ryan［2000］）。内発的動機づけにより学習効果や仕事成果が高まり，特に自律性が高い状況で内発的動機づけの程度が高くなるとされている。従業員の自律性を尊重することは，従業員のパフォーマンスを高めるという点で組織にとっても重要なのである。

ただしここで注意しなくてはならない点がある。従業員が自律的にキャリアを考えることにより，自社以外の組織への関心が向くことで，組織からの遠心力が働くということが組織側からみた懸念材料となることである。キャリア自律と組織からの遠心力とのバランスをどのようにとらえればよいだろうか。

先に紹介した研究結果で，キャリア自律が高いが「移動への選好」が低く組織への求心力を維持しているタイプ（第1クラスター）が存在するという分析結果を紹介した。この研究で示されているように，自律的にキャリアを考えることが，組織と距離を置くような遠心力としてのみ作用するわけではない。鈴木［2007］も，自律することと組織との関係を保つことは二律背反ではないと述べており，キャリア自律と組織目標の達成は十分両立しうるものといえる。組織からの離脱を恐れて従業員の自律的なキャリア形成に躊躇するとすれば，そのこと自体が自律的な従業員にとってはネガティブにとらえられ，有能な人材を失う結果を招く引き金となりうるだろう。

❖ 公助としての「フレキシキュリティ政策」

自律的なキャリア開発は，自助と共助に加えて，公的な機関が担う「公助」の役割も重要になってくる。

キャリア開発における「公助」の具体的な例として，ヨーロッパのフレキシキュリティ（flexicurity）政策を紹介したい。

「フレキシキュリティ（flexicurity）」とは，2007年にEUにおいて共通原則となった「労働市場の柔軟さ“flexibility”と労働者保護“security”を両立させた政策で，柔軟で信頼性の高い労働契約，包括的な生涯教育戦略，効果的な積極的労働市場政策，現代的な社会保障制度，の4要素」（柳沢［2009］）から成る政策である。労働者の転職がしやすいという点で労働市場の柔軟性（flexibility）が高く，同時に，転職に伴う失業保障やその間の職業訓練により長期的にみると労働者の生活の安定性（security）も高い，という特徴がある。

モデル的な事例として，デンマーク，オランダの労働市場政策があげられる。以下では，デンマークのフレキシキュリティ政策を紹介したい。

北欧に位置するデンマークは，戦後の経済成長下で社会福祉の充実を進めるが，石油危機を契機に高い福祉水準を維持することが難しくなり，失業率が上昇，雇用危機に直面し，1993年には10％程度の高い失業率となる。その後，失業者に対する能力開発策の充実化を進め，失業者を就業へと導く政策を展開し，失業率が低下していった。デンマークのフレキシキュリティ政策は，**図表4-6**に示すように，「黄金の三角形（Golden Triangle）」と呼ばれている。つまり，柔軟な労働市場，失業給付などの手厚い社会保障政策，積極的労働市場政策を特徴としており，これらが連携して個人の就労を支援している。

もともとデンマークは，解雇に対する規制が非常に緩やかで，転職などの労働移動が活発という労働市場の特徴を持つ。労働者の平均転職率はEUの中でも最も高い国とされる。また伝統的に社会保障制度が充実しており，失業者に対して期間，給付水準ともに手厚い給付を提供しており，事業主に解雇された失業者の生活を保障する仕組みとなっている。

これに加えて，1990年代に「積極的労働市場政策」と呼ばれるフレキシキュ

（図表4-6）　デンマークの黄金の三角形

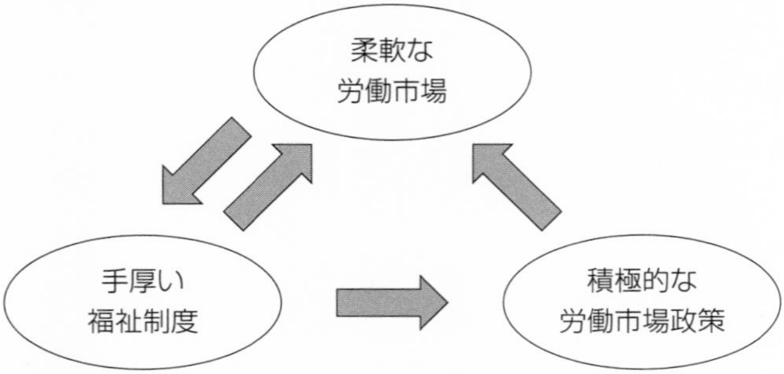

出所：Madsen［2005］より。

リティにおける重要な政策が加わる。これは，まず，失業者に対する給付期間を以前の7年間から1999年には4年間まで短縮し，その後2年間まで短縮する。ただし，日本の失業給付期間が最長360日であることと比べると長期である。失業期間の短縮化と併せて，職業に就くための教育訓練の整備を行った点が重要である。失業者に対しては，公共職業安定所において個別のカウンセリングが定期的に行われ，個々に就職に向けた計画が作られる。特に，公的な職業訓練制度が整備されており，失業者に対しては，技能のスキルアップのためのプログラムへの参加が求められる。再就職の支援にあたっても，成長が見込める分野への支援を積極的に行うことにより，産業構造の変化への対応が行われる。

ただし，デンマークにおいても，失業給付の増大や労働力需給のミスマッチなどの問題も指摘され，政策の課題もある。とはいえ，「黄金の三角形」と呼ばれる政策を組み合わせて，一企業ではなく社会全体で労働者の雇用を保障するという考え方に立った柔軟な労働市場の創出を目指し，社会全体として個々人のキャリア開発を支援している事例として注目できる。

❖ キャリア自律を支える社会へ

これに関して日本に目を向けると，従来はキャリア開発が企業主導で行われてきたことに関連して，「公」の役割が問われることは比較的少なかったのが日本の特徴といえる。フレキシキュリティに関連する「積極的労働市場政策」（労働者の働く機会を提供したり，能力を高めたりする政策）のための支出は，日本の支出は対GDPで0.4％程度と大陸ヨーロッパの1～2％に比べると低水準にある（OECD Social Expenditure Database 2011）。

日本とは社会や労働市場の構造が大きく異なる欧州の政策をそのまま導入することは難しいし，デメリットも大きい。ただし，自律的なキャリア開発が求められる社会においては，個人が勤める企業などの組織の外にある公的な機関などが，個人の能力開発を支援することはより重要になるだろう。デンマークの積極的労働市場政策は，失業者をセーフティネットにより保護するのではなく，失業に陥った人に技能を付与して早期に就業へ導くことにあり，「トランポリン」にたとえられる。

キャリア開発に取り組む個人に対して，どのような能力を伸ばすことが有効かの手がかりを与え，そのニーズを受け止める機会の提供が，自律型キャリア開発時代に公に求められる重要な役割となる。

5．「適材適所」の新しい形

キャリア自律を促す人事の仕組みとはどのようなものか。「自律」している個人を前提にすれば，「自律を促す」ということは必要なく，個人の自律と整合する人事制度を構築すればよいだろう。しかし，日本の組織の人事制度において，自律性や自発性がともすると「出る杭」として打たれてしまうような状況が少なからず生じていたと考えられ，「自律」を奨励する方向に従業員を導くことを，制度の中で明確に位置づける必要性は高い。

デシ（Deci, E.L.）とフラスト（Flaste, R.）は，「自律性を支援することの主要な特徴は，選択を与えること」（Deci & Flaste［1995］，p.201）と指摘する。自律的なキャリア形成支援の重要性を経営の視点から提言した日本経済団体連合会［2020］も，従業員の主体的なキャリア展望のために重要な支援策として「社員の意向を踏まえた人事異動」をあげており，従業員の「選択」をベースにした人事政策が重視されるようになってきた。

武石［2019］は，キャリア自律にどのような人事管理制度が影響しているのかについて分析を行っている。キャリア自律は，前述したプロティアン・キャリアを構成する「自己指向」「価値優先」，バウンダリーレス・キャリアを構成する「バウンダリーレス思考」の３つを取り上げ，この３つの尺度に影響を及ぼす人事制度を分析した。**図表４－７**に計量分析の結果を示しているが，「配置・異動（自己選択型）：職場への配置や異動は本人の希望や事情を優先している，など４項目），「能力開発（個別プラン型）：今後のキャリアについて社員が主体的に考えるように支援している，など３項目」，「評価（基準明確・成果型）：人事評価の結果とその理由について，上司と部下が定期的に面談をしている，など３項目」，「キャリア支援策の充実度：自分の将来のキャリアについて希望をいうことができる，など６項目」がキャリア自律意識に影響を及ぼしている。従業員の選択を基礎に置く人事制度であること，それゆえにキャリア開発は一律的ではなく個別対応が行われること，選択の前提となるキャリア

（図表4－7）　キャリア自律意識に関連する人事制度

	キャリア自律意識		
	自己指向	価値優先	バウンダリーレス思考
	係数	係数	係数
コントロール変数ー省略			
配置・異動（自己選択型）	0.139　***	0.124　***	0.123　***
能力開発（個別プラン型）	0.017	0.035　*	0.071　***
評価（基準明確・成果型）	0.071　***	0.071　***	0.054　**
キャリア支援策の充実度	0.103　***	0.006	0.112　***
サンプル数	3,093	3,093	3,093
調整済み R^2	0.135	0.066	0.127

注：1）***は1％未満，**は5％未満，*は10％未満で有意であることを示す。
　　2）コントロール変数として，性別，学歴，転職経験，資本系列（日系か外資系か），業種，規模，部門を投入しているが，係数表記は省略している。
出所：武石［2019］より。

支援制度を構築していることが求められるといえよう。

個人と仕事のマッチングは「適材適所」を基本にする。多くの日本企業では，これまでは，「適材」を採用して，あるいは「適材」に作り込んで，その人材を「適所」に割り当てるという意味で，「組織主導」の側面が強かった。しかし，適材適所の新しい形は，「適材になり，適所を選ぶ」という個人の選択をより重視するようになり，そこに組織の選抜という要素をどのように加味していくのか，という点がテーマになるだろう。

本章のポイント

①キャリア自律とは，働く個人が自身のキャリア開発に主体的・自律的に向き合い，進むべき方向を決めることであり，今後重要になっていくと考えられる。

②キャリア自律の概念として，プロティアン・キャリアとバウンダリーレス・キャリアの２つを紹介した。日本でもこれらの構造を検討する研究が行われており，企業側の施策により自律的なキャリア開発が可能になることが示唆されている。

③キャリア自律というとき，個人の責任のみを強調するのではなく，組織の支援，さらに公的な支援の仕組みを作っていくことも重要である。

■注

(1)　以下の分析は，武石，林［2013］による。共著論文の結果を本書に掲載することについて快諾いただいた林洋一郎氏に感謝申し上げる。なおこの研究は，日本学術振興会科学研究費助成事業（挑戦的萌芽研究　課題番号22653045，研究代表者：武石恵美子）により実施した。

(2)　この調査は，全国の企業規模100名以上の民間企業に勤める男女正社員，年齢25－39歳，最終学歴は大卒・修士卒（短大卒，博士卒は含まない）を対象に実施し，2,039人の有効回答を得ている。

コラム　エンプロイアビリティとエンプロイメンタビリティ

「エンプロイアビリティ（employability）」は，労働者個人の雇用されうる能力のことで，労働移動を可能にするような外部労働市場で企業横断的に評価される能力というように，転職のしやすさと結びつけて理解されることが多い。しかし，広義には，社外で評価される能力は企業内でも有効活用できるものであり，内部労働市場の中で発揮され継続的な雇用を可能にするという点で評価される能力という意味も含んでいる（日本経営者団体連盟・教育特別委員会［1999］）。個人にとって，雇用が流動化すれば転職可能な能力が重要になるが，日本の労働市場においては，１つの組織の中で積み上げていくキャリアも非常に重要である。

企業の視点からみれば，他社が求めるような能力を持つ人材は，自社に引き止めたい人材とも重なる部分が大きい。優秀な人材を雇用しうる企業側の能力，つまり働く人から選ばれる企業という意味で，「エンプロイメンタビリティ（employmentability）」が問われている。

職業能力を高めるのは個人の責任であるという考え方が強まっても，個人の能力開発において組織の果たす役割は大きなものがある。個人のエンプロイアビリティを，継続的な雇用を可能にするという意味でとらえると，それを高める組織の働きかけは，優秀な人材を引き止めることができるという点で有効である。

エンプロイアビリティを高める個人の努力はキャリア自律の上で不可欠だが，そのためには，難しい仕事への挑戦や新しいネットワークの構築など，仕事の経験を通じて行うことが必要である。優秀な人材が外に流出しないように囲い込むのではなく，また，キャリア自律を個人に求めて突き放すのでもなく，自律した個人のエンプロイアビリティを支援する組織が，エンプロイメンタビリティの高い組織といえるだろう。エンプロイアビリティの向上を支援するという意味でエンプロイメンタビリティの高い企業が，結果として人材の獲得や定着を促し，労働市場から評価される企業になると考えられる。

第 II 部　テーマごとに考える

第5章　ダイバーシティ経営

経営環境の広範かつ急激な変化を受け，新しいビジネス環境に対応し経営価値を生むという観点から，個人の属性，スキル，価値観，ライフスタイルなど人材の多様性を積極的に評価する「ダイバーシティ経営」を強調する企業が増えている。人材の多様性が重視されるということは，個人が自身の強みを認識して組織貢献することが求められるということでもある。ダイバーシティ経営を切り口に，個人と組織の新しい関係について考えたい。

1．なぜダイバーシティ経営か

❖ ダイバーシティ経営とは

ダイバーシティ経営とは，「多様な人材を活かし，その能力が最大限発揮できる機会を提供することで，イノベーションを生み出し，価値創造につなげている経営」（経済産業省［2015］，p.3）である。

ここでダイバーシティとは，人材の多様性をさす。人材の多様性といっても，様々な側面がある。わかりやすいのは，性別，年齢，国籍などの属性の多様性である。しかし，こうした個人の属性面の多様性にとどまらず，個々人の能力やスキル，価値観，ライフスタイル，趣味，子育て経験といったキャリアの多様性もダイバーシティの重要な側面である。最近は，性自認・性的指向を示す「LGBT 等」も注目されるようになり，性自認・性的指向による差別を排除することを明確にする政策や企業の施策が増えてきた。ダイバーシティを突き詰めれば，一人ひとりすべて多様であるということになる。

ダイバーシティ経営は経営の必要性に端を発することから，人材の多様性のどの側面を重視するのか，つまり女性の活躍を進めるのか，障害者の雇用促進を進めるのか，従業員のスキルに注目するのか，など多様性をどのように活かそうとするのかは，それぞれの企業の戦略の中で決定することになる。

欧米企業では，日本企業に先んじて，ダイバーシティに価値を置く人材戦略がとられてきた。一方これまでの日本の組織では，均質で同じような発想をする従業員をマネジメントすることの方が効率的であると考えられてきた。一人ひとりの違い，ではなく，共通項をみつけて集団としてまとめることを重視してきた組織において，個々の違いや異質性に着目しそれらを重視するというのは，人材戦略の大きな方向転換といえる。

❖ ダイバーシティ経営の背景

日本で人材の多様性に注目する企業が出てくるのは2000年以降であるが，人種や国籍が多様なアメリカやヨーロッパの企業では，1980～90年代頃から人材多様性を重視するようになっていた。この概念が生まれたアメリカでは，人種差別や性差別を禁止する公民権法第7編が成立した60年代半ばから，白人男性以外の労働力の多様化が始まる。しかし当時は，雇用平等を進めるという法律対応の側面が強く，多様性の積極的な側面への関心は薄かった。

ダイバーシティが経営戦略的な関心から注目されるようになったのは，アメリカでは80年代後半以降である。1987年に米国労働省が2000年に向けて米国の労働市場の動向を推計し，グローバル化やサービス経済化，技術革新などの社会変化とともに，労働力需要構造が変化し知識集約型の職業での労働需要が増えること，労働力構成も白人男性以外の属性の労働者が増えることが示され，多様な人材活用への関心が高まっていったとされている（谷口［2005］）。白人男性を中心に組み立ててきた人事管理や職場管理のあり方に，企業経営者が危機感をもって対応したといえる。

日本では，2000年に経営者団体である日本経営者団体連盟が，「ダイバーシティ・ワーク・ルール研究会」を立ち上げ，ダイバーシティ経営の方向性について，企業経営の視点から検討が行われた。報告書のメインタイトルが「原点回帰」となっているが，この意図するところは，「人は本来，多様であり，また変化に対応できる存在である。人材活用についても，このことに立ち戻り，多様な属性や価値・発想をとり入れていくという施策が必要となる」（日本経営者団体連盟・ダイバーシティ・ワーク・ルール研究会［2002］）という点にある。

経営者がダイバーシティ経営に関心を持つようになった背景としては，ビジネス環境の多様化が進んだことがあげられる。ビジネス環境といっても，様々な側面があるが，経済成長の鈍化や経済活動のグローバル化，マーケットの多様化・複雑化，技術革新，労働者の変化などが主要な変化であり，こうした変化に対応するための企業の人材戦略が「ダイバーシティ」という言葉に集約された。第４章で述べた「Society5.0」の時代には，規模や効率性ではなく課題解決や価値創造が重視されると考えられており，そのために同質性ではなく多様性を重視することがますます強調されるようになってきている。

❖ 労働力人口の減少

日本の労働市場における大きな問題の１つが，労働力人口の減少である。少子高齢化が進んでいる日本では，労働供給の制約が極めて大きな経営問題の１つとなり，この制約要因によって，同質的な労働者を採用・確保することが現実に不可能になっているという状況がある。日本の生産年齢人口（15～64歳人口）は，1996年以降減少に転じており，男性の20代後半から50代はすでに100％に近い労働参加となっていることから，この年代の男性で労働力需要に対応することができない。

厚生労働省の研究会が，2040年の就業者数の推計を行っている（**図表５－１**）。推計は，２つのケースを想定して行われている。まず，政府が進める政策が効果をあげずに経済成長が達成できないまま，現在の性・年齢階級別の労働力率が変化しない場合（経済成長と労働参加が進まないケース）には，2040年の就業者数は5,245万人と，2017年の就業者数（6,530万人）と比較して1,285万人の大幅減少が見込まれる。一方で，各種の政策を適切に講じて若者・女性・高齢者等の労働市場への参加と経済成長が進む場合（経済成長と労働参加が進むケース）には，2040年の就業者数は6,024万人，2017年と比較して506万人の減少となる（厚生労働省・雇用政策研究会［2019］）。後者のケースでも，就業者数減少という趨勢は変えられないものの，経済成長と労働参加が適切に進まないケースに比べて，減少幅を大きく抑制することができる。

経済成長と労働参加が進まないケースに比べて，経済成長と労働参加が進む

（図表５－１）　就業者数のシミュレーション

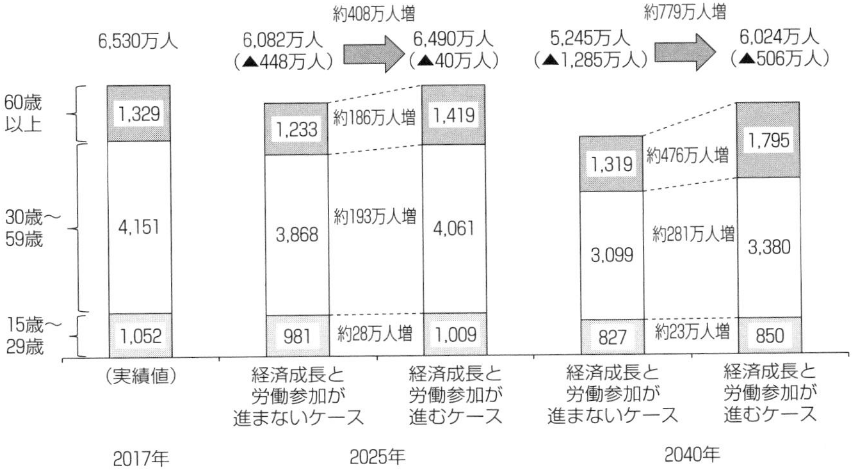

注：「経済成長と労働参加が進むケース」とは，各種政策により高成長が実現し，かつ労働市場への参加が進むケース。「経済成長と労働参加が進まないケース」とは，ゼロ成長に近い経済状況であり，かつ労働市場への参加が進まないケース（2017年の性・年齢階級別の労働力率固定ケース）。

出所：厚生労働省・雇用政策研究会［2019］より。

ケースでは，男性は60歳以上の年齢層で，女性は幅広い年齢層で，就業率が上昇すると予想されている。経済成長と労働参加が進むケースにおいても，男性は2017年に比べて40年までに477万人の減少が見込まれるが，他方で女性は，30万人減と若干の減少にとどまる。今後就業者に占める女性の割合は高まることがほぼ確実である。

このような労働力供給の構造的な変化に伴い，人事管理の前提としていた「人材モデル」は変化し，それに対応した人事戦略を検討しなければ，人材の確保や能力発揮の側面から経営が成り立たなくなるという強い危機感が企業経営者に広がっている。

❖ ダイバーシティ経営に期待される効果

もちろん，ダイバーシティ経営の背景は，労働力人口の減少への対応という受身の姿勢だけではない。ダイバーシティ推進の戦略的な側面の方が，より重要性は高い。女性や高齢者，障害者の雇用は，ともすると福祉施策として位置づけられることがあるが，ダイバーシティ経営において，人材多様性は経営に価値をもたらすものと明確に位置づけられている。その意味で経営戦略から落とし込まれた人材戦略である。

ダイバーシティ経営は，技術と労働力の多様性を背景に，マーケットの多様性や変動に対応しようとする経営的な側面が重視される。モノやサービスを購入する組織や個人は多様であり，その度合いがますます高まっている。同時に，経営を取り巻く状況は，DX（デジタル・トランスフォーメーション）などの新しい技術への対応，GX（グリーン・トランスフォーメーション）など社会課題への対応，経営の透明性の確保などの社会的要請の高まりなど，様々な側面で複雑さを増している。マーケットの多様化や日々変化する経営課題に迅速かつ的確に対応し，経営活動を展開することが求められる時代になった。経営を取り巻く環境変化の大きさと先行きの不透明感の増大により，これまでの仕組みを踏襲していては持続的に発展できない，新しい発想で経営課題に取り組まなければならない，という課題認識が鮮明になっている。これまでとは異なる課題領域に，従来型の人材とは違うタイプの人材の能力を活かすことにより対処する，そのために多様な人材の「集合知」を発揮できるようにすることが，ダイバーシティ経営の本質である。

図表5－2にダイバーシティ経営が期待する効果を示している。多様性に富む人材が個々の能力を発揮できるようなダイバーシティ・マネジメントを進めることにより，イノベーションにつなげて多様な市場への対応力を高めるという直接的な効果に加えて，ガバナンスの健全化やそれに伴う社会的な評価，多様な人材が働くための職場環境改善を通じて優秀な人材が確保できる，といった好循環が期待できる。アメリカの研究で，ダイバーシティは，コスト削減（離職率の低下など），人的資源の獲得，マーケティングにおける成功，創造性やイノベーションの増大，問題解決の質の向上（多様な経験を踏まえた問題解決），組織のフレキシビリティの強化，という6つの点でメリットが指摘されている（Cox & Blake［1991］）。

実際に，ダイバーシティ推進により経営効果が高まったとする事例は多い（経済産業省［2014］）。例えば，女性建築士による建築デザインが地域で高い

(図表5－2)　ダイバーシティ経営の成果イメージ（女性活躍を例に）

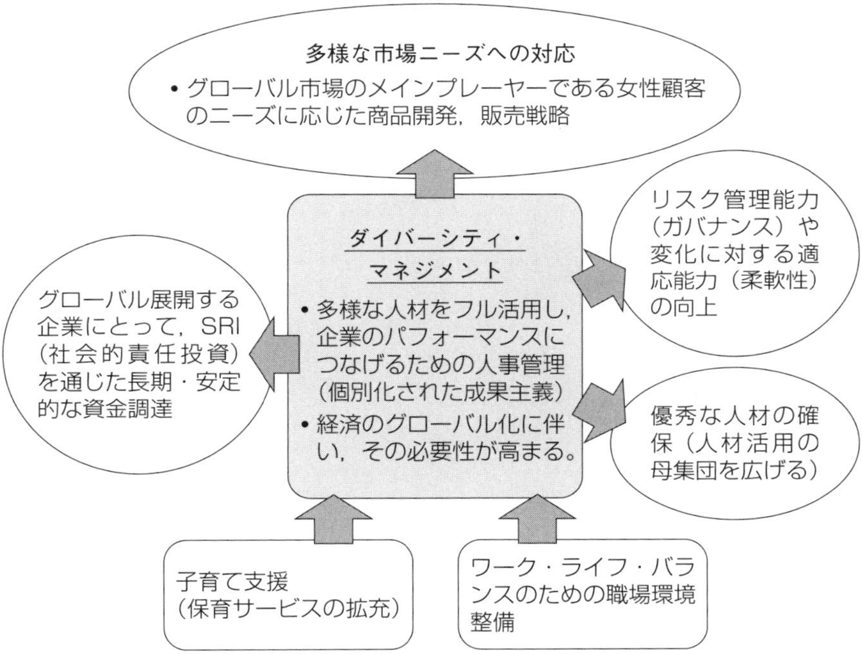

多様な市場ニーズへの対応
•グローバル市場のメインプレーヤーである女性顧客のニーズに応じた商品開発，販売戦略
ダイバーシティ・マネジメント
•多様な人材をフル活用し，企業のパフォーマンスにつなげるための人事管理（個別化された成果主義）
•経済のグローバル化に伴い，その必要性が高まる。
リスク管理能力（ガバナンス）や変化に対する適応能力（柔軟性）の向上
グローバル展開する企業にとって，SRI（社会的責任投資）を通じた長期・安定的な資金調達
優秀な人材の確保（人材活用の母集団を広げる）
子育て支援（保育サービスの拡充）
ワーク・ライフ・バランスのための職場環境整備

出所：経済産業省［2012］より（一部修正）。

評価を受け，女性の活躍を支えるために時間制約のある社員をチーム制にして設計業務を行うことで成果につなげた事例（有限会社ゼムケンサービス，従業員数8名）。男性熟練工が使用していた機具を女性社員が使えるように改良して，新たな市場を開発した事例（㈱光機械製作所，従業員数91名）。てんかんをもつ社員の転倒時の頭部保護のために開発した帽子が，入院患者のリハビリや電気・ガスの点検社員のための安全帽として利用されるなど，多様な用途での需要が生まれた事例（㈱特殊衣料，従業員数165名）。

ダイバーシティ経営というと，大企業の取組みと考えられがちであるが，上述したような中小企業のユニークな取組みも注目される。多様な人材がそれぞれに個性を発揮しやすい風土があれば，個別対応がしやすい中小企業こそ多様性を企業価値につなげやすいという面もある。企業規模を問わず，経営戦略と

して取り組む意義がある。

反対に，特定の属性やライフスタイルの人材を排除する組織に対して，投資家や消費者が厳しい判断をするケースもある。アメリカでは，性的マイノリティを差別した企業の製品の不買運動が起こった例もある。企業が多様な価値観やライフスタイルを受容していく姿勢を示すことが，企業の社会的評価を高める時代にあるといえる。

2．人材の多様性を活かすとは

❖ 人材多様性と経営パフォーマンス

ただし，組織内の人材多様性を進めると常に経営的なメリットにつながるのか，という点に関しては，経営パフォーマンスにプラスに作用するケースとマイナスに作用するケース，もしくは効果がないケースがあることが明らかになっている（Jackson & Joshi［2011］）。ダイバーシティ推進と経営パフォーマンスの間には，それを調整もしくは媒介する多様な要因が存在することが指摘されてきており，ダイバーシティ推進が経営にもたらす効果の有無を明らかにするということよりも，効果の発現につなげる職場の構造を明らかにすることが重要な研究テーマとなってきた。ギローム（Guillaume, Y.R.F.）他は，過去の研究レビューを通じて，ダイバーシティと組織成果を介在する調整変数として，①戦略，②部門の特徴，③人事施策，④管理職のリーダーシップ，⑤組織風土/組織文化，⑥個人要因の６つを取り上げている（Guillaume et al.［2017］）。

ダイバーシティが経営に及ぼすプラスの作用に関しては，「情報・意思決定（information/decision making）理論」で説明される。人材多様性は活用できる知識や意見，情報の豊富さにより，複雑な意思決定の場面で多様な情報や観点を踏まえて精緻化を目指すことが期待でき，それによって革新的で創造的な経営活動が可能になるというものである。

反対にネガティブな作用に関しては，「社会的カテゴリー（social categolization）理論」で説明される。「社会的カテゴリー理論」は，個人間の相違がカテゴリー化を生み，それにより内部と外部の集団が形成され，異なる属性等を持つサブグループ（性別や人種など）間で葛藤やコミュニケーションの問題が

（図表５－３）　人材多様性とパフォーマンスの関係

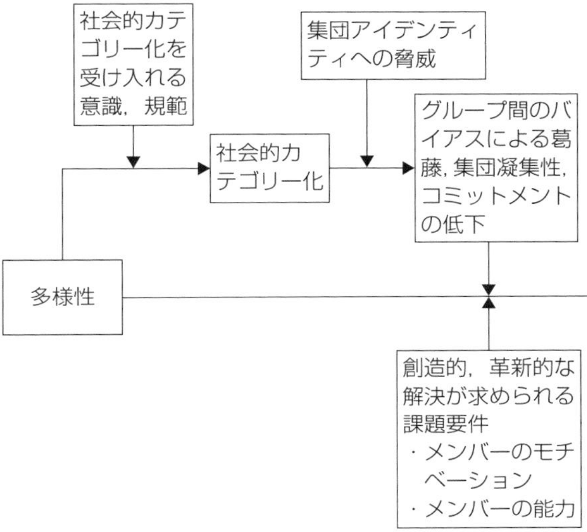

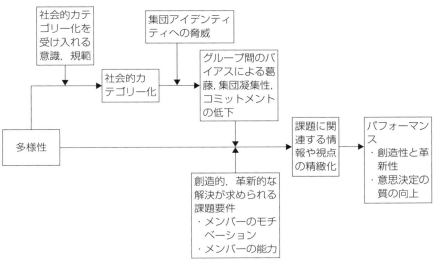

出所：van Knippenberg et al.［2004］，p.1,010より。

生じ，集団としての凝集性が低下することなどにより，パフォーマンスにマイナスの影響を及ぼすと考える。意思決定の精緻化の以前に，カテゴリー間で対立のようなものが生じてしまい，ネガティブな影響が生じると考えられる。

これらを統合したモデルが，「カテゴリー化－精緻化モデル（Categorization-Elaboration Model）」である（van Knippenberg et al.［2004］）（**図表５－３**）。人材の多様性は，課題に関連する情報や視点の精緻化を通じてパフォーマンスを向上させると考えるが，社会的カテゴリー化によるサブグループの葛藤によってそれが阻害される可能性がある。社会的カテゴリー化はそれを受け入れる意識や規範により形成されるが，社会的カテゴリー化が常にパフォーマンス低下を引き起こすということではなく，自分が所属しているサブグループの社会的地位が低いというように脅威を感じるときに，サブグループ間の葛藤を生むと考える。一方で「情報・意思決定」の際には，創造的，革新的な解決が求められるような高度で複雑な課題要件の下，メンバーが動機づけられ，またメンバーの能力が高い時に，ダイバーシティが価値を生むと考える。したがって集団バイアスを生じないような施策を展開して，ダイバーシティの価値を高めることが重要になる。

❖ 日本企業の課題

近年，多くの日本の企業で人材の多様性が重要であると理解されるようになってきたが，現場でそれを実践する上で課題は多い。

これまで日本の企業は，均質性の高い労働力を前提に，年次管理に象徴される集団的な管理方法がとられてきた。多くの日本企業は，人的資源の開発や従業員のモチベーションを上手にマネジメントしながら，経営的な危機を何度も乗り越え，強い経営体質を作り上げ，国際的な競争力も高めてきたと評価できる。しかし，人口構造の変化や経済のグローバル化など社会経済の構造変化が起こり，従来型の人材の育成や能力発揮のための取組みが機能しにくい状況になってきた。働く人自身も変化し，働く女性の増加やそれに伴う共働き世帯の増加，高齢化に伴う働く高齢者の増加や介護責任の増大，技術等の急速な変化に対応するための自己啓発へのニーズの高まりなど，働く場において個別対応が求められる事情が増えてきた。

このような状況下でダイバーシティ経営を推進しようとするとき，その重要性について職場や従業員の理解は進んできていると考えられる。しかし，均質的な労働者像をモデルにして組織運営の効率を高め，従業員の一体感を醸成しながらパフォーマンスにつなげてきた多くの日本の企業組織において，ダイバーシティ経営の重要性について理解はされても，それを活かす組織運営につなげようとすると，現場レベルで様々な反発や抵抗が生じることが多いのも事実である。ダイバーシティ推進に伴うマネジメントの煩雑さ，従業員間の葛藤の顕在化などのマイナスの側面を克服することのハードルが高く，元の同質な組織に戻ろうとする力が大きくなってしまうという問題は，欧米企業よりも根深いものがあると考えられる。

そうなると，経営戦略の一環として進めようとする取組みが頓挫してしまうことになる。ダイバーシティが簡単に推進できるのであれば，その必要性を理解すればすぐに舵を切ることができるはずなのだが，多くの企業で経営層や人事部門で方針を決めても現場への浸透が進まないのは，これまでの人事管理制度や運用，職場のマネジメントスタイル，さらには個々人のマインドセットなど，トータルに変えなければならない部分が大きいからである。

❖ 多様な人材が「いる」組織

人材の多様性を経営の価値にする，ということの意味を検討したい。

組織の中に多様な人材が混じり合っている場合，わかりやすい例として，男女や国籍の異なる人材が存在する場合を考えてみたい。日本人男性が中心であった組織に，女性や外国人を採用し，そうした人材が定着する管理をすることがダイバーシティ・マネジメントであるとすると，典型的には２つのアプローチがある。一つは，女性や外国人を差別しないで平等に扱おうとするアプローチで，もう一つは，女性や外国人の「特性・らしさ」を活かした分野で活躍をしてもらうというアプローチである。これについて，トーマス（Thomas, D.A.）とイーライ（Ely, R.J.）は，それぞれ「差別・公正パラダイム（discrimination-and-fairness paradigm)」,「アクセス・正当性パラダイム（access-and-legitimacy paradigm)」と指摘している（Thomas & Ely［1996］)。

「差別・公正パラダイム」は，機会均等，公正な処遇を重視する。従業員はみな同じであるから平等な処遇が必要だ，ということが基本にあるために，従業員間の重要な違いには注目しない。多様な従業員を公平に処遇するという点は評価できるが，同化することが重視されるため，本来の多様性は軽視され，せっかくの多様性のメリットが活かされないことになる。

「差別・公正パラダイム」が人材の多様性にかかわらず画一的な対応を行うのに対して,「アクセス・正当性パラダイム」は，多様性を認めその異なる特性を強調して間仕切りされた分野に閉じ込める，という特徴がある。ダイバーシティ経営の事例として,「女性の感性を活かして女性向けの商品を開発した」「外国人従業員の旅行企画商品がヒットした」といったケースが紹介されることが非常に多い。これが,「アクセス・正当性パラダイム」の事例である。女性は家事が得意，ある国の出身者はその国の文化に詳しい，という固定的な見方により，女性や外国人に特定の分野での活躍を期待するという人材活用策が，ダイバーシティ・マネジメントであると誤解する経営者は多い。

このアプローチが間違っているとはいえないが，この段階にとどまっていると，多様な人材を特定の専門領域でのみ活用しているにすぎない。女性従業員は女性の意見を代表する，外国人はその国を代表する，というように，グループの代表としての役割を期待される。しかし，それらの人材が組織の中の主流の部門で，たとえば日本人男性と共に働くことによって，イノベーションにつなげたり，経営戦略に別の視点を持ち込んだりする，といったことは期待されていないという点で問題がある。

人材のダイバーシティに関するこれら2つのアプローチ（パラダイム）は，多様な人材が組織の中に存在はしているが，それが経営的な効果を生んでいるのか，という点で中途半端な対応にとどまっている。

❖ ダイバーシティからインクルージョンへ

トーマスとイーライは，上記2つのパラダイムではなく，第3のパラダイム「学習・効率性パラダイム（learning-and-effectiveness paradigm）」の重要性を強調する。このパラダイムは，多様な人材が主要な領域で活躍できるようにし，それによって多様性を組織に活かすことができるとしている。そのためには，多様性から学習するという姿勢が組織に求められ，違いがあるからこそ同じ組織で働くことが重要なのだ，というようにメンバーが考えることが組織の価値を高めることになる。

ダイバーシティ経営では，多様な人材が存在する，ことにとどまらず，多様な人材が組織の主流な分野も含めてあらゆる分野で活躍できるように組織の文化やマネジメントを変革することがより重要になる。そうした組織変革により多様な人材を組織の中に統合していくという意味合いを強調するために「ダイバーシティ」を「インクルージョン」と言い換えて，あるいは「ダイバーシティ&インクルージョン」として取組みを進める企業も増えている。

ここで「インクルージョン」とは，exclusion（排除）の対義語で，受容・包摂を意味している。ダイバーシティは組織内の人材の属性等の多様性に注目するのに対して，インクルージョンは多様な従業員が組織の中で貢献できるように障壁を取り除くことに注目する点に違いがある（Roberson［2006］）。

職場におけるインクルージョンに関して，ショア（Shore, L.M.）他は，「従業員が職場の中で，所属（belongingness）への欲求と独自性（uniqueness）発揮の欲求の2つを満たす処遇を経験することにより，自身の価値を自覚する

（図表５－４）　インクルージョンの概念整理

	低・所属性	高・所属性
低・独自性の価値	排除（Exclusion） 個人は，職場内で独自性のあるメンバーとして扱われず，職場の部内者と位置づけられる別のメンバーやグループがある	同化（Assimilation） 個人は，組織的/支配的な文化の規範に準拠して独自性を重視していない場合に，職場の部内者として扱われる
高・独自性の価値	差異（Differentiation） 個人は，職場内の部内者とはみなされないが，固有の独自性は職場・組織の成功にとって価値があり，必要であるとみなされる	包摂・受容（Inclusion） 個人は，職場内の部内者とみなされ，職場の中での独自性が許容・奨励される

出所：Shore et al.［2011］，p.1,266より。

程度」（Shore et al.［2011］，p.1,265）とした。**図表５－４**に示すように，所属性と独自性の価値を認める程度の組み合わせにより４つの分類を行っており，独自性と所属性が連携してインクルージョンの感覚を生み出すとしている。独自性のある個人が職場に受け入れられると認知するためには，インクルーシブな風土，リーダーシップ，施策の３つが重要であるとして，それによって人材の多様性が職場のパフォーマンスを向上させると考えられている。

先に紹介した日本経営者団体連盟・ダイバーシティ・ワーク・ルール研究会［2002］において，当時の日経連会長の奥田碩氏が次のようなコメントをしているが，現在のインクルージョンにつながる視点が含まれており，興味深いので，以下で紹介する。

> ただ，ダイバーシティの本当の効果というのは，女性でも若年でも外国人でもいいですが，そういう人自身がクリエイティブな成果を出す，ということではないと思うのです。そういう人が入ってくることで，組織全体が活性化することが大切なのです。女性でも若年でも外国人でも，優秀な人，成果の出る人を積極的に活用し，ふさわしい処遇をするというのは当然のことです。大事なことは，そういったさまざまな人のコラボレーションを通じて，全体のパフォーマンスを上げることであり，従来の延長線上にな

> い仕事をすることです。ですから，女性だけで商品開発をしたけれどヒット商品が出なかった，やっぱりダイバーシティなんてダメじゃないか，という考え方は違うと思うのですね。（日本経営者団体連盟・ダイバーシティ・ワーク・ルール研究会［2002］）

3．ダイバーシティ経営の実際

❖ ダイバーシティ経営のプロセス

それでは，ダイバーシティ経営は，どのように推進するのが効果的なのだろうか。

実務的な観点を踏まえると，ダイバーシティ経営の定着に向けたプロセスは以下のようになる。ダイバーシティ経営による効果を組織全体で共有しながら定着させるために，経営戦略におけるダイバーシティ推進の重要性の明確化を起点にして，多様な人材の能力発揮を阻害する要因を明らかにして対応することが求められ，多様性を価値創造へとつなげるための制度改革，マネジメント改革が重要になる。加えて，従業員に対しても，ダイバーシティ経営に対応した行動やマインドセットが求められる（**図表5－5**）。

❖ 経営戦略への明確な位置づけ

ダイバーシティ経営は，人材の多様性に価値を見出すことから，個々の価値観や意見の多様性を組織が受け止めて，それらを建設的に活用しなければならない。その基盤として，多様な意見や考え方を自由に表明できるインクルーシブな風土が重要であるが，多様な意見を集約して意思決定する際には，経営戦略に照らしてどこに最適解を求めるかという行動規範や判断基準としての「拠り所」が必要になる。組織として何を目指すのかという方向性が明確になっていないと，多様な意見の議論を収斂させることは難しくなり，個人がバラバラの行動に出て組織のまとまりを低下させることになってしまう。

このため，ダイバーシティ経営を進める際には，「共有価値（shared value)」「行動規範」といった形でダイバーシティ経営のプラットホームを明確

（図表5－5）　ダイバーシティ経営の考え方と進め方

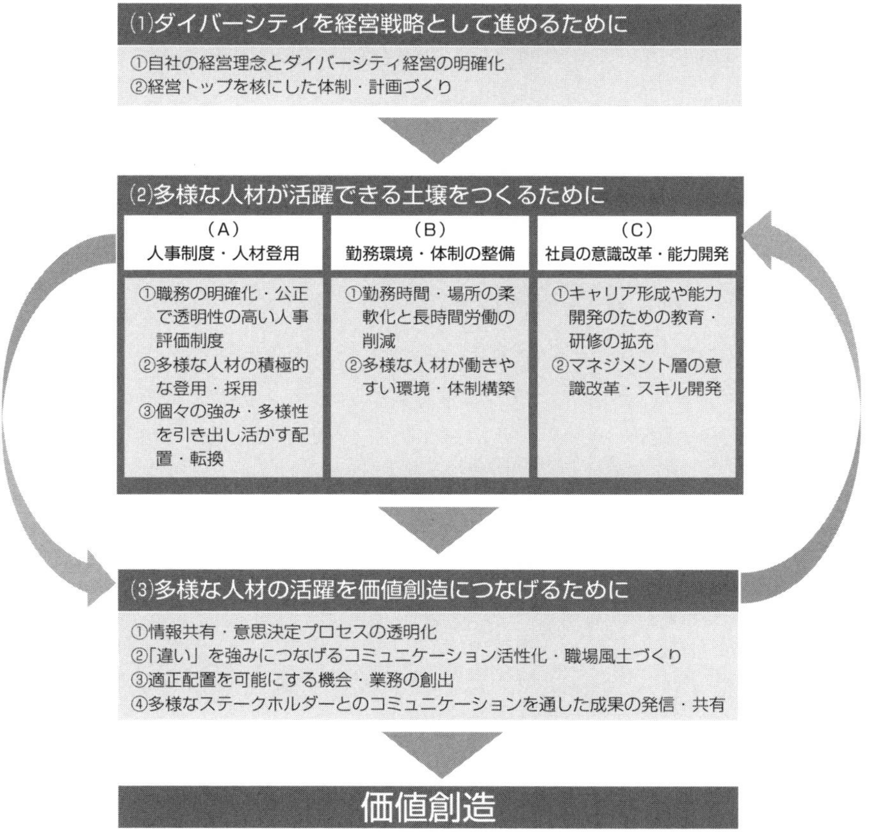

(1)ダイバーシティを経営戦略として進めるために
①自社の経営理念とダイバーシティ経営の明確化
②経営トップを核にした体制・計画づくり
(2)多様な人材が活躍できる土壌をつくるために
(A)
人事制度・人材登用
①職務の明確化・公正で透明性の高い人事評価制度
②多様な人材の積極的な登用・採用
③個々の強み・多様性を引き出し活かす配置・転換
(B)
勤務環境・体制の整備
①勤務時間・場所の柔軟化と長時間労働の削減
②多様な人材が働きやすい環境・体制構築
(C)
社員の意識改革・能力開発
①キャリア形成や能力開発のための教育・研修の拡充
②マネジメント層の意識改革・スキル開発
(3)多様な人材の活躍を価値創造につなげるために
①情報共有・意思決定プロセスの透明化
②「違い」を強みにつなげるコミュニケーション活性化・職場風土づくり
③適正配置を可能にする機会・業務の創出
④多様なステークホルダーとのコミュニケーションを通した成果の発信・共有
価値創造

出所：経済産業省［2015］，p.5より。

にし，それによって組織の求心力を維持し，また発散する意見をどこかで収斂させて着地点を探る仕組みがあることが不可欠となる。ダイバーシティ経営を経営戦略として明確化するためには，ダイバーシティ自体の多様な内容や側面を踏まえて，自社にとっての経営戦略上の意義や目指すべき経営成果を共有しておくことが重要である。

❖ トップのコミットメント

ダイバーシティが経営戦略の一環である以上，組織のトップのコミットメントがまずは前提となる。具体的には，ダイバーシティ経営を進めることが組織においてなぜ必要か，そのために何をするのか，方向性を明確にすることがトップの役割となる。ダイバーシティを重視するということは，経営においても現場のマネジメントにおいても大きな転換であり，トップの方針が明確になっていないと，現場におけるダイバーシティ推進の煩雑さなどが障害となり，前に進まなくなる。

ダイバーシティ推進を，従業員福祉，あるいはCSR（企業の社会的責任）の観点からのみ展開すると，経営的な意味合いが曖昧になるため，現場では，短期的な業績をあげる，ノルマを達成するといったことが優先されてしまい，中長期的な企業価値につながるダイバーシティ推進が後回しになってしまうという問題になる。

また，トップの関与は，スタート時だけでなく，様々な機会をとらえてその経営的な視点からの重要性を発信していかないと，取組みが風化して自然消滅してしまうケースもみられる。年度初めの方針表明時などトップが従業員にメッセージを発信する際に人材戦略の考え方を説明する，職場のダイバーシティ・マネジメントの推進状況をチェックする，従業員と定期的なミーティングを開催する，などが具体的な取組み事例としてみられている。

❖ 組織対応と施策の展開

トップの方針が明確になれば，方針にしたがって人事制度の見直しや職場マネジメント改革，そして社員の意識改革などを総合的に進めることになる。

多様な人材の採用から始まり，そうした人材が「アクセス・正当性パラダイム」で指摘したような特定の専門部署のみで活躍の場が与えられるのではなく，多様な人材が様々な部門で能力が発揮できるようにすることが求められる。

多様なバックグラウンドを持つ人材の能力が組織の中で活かされるためには，それに対応する環境整備が求められる。たとえば，女性従業員の能力を組織の価値につなげようとすれば，男性以上に女性が担っている家族的責任といった個別事情への配慮が必要になる。また，イスラム圏の従業員であれば，宗教的な背景により，食事や礼拝などへの配慮が求められる。

特に重要なのは，日本人壮年男性をスタンダードにしてきた職場の様々な制度や仕組みや慣行が，多様な人材の能力発揮にとって阻害要因とならないか，を検討することである。これまでは，仕事を優先する働き方を当たり前のこととして受け入れ，それができない場合にはマイナス評価になっても仕方がないと考えられてきた。日本企業でダイバーシティ推進が難しいのは，このスタンダードなモデルが強烈だからであるが，これを変えていかないと，人材の多様化を進めても，組織の主流は画一的な人材構成ということになりかねない。具体的には，人事評価の仕組みや，異動のあり方，さらには人材育成の考え方など，人事制度をダイバーシティ経営に合わせて変えていく必要がある（佐藤[2022]）。これらの具体的な内容は，第6章以降の各章において個々に展開していきたい。

❖ 現場が動く仕組みへ

制度は現場で理解されて運用されなければ意味がない。人事評価制度を変えても，実際に部下を評価する上司がダイバーシティ・マネジメントを理解していなければ，従来どおりの評価が行われることになってしまう。このため，ダイバーシティ経営を現場レベルで実践する管理職の役割が重要になる。ある方向を決めてそこに部下を導くカリスマ型のリーダーシップだけではなく，多様な意見をきいてそれを適切に処理する，時には職場で生ずる葛藤や揉め事にうまく対処する，といった能力が管理職に求められる能力となる。

近年，部下の多様性を活かすマネジメントが適切になされているか，を管理職の評価項目に加えるなどして，管理職の意識や行動をダイバーシティ・マネジメントに向かわせる取組みも行われるようになってきた。また，管理職への登用の基準も，画一的な構成員を統率する管理職を登用したときとは変化すると考えられる。

ダイバーシティ経営におけるマネジメントにおいて注目されているのが，アンコンシャス・バイアス（無意識のバイアス）の問題である。人が判断や意思決定を行う際に，瞬時にすべての情報を適切に処理して正しい判断を下すことはほぼ不可能である。過去の経験や固定観念，自分が出会った代表的なケースなどの影響を受けて，何らかのバイアスがかかった判断が行われることを回避できない。たとえば，「子どもがいる女性管理職」「アメリカで10年暮らして帰国した学生」といった情報を受け取ると，ある一定のイメージ，先入観をもってその人物を評価してしまいがちである。実際はイメージとは全く違う人物でも，意思決定においてバイアスがかかってしまうことによって，人物評価のミスをおかしてしまうかもしれない。多様な部下をマネジメントする管理職は，このバイアスが入り込む可能性や自分自身のバイアスの傾向について理解しておかないと，組織の人材活用がうまく進まない。このリスクに対して課題意識を持つ組織が増え，管理職に対する研修などが行われるようになっている。

4．ダイバーシティ経営とキャリア自律

❖ ダイバーシティ経営における個人

ダイバーシティ経営においては，経営者や人事制度改革など，組織側の対応が注目されがちである。その一方で，ダイバーシティ経営が効果をあげるためには，組織貢献意識を持ちつつ自身の個性を発揮・拡張することができる従業員の意識や行動が極めて重要な要素となる。

ダイバーシティ経営は，人材の多様性，異質性に価値を置くことから，組織の和を重んじる全体の調和以上に，一人ひとりの個性や違いという面に光を当てることになる。特に同質性の高い日本の組織においては，「個」は組織の中に埋没しがちであったが，ダイバーシティ経営においては「個」があらためてクローズアップされることになる。ここで，個々人の多様性を理解してそれを活かすということは，個人の自己主張を組織が無批判に受け入れることではない，ということにも留意すべきである。組織目標の実現という点では，組織も働く人も共通の方向性を持ちつつ，その中で従業員が多様性を発揮する，職場はそれを受容するということが重要であり，組織の戦略と従業員の個性や自発性とのバランスを図ることが肝要となる。

組織への貢献を意識しながら自身の個性や独自性に自覚的になるという意味で「自律的なキャリア開発」を行う従業員像をダイバーシティ経営における従業員モデルとして設定する必要があるだろう。武石［2022］は，ダイバーシティ

経営を効果的に推進する上で従業員個人に求められる意識，行動があることを指摘した。具体的には，多様性を理解して受容するインクルーシブな職場風土の醸成に貢献する，個々人がユニークな存在として独自性を発揮する，現状にとどまらずに自身の経験を広げることにより多様性を拡張する，の3点をあげた。以下では2つ目と3つ目についてポイントを説明する。

❖ 独自性を発揮する

インクルージョンは，「従業員が職場の中で，所属への欲求と独自性発揮の欲求の2つを満たす」ことが重要であると先に述べたが，「独自性の発揮」が保障されるということは，働く側においてもこの独自性発揮に自覚的になることが重要となる。個々人がユニークな存在であることを理解し，周囲に過度に同化することなく多様性を発揮するということが従業員に求められる。

しかしこれは簡単なことではない。組織に所属すると，組織目標を理解して組織に適応しながら自身の役割を果たすことが求められる。これは「組織社会化」といわれ，組織に適応する重要なプロセスである。ただしこれが行き過ぎて無批判に組織に適応すると「過剰適応」となり，反対意見を持ちにくくなり同調圧力が高まってしまう。

組織に適応しつつ，自身の独自性に自覚的に向き合うというように，両者のバランスを図る必要がある。そのためには，組織の目標について理解し受け入れるということを基礎に置きつつ，自分の選択で自律的に行動するということが必要になる。

❖ 多様性を拡張する

ダイバーシティ経営では，組織を構成するメンバーの多様性，つまり個人間の多様性が注目されてきたが，近年になって，個人の中にある多様性として「個人内多様性（intrapersonal diversity）」が注目されてきている。第1章でキャリアレインボー（**図表1-1**）を紹介したが，個人は多様な役割を担いつつ生活をしている。この複数の役割を積極的に評価し，さらにその役割を拡げることで，個人の中の多様性の拡張が可能になる。

第3章で越境学習について触れたが，組織を越えてバウンダリーレスにキャリアを展開する自律的なキャリアは，ダイバーシティ経営においてもポジティブに評価されるものである。近年注目される男性の子育ても，子育てを通じて生活経験や人的ネットワークが拡がり，新たな視点を獲得することができるという意味で，多様性拡張の1つの側面といえるだろう。

個人の多様な経験により個人の多様性が拡張され，それによってダイバーシティ経営の効果が高まることが期待できる。

本章のポイント

①人材の多様性を活かして企業の価値を高めようとするダイバーシティ経営を進める企業が増えている。ダイバーシティには多様な側面があり，経営戦略により方向付けがなされる。

②ダイバーシティ経営にはメリットも多いが，多様性に伴うマネジメントの煩雑さや職場の中でのコンフリクトの発生などの課題もある。ダイバーシティ推進の過程で発生する問題に適切に対処して，ダイバーシティのメリットを活かすことが必要である。

③多様な人材を活かすためには，組織の文化やマネジメントを変革することが重要であり，そのために組織内の各層における取組みが必要になる。さらに，ダイバーシティ経営の効果的な推進に個人が果たす役割は大きく，キャリア開発にも大きな変革を迫る要素となる。

コラム　障害者雇用をめぐる最近の動向

ダイバーシティの重要な側面に，障害を持っている人材の能力発揮というテーマがある。日本では，障害者の雇用については，「障害者雇用促進法」において，事業主に対して一定の措置を求めている。

まず，「法定雇用率」の制度である。従業員が一定数以上の規模の事業主は，従業員に占める身体障害者・知的障害者・精神障害者の割合を一般民間企業では2.3%以上（2023年時点の法定雇用率）にすることが法的に義務付けられている。法定雇用率未達成の企業（一定規模以上）からは納付金を徴収し，法定雇用率を達成している企業に対して調整金・報奨金を支給し，障害者を多く雇い入れている企業の雇用負担を全体で調整する仕組みもある。「法定雇用率」という考え方の背景には，障害者に対して一般労働者と同じように働く機会を与えることを保障するということがあり，障害者を雇用することが企業の社会的な責務と考えられていることがあげられる。

この法定雇用率の制度に加えて，2016年に改正障害者雇用促進法が施行され，新しい考え方が加わった。法改正は，国連の「障害者の権利に関する条約」を批准するために行われたもので，具体的には，障害者に対する差別の禁止が明文化され，障害者が職場で働くに当たっての支障を改善するための措置（合理的配慮）を講ずることが事業主に義務付けられた。

「合理的配慮の提供義務」というのが新しい概念であるためわかりにくい。これは，障害者が仕事に応募したり職場で働く際に支障があれば，障害者からの求めに応じてそれを改善するための措置を事業主に義務付けるというものである。たとえば，聴覚障害の従業員が円滑に仕事ができるように手話通訳者・要約筆記者を配置する，身体障害者が通勤時のラッシュを避けるため勤務時間を変更する，採用試験の問題を点訳・音訳する，などの配慮の事例があげられる。障害者を差別しないというだけでなく，職場に受け入れるための配慮が求められている。ただし，事業主に過重な負担となるような措置について提供義務はないとされており，企業の規模や業種などの属性を勘案して，合理的な範囲での措置が求められている。

障害者雇用は，法律の枠組みでは企業の「義務」となっているが，ダイバーシティ経営の観点から，より積極的な位置づけがなされるようになっている。

第6章　正社員の多元化とキャリア開発

人材多様化＝ダイバーシティを推進して組織の成長につなげようとする企業が増えている。労働者の均質性を高めて集団的に処遇することで効率性を高めるという従来型の日本企業の人事管理の仕組みは，人材戦略の転換に伴い変革を進めなければならない。その１つの方向性が，一枚岩とみられた正社員を多元化する動きである。本章では，正社員の多元化の方向性について，特に「勤務地」に注目し，キャリア開発のあり方の今後を検討する。

1．正社員の多元化とは

❖ 社員区分の多元化

社員区分は，大きく正社員とそれ以外に二分され，両者の間には，働き方や処遇面で大きな違いがあるのが一般的である。80年代頃までは，企業は正社員を中心に人事管理や人材育成の制度を構築し，正社員以外については特別な処遇制度などはあまり検討されず，正社員の残余的な扱いであった。

しかし，経営環境の予測が難しくなるという時代背景により，人材活用のあり方が変化してきた。「柔軟な雇用モデル」はイギリスの経済学者アトキンソン（Atkinson, J.）が80年代半ばに提唱したものだ。経営環境の変化に対応して労働力需要も変動するが，これに対応するためには，労働力の数量面（人員や労働時間），機能面（職務や業務内容），金銭面（労働費用）において柔軟性を高め，労働力需給を調整する必要があるとして，人材活用策の１つの方向性を示している（Atkinson［1985］）。

日本では，1995年５月に当時の日本経営者団体連盟のプロジェクトチームが，

「雇用ポートフォリオ（雇用形態の効果的な組み合わせ）」を提言した（**図表6－1**）。企業は，長期蓄積能力活用型，高度専門能力活用型，雇用柔軟型の3タイプの雇用を組み合わせて，自社にとって効果的な雇用形態の組み合わせを検討すべきというものである（日本経営者団体連盟［1995］）。ポートフォリオとは，金融資産を効果的に運用するために預金や債権，株など運用先を組み合わせることを指し，人材に関しても同様にそれぞれの雇用区分の特性を活かした組み合わせが必要だという考え方である。

正社員を主軸に置いた人材活用策に限界が露呈してきた中で，長期的に育成する正社員以外に，環境変化に迅速・柔軟に対応できる人材へのニーズが高まった。就業形態の変化をみても，90年代後半以降，有期契約の労働者や短時間で働く労働者が急増してきている。雇用区分は，正社員・非正社員両方の形態において多様化しているが，本章では正社員の中での雇用区分の多元化を取り上げる。なお，ここで「正社員」とは，企業等に直接雇用されている無期契約の労働者であり，企業において「正社員」として雇用されている者である。

（図表6－1）　日経連の雇用ポートフォリオ論

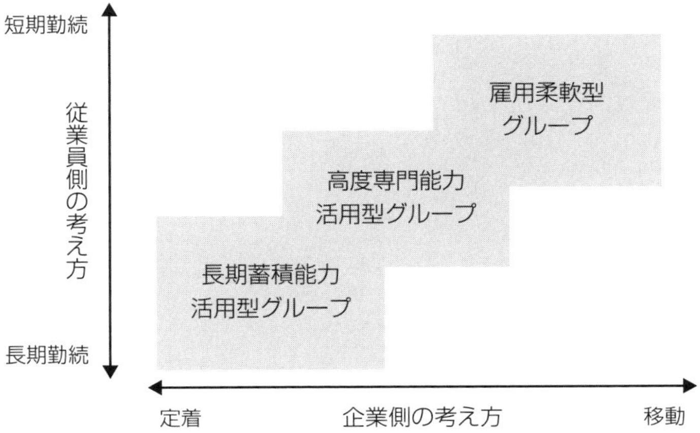

*雇用形態の典型的な分類
*各グループ間の移動は可能

出所：日本経営者団体連盟［1995］，p.32より。

❖ 正社員の多元化

日本企業の正社員に対する人事管理の特徴として，欧米型の「ジョブ型」と対比し「メンバーシップ型」という点が指摘されてきた（濱口［2009］）。「メンバーシップ型」は，雇用契約において職務＝ジョブを明確にせず組織のメンバーとして雇用し，労働時間や就業場所に関しても包括的に契約することにより，事業主の裁量を広く認める点に特徴がある。

たとえば，A 工場で働く従業員であっても，契約上は A 工場勤務という限定があることはほとんどなく，A 工場が閉鎖になれば別の工場に異動することによって雇用を保障するというのが，これまでの正社員である。職務内容についても同様で，医者や会計士などの特別の職務は別にして，一般企業においては包括的な仕事を行うことを前提に人材を採用し，事業展開上，ある職務がなくなった場合には，トレーニングにより別の職務に転換し，新たな仕事で活躍してもらうという形で，雇用が維持されてきた。

企業が従業員の雇用維持を優先しつつ経営環境の変化に柔軟に対応するためには，そこで働く従業員には，業務内容や勤務地を狭く限定しないで必要に応じて変更することを受け入れることが求められる。職務や勤務地を限定しない包括的な雇用契約が，安定した雇用を実現してきた。

このことは，働き方の特徴と密接に関連する。働き方というのは，どのような仕事を（職務内容），どこで（勤務場所），いつ・どのくらい（勤務時間）行うか，というように要素分解できる。ホワイトカラーのキャリア形成に関してこれを確認すると，日本の組織では，アメリカやドイツに比べると特定の職能分野に限定しないキャリアがより多くみられるとされており（今野，佐藤［2020］），OJT を通じた幅広いキャリア形成を行うためには，多様な職務や職場，勤務地を経験することが重要であると考えられてきた。

しかし，一元的に管理されていた正社員においても働き方の多元化が進んでいる。具体的には，勤務地や職務，勤務時間等の働き方を限定して働く社員区分が出てきている。これまでも，製造業の工場で働く正社員は，契約上は異動可能性があっても，実質的に転居転勤により他の工場や本社などに異動するケースは稀であった。しかし，近年の正社員の多元化は，人材活用策の一環として，積極的にこの仕組みを人事制度の中に位置づけている点に特徴がある。

この動きについて人事管理の専門家である佐藤は，「正社員の多元化は，キャリア展開の範囲を多元化するものと定義することができる」とし，「労働契約上も，キャリアの展開範囲の多元化を明確なものとする」（佐藤［2012］，p.6）という点で，結果的に勤務地や職務が限定されていた従来型の正社員とは質的に異なるものと位置づけている。今野［2022］は，誰をどの仕事に就けるのかという人材ポートフォリオのあり方や，キャリアトラックに限定の有無をどのように反映させるかなど，人事管理への影響が大きいと指摘する。

なお，政府の文書や研究・報告書等において，この議論をするときに，勤務地，職務，勤務時間のいずれかが限定されている正社員を「多様な正社員」と呼び，いずれも限定がない正社員を「いわゆる正社員」と呼称することもあり，以下でデータを紹介する際にはこの表現を使用する場合があることを付言する。

❖ 正社員の多元化の背景

以上のように，従来の典型的な正社員は，その職務内容や勤務地の決定において事業主の裁量の度合いが高く，したがって労働者の選択の余地が少ない働き方であった。しかし，正社員の働き方の硬直性が，正規－非正規の処遇格差や，ダイバーシティ推進，仕事と生活の調和などの雇用をめぐる問題の背景にあることから，2000年代以降，正社員の中の「働き方」を多元化する必要性が指摘されてきた（ニッセイ基礎研究所［2002］，久本［2003］など）。

従業員の職務内容や勤務地の変更は，主として組織側からの「命令」として実施されることが多いために，従業員の意思や希望，育児や介護などの時々の事情と折り合わないケースも多い。また，企業にとっても，経営環境や働く人の変化を受け，総合化・多元化の方向に人事管理を再編する必要があるとの指摘がなされている（今野［2012］）。

第5章で述べたダイバーシティ戦略は，人口構造の変化や経済のグローバル化により，今後は多くの日本企業の人事戦略になっていくと予想される。女性や高齢者，外国人など人材の多様化が進み，それを企業の価値に結び付けようとする人材多様化戦略の下で，正社員の働き方の硬直性は，企業側の人材ニーズや従業員のキャリア開発のニーズと齟齬を来すと考えられる。人材活用の観点から，正社員の多元化に向けた制度対応が行われはじめている。

今後の政策展開について，厚生労働省の研究会では，「働き方の二極化を緩和し，労働者一人ひとりのワーク・ライフ・バランスと，企業による優秀な人材の確保や定着を同時に可能とするような，労使双方にとって望ましい多元的な働き方の実現が求められている」（厚生労働省［2014］，p.4）として「多様な正社員」の普及の重要性を指摘した。

❖ ジョブ型雇用と限定社員制度

特に近年は，「ジョブ型雇用」を意識した議論が活発化してきた。2019年6月に閣議決定された「規制改革実施計画」では，ジョブ型正社員を「勤務地限定正社員，職務限定正社員等」として，多様な働き方を選択した場合の雇用ルールの明確化の必要性に言及している。メンバーシップ型の特徴は，勤務地，職務，勤務時間の制約がないという点にあるわけだが，ジョブ型は，職務の限定があり，配置や異動も労働者が自ら選んでいくという方式になる。

ただし，「ジョブ型雇用」といわれているものをみると，伝統的な日本の人事システムと異なるものを「ジョブ型」と括ってしまうという乱暴な議論も存在しており，注意が必要である。上述「規制改革実施計画」の主張のように，「限定正社員」とジョブ型正社員を同じものと定義する議論は多く，限定正社員のジョブ型をデフォルトにすべきという主張もなされている（鶴［2016］）。限定正社員とジョブ型社員は重なる部分は多く，両者を同じものとして議論することで課題をとらえやすくなるというメリットはあるが，限定正社員とジョブ型社員は異なる部分も多いので，誤解を招きかねない。

佐藤［2022］は，職務限定正社員をジョブ型雇用と同義に解釈するのは間違いだと明確に主張する。職務を限定する正社員は，一定の範囲内での職務は限定されているが，その範囲内であれば異動に関する人事権は組織側にあることから，むしろメンバーシップ型の1つの類型と位置づけている。医療法人の看護師の例をあげ，看護師という職務は限定されていても，同じ医療法人の下で勤務地や配置する診療科を決めるのが法人側であれば，担当職務が限定されたメンバーシップ型雇用の類型であると説明する。したがって，職務と職場の両方が限定されているケースが「ジョブ型雇用」に該当するとしており，「ジョブ型雇用」は限定正社員よりもさらに厳格に条件が限定されていると言える。

❖ 正社員の多元化の現状

データにより，正社員の多元化の現状を把握したい。

職種・職務，時間，勤務地のいずれかで「多様な正社員制度」があるとする事業所割合は28.6％で，その内容をみると，勤務地限定正社員制度は17.0％，短時間正社員制度は16.3％，職種・職務限定正社員制度は11.0％の導入率となっている（厚生労働省「令和２年度　雇用均等基本調査」）。

労働政策研究・研修機構［2017］により，多様な正社員区分を新たに導入（すでにある場合は増員）する予定についてみると，約３分の１の企業が「導入（増員）予定がある」としている。その理由を**図表６－２**に示したが，最も多いの

（図表６－２）「多様な正社員」を導入する理由（導入意向のある企業）（複数回答）

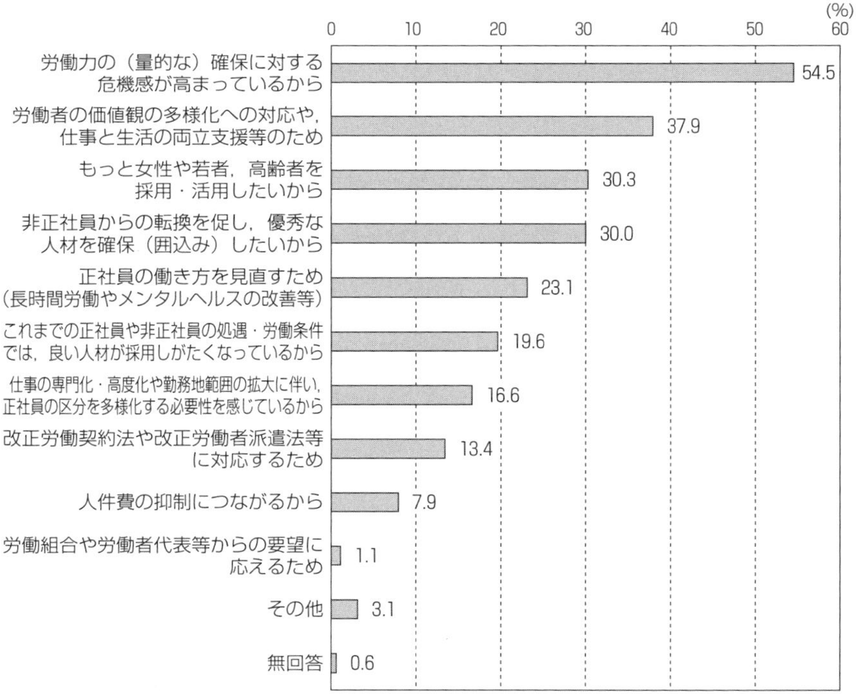

注：「正社員」は，直接雇用かつ無期労働契約で，当該企業において正社員・正規職員とされている者をさす。

出所：労働政策研究・研修機構「改正労働契約法とその特例への対応状況及び多様な正社員の活用状況に関する調査結果」［2017］より。

が「労働力の（量的な）確保に対する危機感が高まっているから」(54.5%）で,「労働者の価値観の多様化への対応や，仕事と生活の両立支援等のため」(37.9%),「もっと女性や若者，高齢者を採用・活用したいから」(30.3%),「非正社員からの転換を促し，優秀な人材を確保（囲込み）したいから」(30.0%）など，人材活用を効果的に進めるための制度として位置づけられている。

限定がある区分の従業員の特徴について，厚生労働省の研究会が明らかにしている（厚生労働省［2012］)。この調査は，正社員数300人以上の全国の企業，及びそこで働く従業員である。その結果，限定がある区分は，女性比率が高く，年収も低い傾向にある。働き方のメリットとして，限定がある区分の従業員が区分のない従業員に比べて回答割合が高いのは，「遠方（転居を伴う）への転勤の心配がないこと」「仕事と育児や介護の両立ができること」である。一方で,「給与がよいこと」「自分の可能性を幅広く試せる機会が与えられること」「責任ある仕事を任せられること」は低い傾向にある（**図表6－3**)。

(図表6－3)　今の働き方のメリット（従業員調査）（複数回答，３つまで）

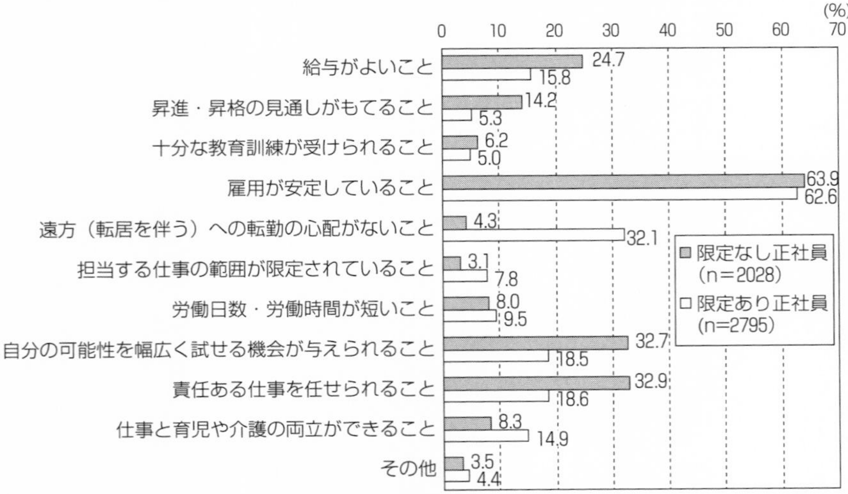

注：「限定なし正社員」とは，就業規則や労働契約において勤務地，仕事，労働時間のいずれも限定をしていない正社員で,「限定あり正社員」とは，いずれかの条件において限定がある正社員である（以下同様)。なお，元の調査では，それぞれ「いわゆる正社員」,「多様な正社員」と呼んでいる。

出所：厚生労働省［2012］より。

2．転居転勤の現状と背景

❖ 転勤の現状

以下では，正社員の多元化について，勤務地を取り上げて，現状を検討したい。特に，勤務地を限定していない場合に問題が大きいのが転居を伴う転勤のケースであることから，転勤の現状に着目する。なお，労働時間に関連するテーマは第7章で取り上げる。

転勤は，生活の基盤である家庭や地域生活と密接にかかわるため，個人生活に及ぼす影響は大きく，働く人にとっては大きな関心事である。

厚生労働省「就労条件総合調査」によると，転居を必要とする人事異動があるとする企業割合はデータ把握ができる2004年まで増加傾向にあり，実態として広域異動が拡大していた。市場環境の変化が激しい状況下で競争を迫られる企業は，経営戦略や事業構造に合わせて機動的に人材を配置することが必要なために，業務ニーズによる従業員の広域異動への要請が高まっているとされた（今野［2010］）。企業にとって，経営判断等による事業所の新設，閉鎖，移転などの可能性は常に存在し，かつ，正社員に関しては長期継続的な雇用を前提に雇い入れる以上，従業員が転勤を受け入れることは不可欠という側面もある。

今野［2012］は，終身雇用と年功制度を基盤とする人事管理を伝統型人事管理と称し，伝統型人事管理の特徴である雇用保障という経営リスクを回避するための重要な周辺装置として配置を柔軟に決める人事政策をあげている。長期雇用を維持するためには，企業にとって異動・配置の柔軟性を確保して全体最適を図る必要があった。

一方ヨーロッパでは，転居を伴う転勤命令は，通常の家族生活を送る権利を保障したヨーロッパ人権条約違反として法的に無効になることもあり，普通の労働者にはほとんどないとされる（水町［2007］）。これに対して，日本の多くの企業では，就業規則に「業務の都合で転勤を命じることがある」という規定を置くことにより，事業主に包括的な転勤命令権があるとの判断が一般的である。

日本企業において，転勤は，経験の幅を広げるという能力開発やキャリア形成の手段としても，重要な役割が期待されてきた。特にホワイトカラーのキャリア形成においては，幅広い経験を積んで特定の職能分野に限定されない仕事経験が重視される傾向があり，OJTを通じた幅広いキャリア形成の一環として勤務地の変更が位置づけられてきた。ホワイトカラーのキャリアを分析した中村［1995］の研究によると，業種や企業により異動の種類（場所の変更）に違いがあるが，同一業種，同一企業の中で一定の方式が安定的に形成されていることが指摘されている。このことは，転勤を含む異動のルールから外れることは，キャリア形成や処遇面でハンディになることを示唆している。

❖ 法的な考え方

転居を伴う転勤命令にあたって企業が従業員の生活上の事情をどの程度考慮すべきか，という点に関して，これまでの裁判例では，配転命令権の濫用を排除しつつも，労働者にとっての「通常甘受すべき程度を著しく超える不利益」の程度が個々に判断されてきた。

最高裁の最初の判断としては1986年の「東亜ペイント事件」がある。これは，高齢の母親と保育士の妻がいる労働者が転居転勤を命ぜられたが，家庭の事情を理由に転勤を拒否した事案である。転勤命令拒否は，同社の就業規則に「業務の都合により異動を命ずることがあり，社員は正当な理由なしに拒否できない」という規定が存在することにより懲戒事由に該当すると企業が判断したことに対し，労働者が解雇無効を主張して提訴したものである。一審，二審では，懲戒解雇は事業主の権利濫用であるとして労働者の請求を認めた。しかし，最高裁判決において，本件の転勤命令には業務上の必要性があり，「労働者に与える家庭生活上の不利益は通常甘受すべき程度のもの」として，事業主の転勤命令権を認めている。

採用面接の際に転勤ができないことを明確にして採用された労働者に対する転勤命令が無効になった例などはある（新日本通信事件）ものの，多くの裁判例では，就業規則に規定があれば，本社採用の正社員として採用され長期的なキャリア形成が行われるような労働者は転勤命令に応じることが求められる，という原則に立った判断がなされてきた。

❖ 人事権の所在

転勤は配置転換の一形態であり，個人生活に大きな影響を及ぼす施策であるにもかかわらず，企業の人事命令と受け止められ，従業員の事情や希望が反映しにくい現状にある。企業に配置転換の権限を広く認める仕組みを，濱口（2011）は「人事権法理」として整理した。裁判所の判断は，労働者のメンバーシップとしての雇用保障を優先するために，職務（ジョブ）の変更に労働者の同意を要するという法理を採用せず，使用者に職務変更，一般的な転勤命令の権利を認め，職務や勤務地を変更する配置転換にかかる人事権は使用者である組織側にあると判断されてきたとしている。金井［2018］も，裁判では労働者が勤務地を限定することの個別合意を極力認めず，採用時の合意や就業規則等の包括的な規定を根拠に使用者に広範な配転命令権を認めるという判断がなされ，それにより雇用保障の要請に応えてきたと総括している。

日本企業では，配置・異動を含む人事の権限が，現場の各部門ではなく人事部門に集中する点に特徴があるとされる（Jacoby［2005］）が，加えて社員の意向の反映の程度が低いという特徴もある。佐藤は，日本の雇用の特徴を「無限定雇用」にあるとして，欧米の「限定雇用」との比較検討を行った研究を総括して，欧米企業は「企業内の異動について，会社が包括的な人事権を持って実施するのでなく，社員の同意が必要なことも明らかになった。社内公募や会社提案による異動のいずれにしても，企業内における従業員のキャリア形成は，社員の自己選択によっている。この点は，日本企業の雇用制度との大きな違いと言えよう」としている（佐藤［2014］，pp. 総論10-11）。

3．勤務地限定制度

❖ 勤務地限定制度へのニーズ

正社員は転勤を含む広範な異動とセットで雇用が保障されているとはいえ，正社員全員を転居転勤があることを前提にして雇用することは，企業としてもコスト高である。また，近年は従業員の中に転勤を忌避するケースが増えてきた。勤務地限定制度は，こうした事情を背景に拡がりをみせてきた。

勤務地限定制度は，正社員を転勤対応が可能な区分と勤務地限定区分に分けて人事管理を行う制度である。たとえば，男女雇用機会均等法を契機に大企業を中心にコース別雇用管理制度の導入が進んだが，これは，通常「一般職」は転勤のない区分とされることが多く，主として女性の就業ニーズに対応した区分として位置づけられてきた（コース別雇用管理制度の課題は第８章を参照されたい）。また，全国に多店舗展開をする流通業等では，店舗間異動の範囲を限定する制度を導入する企業の例も多い。

勤務地限定の契約で働く正社員がいる企業は，現状で多くはない。ただし，事業所展開が一定エリア内に限定されている企業では勤務地限定で働くことになるので，こうしたケースも含めると，実質的に勤務地限定の従業員はかなりの割合に上るとみられる。

勤務地限定の区分で働く従業員は女性，事務職で多く，チャレンジングな仕事への挑戦よりも転勤のリスクを回避する傾向がみられる。また，限定なし正社員（勤務地，仕事，労働時間のいずれも限定をしていない正社員）の中で，給与や昇進面での問題はあるにせよ，勤務地限定の働き方を望む従業員は６割と高く（厚生労働省［2012］），従業員のニーズの高い働き方といえる。

❖ 働き方の限定と処遇

勤務地を限定して働くという選択肢が従業員にとってメリットが大きければ，自然体でいれば多くがそのコースを選択することになるだろう。しかし実際には，限定の有無により処遇条件が異なる制度となっていることから，勤務地を選べる自由度と処遇の制約のトレードオフにより，勤務地を限定しない働き方を選ぶ従業員も多い。ここで問題になるのが，勤務地限定の有無により処遇面で格差が生じてよいのか，よいとすればその水準はどの程度が妥当かという点である。

勤務地を限定すると，限定なし従業員に比べて賃金水準や昇進可能性などの処遇が低くなる理由は，主に２つ考えられる。

１つは，勤務地を限定しないで働くということは，「いつでもどこにでも行けます」ということであり，企業にとっては，フリーハンドで転勤命令が出せるという点で柔軟性の高い従業員である。従業員サイドからみれば，転勤のリスクを承知した上で転勤あり区分を選択している。したがって，限定なし社員は,「リスク・プレミアム」として処遇が高くなるということが双方の合意として成立しているとみることができる。勤務地限定で働く社員が，企業にとって柔軟性が低い分，ペナルティとして処遇が下がっているという見方もある。勤務地限定の有無のどちらの区分を標準と見るかという見方の違いにより，プレミアムか，ペナルティかという見方が分かれるだろう。

もう1つの理由は，勤務地を限定しないで働くことは，仕事経験の幅が広がるので，限定の有無によって能力に差が出るという見方がある。そうであれば，処遇も異なるのが合理的だという判断になる。

第1の理由は勤務地限定の有無による社員区分間の賃金格差が生じる理由，第2の理由は区分間の昇進可能性の格差が生じる理由，ということができるだろう。

限定の有無による処遇格差について，実態はどうなっているのだろうか。筆者が，厚生労働省「『多様な形態による正社員』に関する研究会」で実施したアンケート調査を再分析した研究（武石［2013］）のポイントを紹介したい。

企業調査により勤務地限定正社員の限定なし正社員に対する賃金水準(1)をみると，平均85%程度である。勤務地限定正社員が他の区分に転換せずに昇進できる管理的ポジションに上限が「ある」とする割合は，6割に上る。教育訓練の方針については,「業務の必要に応じてその都度，能力を習得させる」が4割を占め,「長期的な視点から，計画的に幅広い能力を習得させる」の3割程度よりも高い。

一方で，従業員調査により，勤務地限定正社員の就業実態等に関して確認できる。限定なし正社員と比較すると，勤務地限定正社員の年収分布は低い層に分布する傾向にある。労働時間の違いはほとんどないことから，勤務地限定正社員の時間当たりの賃金水準が低く設定されている。実際に，自分の給与水準が「低い」と感じる割合は43.3%で,「同じ」の24.2%を大きく上回る。昇進・昇格の上限も,「低い」が33.2%,「同じ」が35.1%である(2)。

これらの処遇の実態は望ましい水準を示しているとは限らない。勤務地の制約があることにより制約のない従業員に比べて給与や昇進等の処遇においてどの程度マイナスにすべきか，について，企業，従業員にそれぞれ意見を求めると，両者にはギャップが存在している。たとえば，給与水準を限定なし社員と同水準とすべきと考える割合は，企業調査では4分の1程度であるが，従業員は4～6割程度を占める。昇進・昇格も，同水準とすべきと考える割合は，企業調査では2割強であるが，従業員は5～7割程度を占める。これらの傾向は，企業も従業員も属性により異なる。企業については，限定のない正社員のみの企業よりも，勤務地限定正社員もいる企業の方が格差を容認する傾向が強い。また，従業員においても，転勤をする従業員と勤務地限定の従業員との間では容認できる水準にはギャップがみられ，『限定なし正社員＋実際に転勤あり』のパターンは格差が生じることを容認する傾向が強い（**図表6－4**）。

勤務地を限定することにより生ずる処遇の制約に関して，企業，従業員が容認する処遇水準は個々の状況により多様である。職場の状況によって制度運用の実態も異なることから，あるべき水準を一義的に決めることはできないもの

（図表6－4）　勤務地限定社員に対する処遇の考え方（限定なし社員との比較）

(%)

	サンプル数	時間当たりの給与水準		昇進・昇格		教育訓練の機会		事業所閉鎖時の対応	
		同水準	低い水準	同水準	低い水準	同水準	低い水準	配置転換で対応	配置転換しない
企業調査									
計	1,939	25.9	39.2	22.6	43.3	55.8	12.0	50.6	13.6
限定なし正社員のみ	909	28.4	33.5	23.0	40.3	55.9	9.6	49.0	13.0
限定なし正社員＋勤務地限定正社員	230	13.5	68.7	18.3	65.7	64.8	19.1	63.0	16.5
従業員調査									
計	3,595	43.6	53.2	52.1	44.5	79.1	18.5	81.9	15.1
男性	2,190	49.3	48.2	55.5	41.7	81.4	16.3	80.7	16.6
限定なし正社員＋実際に転勤あり	1,320	40.7	57.1	48.0	49.8	79.8	18.3	77.3	20.4
限定なし正社員＋実際には転勤なし	233	62.2	35.6	64.4	33.5	87.6	9.9	86.7	11.2
勤務地限定正社員	388	59.3	37.9	67.8	28.1	80.7	15.7	84.5	11.9
女性	1,404	34.8	61.1	46.9	48.9	75.5	21.9	83.9	12.6
限定なし正社員＋実際に転勤あり	358	33.0	64.2	43.6	53.6	79.1	20.4	83.2	14.8
限定なし正社員＋実際には転勤なし	166	42.8	54.2	47.6	48.8	76.5	22.3	80.1	19.3
勤務地限定正社員	753	33.1	61.6	48.1	46.6	73.4	22.7	84.7	10.8

出所：武石［2013］より。

の，それが自社の実態に即して合理性があるかについて検討が必要である。

❖ 働き方への満足度にみる課題

正社員タイプ別に働き方に対する満足度をみると，勤務地限定正社員の満足度が高いとはいえない（**図表6－5**）。正社員の中に多様な正社員区分が存在することは働く側にとっては選択肢の拡大であり，それぞれの雇用区分の従業員の満足度が高くなると考えられるが，そうはなっていないのである。

現在の働き方のデメリットをみると，『勤務地限定正社員』は「給与が低いこと」（48.7％）が最も多く，「昇進・昇格の見通しがもてないこと」（27.1％）が続く。一方で，『限定なし正社員＋実際に転勤あり』では，「遠方（転居を伴う）への転勤の心配があること」が最も多く，給与や昇進のチャンスと転勤のトレードオフにより，それぞれにデメリットを感じていることがわかる。

勤務地限定正社員の満足度に影響を及ぼす要因を計量分析により検討したが，給与の低さの影響はみられず，昇進と教育訓練の機会の制約がマイナスに影響

（図表6－5）　現在の「働き方」への満足度（従業員調査）

（%）

	サンプル数	おおいに満足している	やや満足している	どちらでもない	あまり満足していない	全く満足していない	無回答
計	3,595	10.2	45.3	26.8	14.0	3.4	0.3
男性	2,190	9.8	43.2	28.4	14.2	4.2	0.2
限定なし正社員＋実際に転勤あり	1,320	11.7	44.9	26.1	13.0	4.0	0.3
限定なし正社員＋実際には転勤なし	233	9.4	43.8	30.9	12.4	3.4	0.0
勤務地限定正社員	388	4.9	38.1	32.5	19.3	4.9	0.3
勤務地限定以外の多様な正社員	249	7.6	41.4	31.7	14.1	5.2	0.0
女性	1,404	10.6	48.6	24.5	13.7	2.1	0.4
限定なし正社員＋実際に転勤あり	358	13.1	49.7	22.3	12.6	2.0	0.3
限定なし正社員＋実際には転勤なし	166	10.2	50.6	26.5	9.6	2.4	0.6
勤務地限定正社員	753	9.3	47.3	25.6	15.4	2.0	0.4
勤務地限定以外の多様な正社員	127	11.8	51.2	21.3	11.8	3.1	0.8

出所：武石［2013］より。

を及ぼしている。キャリア形成面でのハンディが不満の背景にあることが明らかになっている（武石［2013］）。

太田［2008］は，これに関して興味深い提案をしている。企業は「良い職場（仕事）も悪い職場（仕事）もない」として一方的に配置転換をしてきたが，実際には負担の大きい職場と小さい職場がある。この不公平感を解消するという視点からいえば，手当のような形で希望とのギャップを埋めることが必要で，昇進や仕事内容のような個人の能力・資質と関連するもので補償するべきではない，という意見である。

勤務地限定制度の問題は，勤務地に制約があるということが，給与体系や昇進などのキャリア体系に直接的に反映され，結果として制約があると基幹的なキャリアを諦めなくてはならない制度設計になっているという点である。そのため，限定ありの区分を選択するのが，女性に偏在するなど，男女の働き方の違いにもつながってしまっている。

4．転勤の課題と今後の展開

❖ 転勤の課題

ここまで，勤務地限定制度について検討してきた。転勤の有無による雇用区分を設定し，それぞれの区分を従業員が選択するというやり方は，勤務地に関して従業員の希望を反映する１つの方法といえる。しかし，勤務地限定を選択するのは女性に偏在するというジェンダー格差を生みかねない。また，上述したように，勤務地に制約があることでキャリア開発の機会も制約され，それが結果として女性の能力発揮を阻害することにもなりかねないという問題は解決しない。「先進国の企業で，個人の意に反した配置転換がごく普通に行われているのは日本企業だけである」（太田［2008］，pp.98-99）とされるように，そもそも日本企業では転勤を含む異動に関して，その対象，頻度が多く，範囲が広いという特徴がある。

この転勤施策が，ダイバーシティ推進の観点から見直しを迫られる状況になりつつある。依然として転勤は人材育成面で高い効果を発揮すると考える企業も多い。キャリアを取り巻く環境が変化している状況で，果たして転勤の効果が持続するのか，そもそも，転勤は通常の異動に比べてどれだけ育成効果があるのか，など，検討すべき点は多い。

❖ 個人からみた転勤

転勤を経験した従業員が，自分の経験した転勤をどのように評価しているのか。以下では，筆者らが実施した調査研究(3)を分析した結果を紹介したい（武石［2016，2017，2022］）。

まず，自身の転勤経験が転勤以外の異動と比べて能力開発面でプラスになっているかについて評価を尋ねている。「転勤経験の方が能力開発面でプラスになった」と転勤経験を評価するのは38.5％で，「転勤経験と他の異動では能力開発面でのプラスの程度に違いはない」（35.0％）など，多くは転勤経験とそれ以外の異動の違いを認識しているわけではない。松原（2017）は，同じデータを用いて転勤の育成効果を検討し，転勤経験の有無と能力開発には有意な関係がみられないことを示している。

転勤を経験した個人を対象に，自身が経験した転勤のうち「キャリア形成上の理由等」（「仕事の経験を広げるというキャリア形成上の理由から」「異動によりポストに就くため」のいずれかに回答）で異動した割合はどの程度と評価しているのかを尋ねている。その結果，「０％」すなわちすべての転勤がキャリア形成上の理由等ではなかったと考える割合が51.2％と半数超，「キャリア形成上の理由等は50％以下」で64.9％を占める。また，転勤経験のうち「希望どおりだった」（「希望どおりだった」又は「ある程度は希望どおりだった」）転勤がどの程度あったのかをみると，「０％」すなわちすべての転勤が希望どおりではなかったとする割合が56.5％，「希望どおりが50％以下」で75.1％を占める（**図表６－６**）。

自身が経験した転勤の評価に関して，他の意識項目とクロス集計をすると，転勤が希望どおりであったか否かが，転勤を肯定的に評価する意識と関連性が高い。たとえば，異動経験の中で転勤を伴わないと得ることができなかった経験として，「仕事の能力を深める」「会社全体の業務を理解する」などの項目について，「希望どおりの転勤が50％超」と回答する場合に，肯定割合が高くなっている。つまり従業員個人からみた場合に，転勤が自身のキャリア形成につな

（図表 6－6）　異動，転勤の経験が，「キャリア形成理由」，「希望どおり」の割合の分布（異動や転勤の経験者のみ）

（%）

	キャリア形成理由の割合		希望どおり・ある程度希望どおりの割合	
	異動	転勤	異動	転勤
0%	50.5	51.2	53.5	56.5
25%以下	3.3	3.3	5.2	3.8
25%超，50%以下	11.7	10.5	15.0	14.9
50%超，75%以下	5.6	4.2	5.7	3.8
75%超，100%	28.9	30.9	20.6	21.2
サンプル数	1,139	983	1,139	983

出所：武石［2022］より。

（図表 6－7）　今後の転勤意向

（%）

	サンプル数	積極的に転勤をしたい	積極的ではないが転勤を受け入れる	できれば転勤したくない	絶対に転勤はしたくない	特に考えていない
計	1,525	7.0	34.2	34.4	9.9	14.6
男性	1,365	6.9	35.7	33.5	9.2	14.7
未婚	301	7.6	34.6	29.6	7.3	20.9
配偶者あり	1,027	6.8	36.0	34.7	9.9	12.6
死・離別	37	2.7	35.1	32.4	5.4	24.3
女性	160	8.1	21.3	41.9	15.6	13.1
未婚	80	11.3	22.5	33.8	12.5	20.0
配偶者あり	78	5.1	19.2	50.0	19.2	6.4
死・離別	2	0.0	50.0	50.0	0.0	0.0

出所：武石［2022］より。

がっているかは疑問も多く，希望とは異なる形で転勤が行われているといえる。

これに関連して，今後の転勤に拒否感を示す従業員は少なくない。**図表 6－7** に示すように，「積極的に転勤をしたい」とするのは全体で7.0%にすぎず，「積極的ではないが転勤を受け入れる」（全体で34.2％）を含めて，転勤を受容する割合は4割程度である。調査の対象は転勤経験者を含めて転勤の可能性がある従業員であり，それでも転勤を受け入れることへの抵抗感は大きい。特に女性では57.5％が転勤をしたくないと考えており，配偶者あり・女性ではさらに高い。共働き世帯の増加の下で女性の活躍を進める施策と転勤施策が不整合を起こしている。

❖ 従業員の納得度が鍵に

企業も転勤施策について問題意識を持っている。転勤を実施する上での企業側の課題認識としては,「個別事情に配慮しなければならない社員が増えている」（45.1％）をあげる企業が多く，「転勤を忌避する人が多く人材確保が難しい」（26.5％），「単身赴任が増えている」（21.6％），「転勤を忌避して退職する社員がいる」（21.4％），「転勤をする社員が一部に偏在しており転勤社員の不満がある」（21.4％）を2割程度の企業があげている（**図表6-8**）。また，本人の希望や事情を聴くことについて，「本人の納得性を高めるために不可欠」が18.4％，「特定の事情については配慮が不可欠だ」が63.0％で，「個別に配慮していると異動に支障をきたすので困難だ」（15.9％），「そもそも本人の意思や事情を聴く必要はない」（1.4％）という意見は少数であった（武石［2016］）。

企業もこれまでのように，「社命」として勤務地を組織が決めていくことの難しさを実感し始めている。転勤がなくなれば問題はないが，一定割合の転勤が残っていくのであれば，どのような対応が必要になるのだろうか。

図表6-9は，従業員の転勤への納得度を高める仕組みは何か，という課題意識で分析を行った結果である。具体的には，ここに示した8項目に当てはまるか否かで，先に述べた「キャリア形成上の理由だった」「希望どおりだった」と考える割合の平均が異なるのかを検討した。まず最下段の「転勤に関する特別な制度がない」に該当する場合に，2つの指標の平均値が顕著に低い。次にこの数値を高める制度はどれかという視点で上の7つの項目をみると，対応・制度ありの場合に対応・制度なしの場合に比べて2つの指標の平均が有意に高くなるのが，「転勤の決定にあたって本人同意を得る，もしくは希望・事情を優先する」「特定の事由がある場合に転勤をしない期間（転勤免除期間など）

（図表6－8）　転勤を実施する上での課題（企業調査）

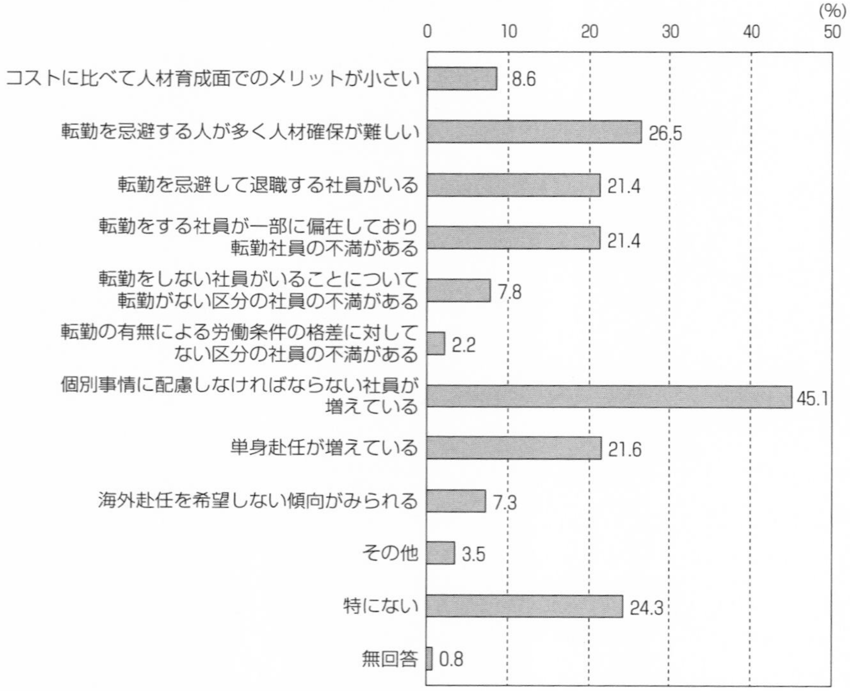

出所：武石［2017］より。

がある」「転勤はするが個人の希望する本拠地を決める制度（そのような雇用区分がある場合を含む）」の3つである。さらに「希望どおりの割合」で有意差があるのが，「転勤の希望等に関する自己申告等の制度」「転勤はするがその範囲は一定のエリア内に限定する制度（そのような雇用区分がある場合を含む）」の2項目である。つまり，転勤決定において従業員の同意や希望を重視し，転勤ができない事情等に配慮するなどの制度があることが納得度を高めている。

以上の結果は，転勤の決定を会社主導で行ってきた多くの企業に対して転勤のあり方を再考することを促すものといえる。異動管理は人事部門などの組織が人事権を握ってきたわけだが，これを緩めて従業員の意向を吸い上げて転勤施策に反映させる仕組みを導入することが求められている。

たとえば，朝日生命保険は「子どもが3歳になるまでは転居を伴わない異動

（図表6－9）　転勤に関する制度等の有無と自身の転勤の納得度（転勤経験者のみ）

		サンプル数	キャリア形成の割合		希望どおりの割合	
			平均(%)	t値	平均(%)	t値
計		983	38.86		30.84	
転勤の決定にあたって本人同意を得る，もしくは希望・事情を優先する	対応なし	741	36.89	−2.440**	27.87	−4.079***
	対応あり	242	44.89		39.93	
転勤をする社員区分から転勤をしない社員区分に転換できる制度	制度なし	678	37.69	−1.229	29.79	−1.215
	制度あり	305	41.46		33.16	
転勤の希望等に関する自己申告等の制度	制度なし	517	37.05	−1.352	28.83	−1.647*
	制度あり	466	40.88		33.06	
社内公募制度や社内FA制度など社員自ら手を挙げて異動する制度	制度なし	621	37.60	−1.164	31.03	0.200
	制度あり	362	41.02		30.50	
特定の事由がある場合に転勤をしない期間（転勤免除期間など）がある	制度なし	858	37.64	−2.263**	29.16	−3.180***
	制度あり	125	47.24		42.35	
転勤はするが個人の希望する本拠地を決める制度（そのような雇用区分がある場合を含む）	制度なし	883	38.02	−1.764*	29.94	−1.903*
	制度あり	100	46.27		38.75	
転勤はするがその範囲は一定のエリア内に限定する制度（そのような雇用区分がある場合を含む）	制度なし	807	38.47	−0.594	29.43	−2.357**
	制度あり	176	40.66		37.31	
転勤に関する特別な制度はない	非該当	735	41.78	3.570***	32.33	2.064**
	該当	248	30.21		26.42	

注：*は10％水準，**は5％水準，***は1％水準で平均値に有意差があることを示す。
出所：武石［2022］より。

にとどめる」と決めている。また，キリンビールでは「子どもが小学3年生になるまでの間，最大5年間は転勤の回避を申請できる」といった制度を導入している。転勤ができない事情を異動管理に反映させる制度として注目できる。

本人の意思を尊重するという点では，東京海上日動火災保険の「JOBリクエスト制度」も注目できる。この制度には，転居を伴う転勤のない地域型従業員が，一定期間転居を伴う転勤をし，従来の勤務エリアにはない新しい仕事に挑戦できる応募型の人事異動の仕組みがある。勤務地限定の従業員に対しても本人の希望と職場の事情がマッチすれば，転勤を経験してもらい，経験を広げていくというものである。

❖ 共働き世帯の増加への対応

女性活躍推進を含むダイバーシティ推進の上でも，転勤のあり方が課題になっている。女性本人の転勤問題に加えて，配偶者の転勤に帯同するために，女性が退職をするという問題が生じている。女性の結婚や出産といったライフイベントに関して継続して働く環境を整えてきた企業で，配偶者の海外赴任や転勤などで女性従業員が退職をせざるを得ないという状況への対応に迫られている。そのため，配偶者の転勤先で自社の従業員を受け入れる業務があれば，一緒に転勤をさせる企業が増えている。

これを企業の枠を超えて業界単位で展開しているのが，地方銀行である。2015年４月に地銀64行が協力して「地銀人材バンク」を作り，配偶者の転勤などで退職する従業員を転居先の地銀で採用する，という仕組みを構築した。業務の類似性が高い同業他社とのネットワークによって，一社では対応できない状況にも，複数の企業で対応する試みとして注目されている。同様の仕組みは，民間の鉄道会社でも「民鉄キャリアトレイン」として実施するなど，拡がりを見せている。

ただし，配偶者の転勤に帯同する制度は，いわゆる対処療法であり，転勤のあり方そのものの問題を直視しなくてはならないだろう。地銀人材バンクも，夫の転勤先で再就職できた女性が，また次の夫の転勤の時にはその銀行を辞めて次の地銀での再就職活動をするという負担を強いられることになってしまう。共働きが増えていくと，夫の転勤により妻のキャリアが中断してしまうことへの不満も大きくなっていく。夫婦が別々の組織に勤務しているケースは多く，転勤のあり方は企業の枠を超えて考えなくてはならないテーマである。

5．転勤に関する新しい動き

❖ 転換期にある転勤施策

従業員にとって転勤の納得性を高めるための制度対応が求められているが，近年になって転勤のあり方を見直す企業が出てきた。見直しの方向としては，働く場所の選択を完全に従業員の選択に委ねる，もしくはその幅を拡大するというものであり，正社員の多元化の先にある従業員が勤務地を決める制度として注目できる。特に，2020年以降の新型コロナウイルス感染症拡大により実施が加速したテレワークにより，働く場所の柔軟化が可能になった職場も多く，労働者の就業意識の変化もあり，転勤施策が大きな転換期にあるといえる。

以下で，2社の事例を紹介したい。

❖ デフォルトは勤務地限定

1つ目が，従業員は原則として希望する勤務地で働くこととし，転勤が必要な場合には本人同意を前提とするAIG損害保険の事例である(4)。

同社では，2018年に2つの会社が合併することを契機に新しい人事制度構築の検討を開始し，「社命による転勤廃止」を最終ゴールとして検討を進め，移行期間を経て2021年10月から本格稼働した。

同社の制度は，まず役員を除く従業員が希望する勤務エリア（全国11ブロック）と都道府県を選択し，その上で，勤務する地域を限定する「Non-Mobile」か，限定しない「Mobile」か，のいずれかの2区分を選択する。区分間の移動，勤務エリアの変更は可能にしている。「Non-Mobile」であれば，勤務エリアの希望は全面的に聞き入れられ，都道府県は可能な限り考慮されることとなっている。以前は希望勤務地というものを明確にしていなかったために，従業員の個別事情に応じて住宅補助を実施していたが，新制度下では，いずれの区分であっても希望する都道府県内であれば住宅に関するベネフィットはない。一方で，希望都道府県外での勤務の場合には，社宅適用を行うとともに従来よりも会社負担を引き上げ，希望エリア外での勤務に対して「Mobility手当」を支給することにより，金銭的なインセンティブを手厚くした。新制度の本格稼働にあたり，「Non-Mobile」社員の希望エリアへの異動を終了している。2021年7月の段階で，「Mobile」社員は全体の3分の1である。

通常，勤務地限定の有無により雇用区分を設定する場合には，将来の転勤可能性による区分を行い，限定なし社員に対して高い賃金カーブを設定するといった対応がなされるのが一般的である。しかし同社では，まず全員が自分の希望する勤務地を決めてそこをホームベースとした上で，限定なしの「Mobile」のみにエリアを超えた転勤の可能性があり，実際に希望地を離れて勤務する状況になった時点で社宅，手当により転勤に報い，ホームベースに戻ったら手当等がなくなるという形で，転勤することへのインセンティブ付与という設計にしている点に特徴がある。

❖ 出勤しない働き方へ

2つ目の事例が，新型コロナウイルス感染症拡大に伴う勤務場所の柔軟化の経験を経て，遠隔からでも業務を遂行できるようになったことを踏まえて，転勤をなくすということを明確にしたNTTグループの「リモートワークを基本とする新たな働き方」である。

NTTグループでは，グループの主要会社の中で，リモートワークを基本とする業務運営が可能な組織の従業員（制度開始当初は主要会社本体従業員の5割程度を想定）を対象に，①勤務場所は「従業員の自宅」（会社への通勤圏に居住する必要は無し），②リモートワークと出社のハイブリッドワークを前提（出社時の交通費は支給），③従業員本人の希望や業務内容に応じ個人単位での適用や適用除外も可能，とする働き方を2022年7月から実施している。これにより，転勤や単身赴任を解消することを目指している。

同グループは，2021年9月に分散型ネットワーク社会に対応した「新たな経営スタイル」を発表しており，DXなど経営環境の構造的な変化や新型コロナ感染症拡大などへの対応の必要性を踏まえ，「with/afterコロナ社会」に向けた経営スタイルの変革を進めることを明確にした。働き方に関しては，リモートワークを基本として「働く時間」や「働く場所」といった働き方の自由度を高め，「ワークインライフ（健康経営）」を推進する方向性が示されていた。これをさらに推進するものとして，「住む場所」の自由度を高めることとし，上記施策の実施を決定している。勤務場所を自宅とすることにより転勤をさせない，という思い切った制度改定であり，リモートワークと出社の比率がどの程度になるのか，遠隔で働くことに伴う人材育成のあり方をどのように進めるのか，など，今後の推移が注目される。

❖ 政策面での対応

労働政策においても，厚生労働省「多様化する労働契約のルールに関する検討会報告書」[2022] で，正社員の働き方の選択肢として，勤務地，職務，勤務時間を限定して働く「多様な正社員」を労使双方にとって望ましい形で普及することが重要と指摘する。「多様な正社員」の普及のために，労働基準法第15条1項による労働条件明示事項として，「就業の場所・従事すべき業務の変更の範囲を追加することが適当」という考え方が示された。「変更の範囲」については，就業場所を限定している場合にはその具体的な内容を示し（勤務地に限定がない場合は「会社の定める事業所」と示すことを想定），就業場所の変更が予定されている場合にはその旨を示すことになるとされている。

同報告書では「転勤」に関しても言及されており，転勤の条件（どのような場合に転勤可能性があるか，など）については労働条件明示義務としないものの，労働契約法第4条の「労働契約の内容の理解の促進」を踏まえた説明に努めるべき，という整理がなされている。

6．働き方を個人が選ぶ時代に

働き方の多元化について勤務地を取り上げて現状や課題を検討した。勤務地限定制度を含めて新しい動きが出ており，働く個人にとって影響が大きい転勤に関しても問題が認識されるようになってきた。特に転勤は採用や配置，人材育成や処遇といった人事政策全般と関連しているために，転勤施策を単独で議論することはできない問題であり，転勤を望まない従業員が多いからと簡単に転勤を減らすことは難しい。しかし，従来の延長で，企業の幅広い裁量により転勤を含む異動を継続していくことの限界が見えはじめている。

長期継続雇用の下での人材育成と一体化して運用されてきた異動・転勤施策

であるが，その意義，必要性を改めて問い直す時期にきているといえよう。今後の方向性としては，「限定化」と「透明化・可視化」がキーワードになるだろう。

まず，転勤対象者や地理的な範囲を限定し，必要な転勤を絞り込んでいくことの検討が必要になる。現状では，不公平を是正するため，あるいは昇格要件をクリアするためといった転勤が行われることも多く，こうしたいわゆる「水増し転勤」があるとすれば，直ちに見直しが必要である。

「透明化・可視化」は，個人にとって転勤のタイミングや期間が「見える化」されることである。事例で紹介したような育児や介護などの事情がある場合にはそれが反映される，どのタイミングで転勤が必要になり赴任期間がどれくらいになるかが予測できる，本拠地を決めて働くことができる，というように，個人の事情を転勤施策の中で考慮していくことが必要になるだろう。

勤務地をどこにするのかは，個人の生活設計ときわめて密接なかかわりを持っている。個人としては，自分が選んだ地域で生活の基盤を築くとともに，働き方の優先度を決め，給与等の処遇条件との折り合いをつけながらどのようなキャリアを形成していくのか，長期的な視点で考えることが必要である。もちろん，ライフイベントにより生活設計の見直しが必要になることから，働き方を固定的に考えるのではなく，状況に合わせて柔軟に対応することも必要である。そのために，企業の制度も雇用区分などを柔軟に設定し，区分間の移動ができるような対応が望まれる。

新型コロナウイルス感染症対策として勤務場所の自由度が高まったことを受けて，「従業員はどこで働くのか」「働く場所をだれが決めるのか」という根本的な問いかけがなされている。従業員は出社して働くもの，ということを疑念の余地なく受け入れてきた企業，労働者は多かったと考えられるが，働き方の工夫により転勤対象者を大きく縮減し，働く場所の決定に従業員の意向を反映させようとする企業の事例は注目に値する。こうした動きが今後どの程度広がっていくのかは注視しなければならないが，会社主導の異動管理，そこから派生する転勤のあり方が変化する予兆が出てきた。

本章のポイント

①一枚岩と見られた正社員の働き方（職務内容，勤務場所，勤務時間）を多元化する動きがみられている。

②勤務場所に着目すると，勤務地の限定の有無による社員区分の設定など，労働者が希望する区分を選べる制度導入がみられる。しかし，限定の有無により処遇条件が異なることにより，労働者の希望が反映されている制度とはなっていない。

③勤務地を企業が決める転勤施策は，人材育成等の効果が指摘されてきたが，ダイバーシティ推進との齟齬を来しており，転勤の効果を検証しつつ今後のあり方を見直す時期にきているといえよう。特に新型コロナ感染症への対応として広がったテレワークは，勤務場所の柔軟化を前進させる可能性がある。

■注

(1)　この賃金水準は，各企業において働き方の限定が最も少ないパターンを100としてそれぞれの区分の水準の回答を求めており，『限定なし正社員』がいない企業においては，それ以外の社員区分で最も限定が少ない社員区分を100として回答している。このため，数値は『限定なし正社員』との格差ではない点に注意が必要である。

(2)　「わからない・転勤がある正社員がいない」という回答も比較的多い。

(3)　研究では，個人調査と企業調査を行っている。個人調査は，中央大学大学院戦略経営研究科ワーク・ライフ・バランス＆多様性推進・研究プロジェクトにおいて実施した。また，企業調査は，日本学術振興会科学研究費助成事業（基盤研究（B）研究　課題番号25285112，研究代表者：佐藤博樹）と中央大学大学院戦略経営研究科ワーク・ライフ・バランス＆多様性推進・研究プロジェクトとが連携して実施した。調査実施にあたっては，代表者の佐藤博樹中央大学教授をはじめ，プロジェクトの研究メンバーと検討を重ねている。なお，回答企業には300人未満の企業も含まれており，この企業も含めて分析している。

(4)　2019年3月5日にAIGグループは，「転居を伴う転勤制度の廃止（Work@Homebase）を本格稼働」についてプレスリリースを行った。同社の制度に関しては，筆者が2019年5月に同社人事部門に対するヒアリング調査を実施した。最新の情報に関しては，労務行政研究所（2021b）を参照している。

コラム　法改正で多様な正社員が増えた？

2013年４月に改正労働契約法が施行された。改正法の重要なポイントの１つが，期間を定めて雇用される有期雇用者が契約を反復更新して通算５年を超えた場合に，労働者の申し込みに基づいて無期契約に転換ができるルール化が行われたことである。これは，有期契約労働者が増加し，かつ有期といいながら実質的には長期にわたって同一企業で勤続する労働者が多いことを踏まえ，有期契約労働者の雇用の安定化を図り安心して働ける労働環境整備の重要性に鑑み法制化されたものである。

これにより，2018年から有期労働者の無期化が進んできた。厚生労働省では，2018年度から2019年度に無期転換ルールで転換した労働者は118万人（常用労働者５人以上の事業所）と推計している。厚生労働省「有期労働契約に関する実態調査」(2020）によると，無期転換申込権がある人のうち無期転換を申し込んだ割合は約３割で，権利を行使していない労働者は多く，このルールを知らない労働者が多いという問題があるようだ。

同調査によると，無期転換の際に，いわゆる正社員区分に転換するケースは１割程度であり，また，職務や勤務地，労働時間などを限定して働く社員区分（限定正社員）に転換するケースは1.4%とごくわずかである。当初は，限定正社員が無期転換の受け皿になると想定され，無期転換することに伴い，労働条件が改善することが期待されたが，そのようにはなっていない。現状では，有期の時と業務量や賃金等の労働条件は変わらず，雇用契約のみ有期から無期になったケースが８割と圧倒的多数を占める。

勤続が通算５年を超えると無期転換の申し出ができることから，これを回避するために５年以内で契約を打ち切るということも当初は懸念されたが，有期契約労働者の勤続年数の上限を設定する事業所は１割強であり，無期転換前の雇い止めという状況はそれほど多くないようである（厚生労働省「有期労働契約に関する実態調査」(2020))。

有期契約労働者は，そもそも，職務等の限定があることによって「有期」であることが多いため，正社員の働き方の選択肢が拡がり，また段階的に処遇が上がる仕組みがあれば，こうした制度が有効に機能していくと考えられる。

第7章　ワーク・ライフ・バランスと働き方改革

前章では，労働者の意思で勤務地を選べない現状についての課題を議論してきた。勤務地の問題は，本章のテーマであるワーク・ライフ・バランス（以下，WLBと略）を阻害する人事施策の1つである。WLBの問題に関して職場に目を向けると，働き方が硬直的でワークキャリアとライフキャリアの調和がとれず，コンフリクト（葛藤）を感じる労働者は多い。共働き世帯の増加とともに，この問題は男女共通の課題となっている。さらに新型コロナウイルス感染症の拡大に伴いリモートワークが拡がりを見せ，働く場所に関する問題意識も高まり，働き方の本質が大きく変わりつつある。本章では，WLBを実現するために必要な働き方改革について考えたい。

1．ワーク・ライフ・バランスの重要性

❖ ワーク・ライフ・バランスとは

WLBとは，「会社や上司から期待されている仕事あるいは自分自身が納得できる仕事ができ，なおかつ仕事以外でやりたいことや取り組まなくてはならないことにも取り組めること」（佐藤，武石［2010］，p.14）である。

しかしWLB支援には誤解が多い。たとえば，女性のための育児支援策，残業を減らす取組み，仕事をほどほどにして生活を重視する取組みなど，その一面しかとらえない見方がなされることが多い。このようにとらえてしまうと，WLB支援策の推進は，経営にとって負担が大きいだけの施策となる。こうした誤解は，WLBは従業員のための福祉施策としてとらえられることから生じている。

まず，第5章で取り上げたダイバーシティ経営とWLB施策の関連について

整理しておこう。多様な人材を組織の力にしていこうとするダイバーシティ経営は，多様なマーケットや技術変化に対応するという経営戦略に基づく「人材戦略」である。第5章の図表5－2に示したように，ダイバーシティ・マネジメントにより，多様な市場ニーズに対応する等の経営効果が期待される。多様な人材が活躍できるようにするためには，これまでの同質性を前提としてきた人事制度や職場のマネジメントの仕組みを変えなくてはならない。個々の人材は，多様な事情を抱えながらも，その制約の下で仕事上の責任を果たそうとしているし，将来のキャリア展望を持っている。それを踏まえた制度・施策導入やマネジメントが求められているのである。

❖ ダイバーシティ経営の環境整備として

したがって，WLB支援策は，人材多様化戦略を支えるための重要な環境整備と位置づけることができる。

これまでのように，仕事以外の責任を誰かに任せて仕事に集中できるメンバーが主力の職場においては，常に仕事を優先できる人を前提に働き方が組み立てられた。働き方のスタンダードから外れる人材にとっては，働き方の制約に伴い活躍の場も制約されていたのである。しかし，女性や高齢者，外国人など，仕事以外の責任を担っていたり，仕事以外の生活も重視するようなライフスタイルや価値観をもつ人材を受け入れる組織構造に転換するダイバーシティ経営においては，多様な人材が能力を発揮できる環境を整備することが必要になる。

したがって，ダイバーシティ経営において多様な人材が活躍できるようにするためには，働き方を変えなくてはならない事態に企業が直面していることが，WLB施策推進の最も重要な動機づけということができる。WLB施策の展開には，経営的な視点からその取組みの意義を明確化することが重要になる。

たとえば仕事ばかりしている生活，を例にあげてみよう。仕事に時間がとられ，自己研鑽の時間がとれず，社外の付き合いも少なくなり新しいネットワークが構築できない，それによって視野も広がらない。新しい発想力や企画力が問われるような仕事であれば，仕事だけに時間を費やすことのデメリットは大きい。「仕事ばかりの生活」の弊害が明らかになれば，仕事以外の生活も重視すべき，という経営からのメッセージ発信が重要になる。

WLB 施策の企業経営の視点からの意義については多数の研究が蓄積されてきている。人材活用策（採用，定着等）への効果や業務効率化，さらには業績への効果などが検証されており，女性の能力発揮策などと併せて実施することにより，中長期的視点でみれば企業経営にとって効果がある施策であることが明らかになってきている（佐藤，武石編［2008］，山本，松浦［2012］など）。

❖ 個人にとっての意義

個人からみた WLB 施策の意義は，「コンフリクト」，「エンリッチメント」といった概念で整理されている。

個人は複数の役割を担って生活をしているが，異なる複数の役割を両立することが難しいと，「役割間葛藤（inter-role conflict）」が生じる（Greenhaus & Beutell［1985］）。仕事上の役割と家庭など仕事以外の生活上の役割が両立しない場合に，役割遂行に関してネガティブな感情として葛藤が生じ，それがストレスにつながると考えられる。この葛藤は，仕事役割が家庭役割を阻害する（Work to Family Conflict）ケースと，反対に家庭役割が仕事役割を阻害する（Family to Work Conflict）ケースと，２つの方向がある。

また，２つの役割が衝突するというネガティブな側面だけでなく，複数の役割遂行のポジティブな面に注目する見方もある。個人が生活の中で担う１つの役割で生じる態度や行動が，他の役割に波及・影響することが指摘されている（Parasuraman et al.［1996］）。この波及・影響を，「流出」を意味する「スピルオーバー（Spillover）」と呼び，仕事の満足が家庭生活の満足度を高めるものが「ポジティブ・スピルオーバー」で，満足度を低めるのが「ネガティブ・スピルオーバー」である。スピルオーバーも，仕事から家庭へと，家庭から仕事へという２つの方向性が考えられている。ポジティブ・スピルオーバーと同様の概念に，「エンリッチメント（Enrichment）」という概念もある（Greenhaus & Powell［2006］）。

さらに，WLB は，個人間の影響についても研究されており，これは「クロスオーバー（Crossover）」と呼ばれている（Westman［2001］）。夫婦，上司と部下，同僚間などのクロスオーバーが注目されてきた。たとえば，仕事ばかりしているワーカホリックな配偶者がいると，個人の WLB に影響が出る，ということである。

第1章で紹介したスーパーのキャリアレインボーのモデルでは，人は複数の役割を担いながらキャリアを形成しているとしている。個人が担う複数の役割間のコンフリクトや，スピルオーバーにうまく対処し，ストレスの低い状態にすることにより，仕事にも集中できるようになる。その意味でWLB施策は，組織にとっても重要な施策となる。また，夫婦共働きが増えていく社会の中で，クロスオーバーの視点も重要になるだろう。

WLBの議論の難しさは，それぞれが担う役割等の重要性をどのように認識するか，という点に関して個人差があり，同じ状況でも葛藤の感じ方には個別性が大きい，という点にある。仕事役割を重視する人もいれば，家族役割を重視する人もいる。また，それはライフステージによっても変化する。したがって，どのような状態が仕事と生活が調和している状態なのかは，個人により，また個人が担っている役割の状況により異なるという点で，「バランス」状態は多様であることを理解して，WLB支援策について考えることが必要になる。

2．WLBの現状と政策

❖ WLB政策の背景

WLB政策の重要性が認識されてきた背景として，働き方に根差した多くの問題が生じてきたことがあげられる。1990年代の終わりに「ファミリー・フレンドリー政策」として，仕事と「家庭」生活の両立のための政策の重要性が認識されるようになる。90年代を通じて改善傾向がみられない出生率の低下，その一方で高まる女性労働力率により，仕事と子育ての両立を進めることが女性の就業環境の整備につながり，また出生率の反転にも寄与すると考えられた。日本では，子どもを持つ女性の低い労働力率，正規労働者と非正規労働者の間の大きな処遇格差など，雇用面において欧米諸国と比べると際立った特徴がある。女性の労働力率上昇と出生率回復の両立を果たしたOECD諸国のように，仕事と家庭の両立支援を進める政策が重要であるとの認識が高まった。

しかし，仕事と家庭の両立支援のための制度や施策を整備しても，子どもを持つ女性の労働力率や出生率の上昇には結びついていかなかった。これは，長時間で硬直的な働き方が広がっている日本の労働の実態が，両立支援策の導入効果を減殺してしまったためと考えられる。

また，90年代後半以降，若年層を中心にいわゆる非正規雇用が拡大し，この層の処遇が改善をみないまま推移し，正規－非正規の処遇の二極化に伴う問題が顕在化してきた。特に若年層における非正規雇用の拡大は，経済的な不安定をもたらし，非婚化・晩婚化傾向に拍車をかける要因ともなり，これが少子化問題への対応を遅らせるという課題認識を高めた。加えて，処遇面で相対的に問題が少ないとみられる正規労働者においても，長時間労働など仕事や職場への拘束度が高いために仕事満足度は高いとはいえず，厳しい労働実態に起因すると考えられるメンタル不調などの問題も増大してきた。

このような現状認識に立ち，仕事と家庭の両立支援にとどまらず，長時間労働に代表される働き方の構造を変えることが，様々な社会的課題への対応につながると考えられた。

❖ 恒常的な長時間労働

日本の働き方には様々な課題があるわけだが，労働時間の長さと，働き方の柔軟性という2つの観点から問題を指摘したい。

日本の労働者の労働時間が平均的に長いことはよく知られている。労働時間の国際比較は，時間管理の対象外の労働者の範囲が国によって異なるなど，把握が難しい面がある。それでも，様々な調査で，日本の労働者の労働時間の長さが指摘されてきた。欧米の先進国でも，経営層や一部の専門職で労働時間の長い労働者が存在するが，日本では長時間労働者の裾野が広い点に特徴があるとされる（小倉［2008］）。

筆者は，日本，イギリス，ドイツのホワイトカラー層を対象に，働き方に関する比較調査を実施した。それによると，イギリス，ドイツに比べて日本の労働時間は明らかに長時間層に分布しており，50時間以上の割合は，日本の28.0%に対して，イギリスは11.4%，ドイツは14.5%と半分程度以下の割合である（武石［2012a］）。日米のフルタイム男性労働者の1週間当たりの労働時間と睡眠時間を比較すると，労働時間は9～10時間程度日本の方が長く，睡眠時間は4時間程度短いとの研究がある（黒田［2010］）。

（図表7－1）　WLBに関する意識（個人調査）

（%）

	サンプル数	職場の状況への意識：業績はよい						満足度：仕事に割く時間と生活に割く時間のバランス					
		そう思う	どちらかといえばそう思う	どちらともいえない	どちらかといえばそう思わない	そう思わない	無回答	満足している	どちらかといえば満足している	どちらともいえない	どちらかといえば満足していない	満足していない	無回答
日　本　男女計	10,069	5.6	24.8	44.3	14.7	9.1	1.5	8.0	28.0	31.9	20.7	10.0	1.4
男性	6,708	6.1	25.9	43.2	15.1	9.3	0.4	7.4	27.7	33.2	20.9	10.4	0.3
女性	3,258	4.7	23.1	47.5	14.4	8.9	1.3	9.5	29.2	29.9	20.9	9.4	1.0
イギリス　男女計	979	29.3	43.0	18.4	6.7	2.6	0.0	21.0	39.4	14.6	17.5	7.5	0.0
男性	473	31.7	41.6	18.2	5.9	2.5	0.0	19.9	38.3	16.5	18.0	7.4	0.0
女性	506	27.1	44.3	18.6	7.5	2.6	0.0	22.1	40.5	12.8	17.0	7.5	0.0
ドイツ　男女計	1,012	24.2	51.6	20.4	3.1	0.8	0.0	21.5	35.0	28.3	10.6	4.6	0.0
男性	535	24.9	51.8	19.8	2.6	0.9	0.0	20.6	34.0	31.6	9.3	4.5	0.0
女性	477	23.5	51.4	21.0	3.6	0.6	0.0	22.6	36.1	24.5	11.9	4.8	0.0

注：ホワイトカラー職の従業員のデータである。
出所：武石［2012a］より。

日本では，希望する労働時間以上に働く「過剰就業」が広範に存在することも明らかになっている（山口［2009］，武石［2012b］）。望まない長時間労働は，当然ワーク・ライフ・コンフリクトにつながっているとみられ，前述の日本，イギリス，ドイツの比較調査によると，日本は男女ともに仕事と生活のバランスに満足する割合が低い傾向が顕著である（**図表7－1**）。

❖ 硬直的な働き方

日本の働き方のもう1つの特徴は，働き方の柔軟性（フレキシビリティ）が極めて低いことである。高見［2020］は，労働時間を考える上で，「長さ」以外の多様な側面に目を向ける必要性を指摘し，具体的には，就業時間帯・スケジュール，労働時間配分の柔軟性（裁量度），労働と次の労働の間の休憩時間の長さをあげている。欧州のWLBの議論では，働き方のフレキシビリティをいかに高めるか，という点に重点が置かれてきた。個々の従業員の事情やライフスタイルの多様性を，働き方においても受け入れ可能な形にしなければ，ダイバーシティ経営は実現できないと考えられているからである。

しかし日本では，働き方の柔軟性への取組みはなかなか進まなかった。日本及びヨーロッパの企業を対象に実施した調査結果によると，日本企業はフレックスタイム制度や在宅勤務制度など，働き方の柔軟性を高める制度導入率が低かった（**図表7－2**）。その背景には，それらの制度は運用が煩雑な反面，生産性へのプラスの影響は少ないと考えられており，制度導入のメリットが少ないととらえる傾向が強いことが明らかになっている（武石［2012a］）。

労働者の働き方を始業時間・終業時間という点からみると，イギリス，ドイツは個人によるばらつきが大きいが，日本は一定の時間帯に集中していることが明らかになった。特に出社時間は，日本では8時台，9時台に集中するのに対して，イギリス，ドイツでは，6時台から10時台まで広く分散し，6時台に仕事を始める従業員は15時頃には退社をしている（**図表7－3**）。

労働と労働の間に一定の休憩時間を設定する制度は「インターバル制度」と呼ばれ，疲労回復のための時間を確保して長時間労働を防止しようとするものである。EU 諸国では，「EU 労働時間指令」により，24時間につき連続して11時間の休息時間を設けること，が義務付けられており，1日の労働時間は13時

（図表7－2）　制度・施策の実施状況（制度ありの割合）（企業調査）

(%)

		サンプル数	法を上回る育児休業制度	フレックスタイム制度	在宅勤務制度	WLBの取組	ジョブ・シェアリング
日本	規模計	1,677	27.2	24.4	4.3	22.5	−
	250人未満	1,101	21.3	18.3	3.5	17.0	−
	250−999人	419	32.5	30.1	4.8	26.7	−
	1,000人以上	118	64.4	58.5	9.3	57.6	−
イギリス		202	50.0	48.5	67.3	31.7	56.9
ドイツ		201	29.4	90.0	51.2	11.4	41.8
オランダ		100	31.0	69.0	52.0	29.0	34.0
スウェーデン		100	56.0	88.0	71.0	25.0	12.0

注：1）日本以外は，規模250人以上の企業を調査対象としている。
　　2）「ジョブ・シェアリング」は，1つの仕事を2人で分け合う働き方であるが，日本では「ジョブ・シェアリング」を行うケースは極めて少ないため質問していない。

出所：武石［2012a］より。

（図表７－３）　始業時刻と終業時刻の分布（個人調査）

【始業時刻】

（%）

		サンプル数	6時より前	6時台	7時台	8時台	9時台	10時台以降	無回答
日本	男女計	10,069	0.3	0.6	6.1	65.8	24.9	1.4	0.7
	男性	6,708	0.5	0.9	7.6	66.0	23.2	1.3	0.5
	女性	3,258	0.0	0.1	3.1	66.0	28.8	1.6	0.5
イギリス	男女計	979	2.3	4.2	14.1	41.7	27.3	8.9	1.5
	男性	473	2.1	5.7	19.5	37.6	25.2	7.8	2.1
	女性	506	2.6	2.8	9.1	45.5	29.2	9.9	1.0
ドイツ	男女計	1,012	2.8	12.6	31.3	36.2	10.6	5.8	0.7
	男性	535	3.4	12.5	29.5	37.6	10.7	5.2	1.1
	女性	477	2.1	12.8	33.3	34.6	10.5	6.5	0.2

【終業時刻】

（%）

		サンプル数	17時より前	17時台	18時台	19時台	20時台	21時台	22時台以降	無回答
日本	男女計	10,069	3.7	39.8	25.1	18.6	8.2	2.7	1.1	0.8
	男性	6,708	2.9	32.3	25.6	22.9	10.8	3.5	1.6	0.6
	女性	3,258	5.6	55.3	24.3	9.9	3.1	1.0	0.3	0.6
イギリス	男女計	979	36.7	37.8	15.9	4.0	1.4	1.3	1.3	1.5
	男性	473	34.7	34.9	19.2	5.3	1.7	0.8	1.3	2.1
	女性	506	38.5	40.5	12.8	2.8	1.2	1.8	1.4	1.0
ドイツ	男女計	1,012	51.1	27.1	14.1	4.3	1.2	0.6	0.9	0.7
	男性	535	45.2	28.6	16.6	5.6	1.1	0.7	0.9	1.1
	女性	477	57.7	25.4	11.3	2.9	1.3	0.4	0.8	0.2

注：ホワイトカラー職の従業員のデータである。
出所：武石［2012a］より。

間が上限となる。この他に，７日ごとに最低連続24時間の休息日を付与すること，週の平均労働時間が時間外労働を含めて48時間を超えないこと，などが定められている。日本でもハードワークを是正するために，EU のインターバル制度を参考にして導入が検討され，後述する働き方改革関連法において事業主に同制度導入の努力義務が求められることになった。

日本の多くの職場では，企業の硬直的な制度に従業員側が合わせていくことが求められ，そこから外れることが許容されにくかった。フレックスタイム制度を導入しても，「遅く出社してもよい制度」と受け止められて，業務効率向上につながらずに制度を廃止したり，コアタイムを長くするなどの対応を行う企業の事例がある。結果として，職場の業績に関しての評価は低く，WLB満足度も低い（**図表7－1**）。

こうしてみると，日本の働き方の特徴は「みんなで一緒に長い時間働く」構造に特徴があるといえる。

❖ ワーク・ライフ・バランス憲章

2007年12月に「仕事と生活の調和（ワーク・ライフ・バランス）憲章」が策定されたことが，WLB政策前進の契機になった。これは，関係閣僚，経済界，労働界，地方公共団体の代表等から成る「官民トップ会議」において，仕事と生活の調和の実現に向けて官民が一体となって取り組む合意としてとりまとめられたものである。

「憲章」では，仕事と生活が両立しにくい現状についての強い課題認識をベースに，「一人ひとりがやりがいや充実感を感じながら働き，仕事上の責任を果たすとともに，家庭や地域生活などにおいても，子育て期，中高年期といった人生の各段階に応じて多様な生き方が選択・実現できる社会」を目指した取組みの重要性を強調している。女性の第一子出産前後の継続就業率，男性の育児休業取得率，年次有給休暇の取得率などの数値目標を定めた「行動指針」も併せて策定し，WLBの実現に向けた取組みが進められ，進捗管理が行われてきた。

❖ 働き方改革関連政策

WLB憲章制定後も，労働時間制度や仕事と家庭の両立支援制度などに関する政策，職場の働き方改革を着実に進めるための政策などが動員されてきたが，進捗のスピードは遅かった。WLB政策は，仕事と生活の両立を図るための制度充実にとどまらず，働き方そのものを構造的に改革する総合的な取組みと位置づけられるようになった。恒常的な長時間労働の是正などの労働時間の適正化や，いわゆる正規労働者と非正規労働者の均等・均衡処遇など，多様かつ重要な課題を包含し，わが国の雇用問題，さらには少子化対策を含めた広範な社会課題に対応した政策として展開された。

政策が大きく前進したのが，2018年に成立した働き方改革関連法で，2019年から順次施行されてきた。以下に主なポイントを5つあげる。

① 時間外労働の上限規制の導入（大企業2019年4月，中小企業2020年4月施行）

従来，時間外労働の上限規制がないことが問題視されていたが，ようやく罰則付きの上限規制が実現した。時間外労働の上限について月45時間，年360時間を原則とした。なお，臨時的な特別な事情がある場合にはこの上限は緩和されるものの，上限は設定されている。また，建設業や医師など，上限規制適用が猶予されていた事業・業務において，2024年からそれぞれの上限規制が適用になる。

② 年次有給休暇の確実な取得（2019年4月施行）

年に10日以上の年次有給休暇が付与される労働者に対し，そのうちの5日は，使用者が時季を指定して確実に取得させることが義務付けられた。

③ 「フレックスタイム制」の拡充（2019年4月施行）

従来のフレックスタイム制は，清算期間の上限が「1か月」までとなっており，1か月を超えた調整ができなかった。法改正により，清算期間の上限が「3か月」に延長され，月をまたいだ労働時間の調整により柔軟な働き方が可能となった。

④ 「高度プロフェッショナル制度」の創設（2019年4月施行）

高度の専門的知識等を有し，職務の範囲が明確で一定の年収要件を満たす労働者を対象に，労働基準法に定められた労働時間，休憩，休日及び深夜の割増賃金等の規定を適用除外にできる制度が開始した。適用するためには，本人同意と労使委員会決議等が前提となり，年間104日以上の休日確保措置や健康・福祉確保措置等を講ずることが必要となる。

⑤ 勤務間インターバル制度の導入促進（2019年4月施行）

勤務間インターバル制度とは，終業時刻から次の始業時刻の間に，一定時間以上の休息時間（インターバル時間）を設けることで，従業員の生活時間や睡眠時間を確保しようとする制度である。労働時間等設定改善法改正により，勤務間インターバル制度の導入が事業主の努力義務となった。

3．テレワークの拡がり

❖ テレワークの必要性

WLBを実現する働き方として，テレワークが注目される。総務省は，テレワークを，「ICT（情報通信技術）を利用し，時間や場所を有効に活用できる柔軟な働き方」と定義し，勤務場所により，在宅勤務，モバイルワーク，サテライトオフィス勤務に分けている。テレワークは，多様な働き方を実現するということに加えて，都市部への過度な人口集中を解消して地域を活性化させるといった社会的な効果も期待されている。

働き方の点からテレワークを評価すると，特に在宅勤務は通勤時間がなくなることで生活時間に余裕ができる，勤務場所に加えて勤務時間もある程度柔軟になることで仕事と生活の調整が図りやすい，モバイルワークなどでは効率的に時間を使うことができ生産性に貢献できる，といった利点があげられる。WLBの観点からは，在宅で仕事ができると育児や介護などプライベートな生活への対応がしやすいというメリットは大きなものがある。

他方テレワークの課題として，在宅で仕事をするとオン・オフの境界をつけにくくなり労働強化やストレスの原因になりかねないといった問題が懸念されるとともに，大きな課題として職場マネジメントの難しさがあげられる。この点は後述する。

❖ テレワークの現状

図表7－2に示したように，日本で在宅勤務制度の定着は進まなかった。総務省「通信利用動向調査」により企業におけるテレワークの導入状況をみると，2010年に12.1％，新型コロナウイルス感染症拡大前の2019年には20.1％であった。しかし，新型コロナウイルス感染症拡大による最初の緊急事態宣言が出された2020年4月以降，在宅勤務が急速に拡大し，2020年8月末時点でテレワーク導入企業は47.4％に急増した。

テレワークを行っている人数を国土交通省「テレワーク人口実態調査結果」により確認すると，「雇用型テレワーカー（雇用者でテレワークをしている人）」

は，2019年には全体の14.8％であったが，2020年に23.0％，2021年には27.0％となった（**図表7－4**）。テレワークを実施している人についてその頻度をみると，2019年までは週平均2.0日前後であったが，2020年には2.4日に増えている。感染症の拡大に伴う緊急事態宣言等により，テレワークの実施が急速に拡がった。

ただし2020年以降のテレワークの拡大は，地域や業種，雇用形態等によって実施状況に差が生じたことも明らかになっている。**図表7－4**は，地域別に雇用型テレワーカーの割合をみているが，首都圏が突出して高く，都市部でテレ

（図表7－4）　地域別，雇用型テレワーカーの割合

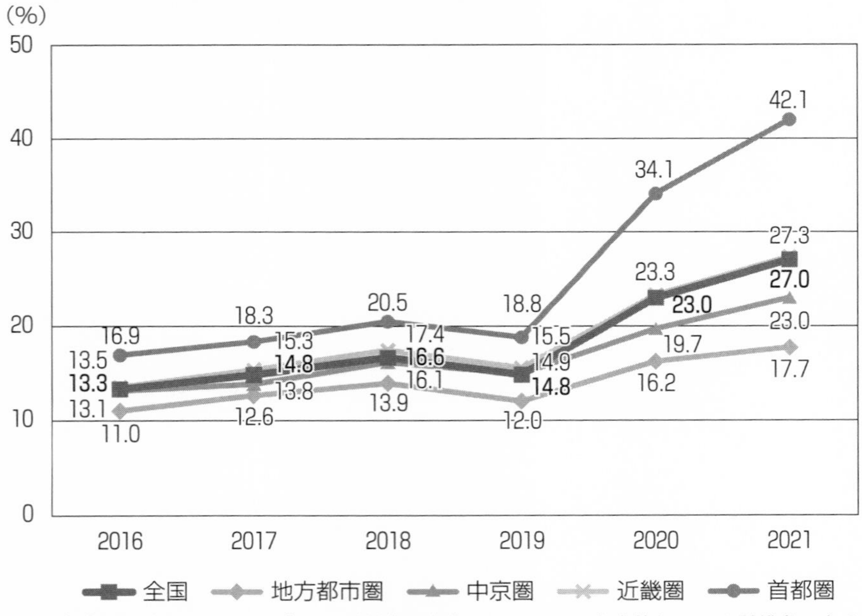

注：1）「雇用型テレワーカー」は，雇用者のうち，テレワークを実施している労働者である。
　　2）地域区分は以下のとおり
　　　　首都圏：東京都，埼玉県，千葉県，神奈川県
　　　　中京圏：愛知県，岐阜県，三重県
　　　　近畿圏：京都府，大阪府，兵庫県，奈良県
　　　　地方都市圏：上記以外の道県
出所：国土交通省「テレワーク人口実態調査」

ワークが拡がったことが明らかである。麦山・小松［2022］は，感染症拡大前の期間を含む2017年12月から2020年12月のテレワーク実施状況等を分析し，感染症によりテレワーク実施可能性が高かったのは，高所得層，パート・アルバイト以外の雇用形態，大企業勤務者で，この傾向は感染流行前にも存在していた格差であったが，感染症後はその差がより顕著となったとしている。

また，緊急事態宣言という外圧でテレワークを余儀なくされたわけだが，感染拡大が落ち着くと，通常勤務に戻る職場が多くなった。その一方で，テレワークを基本にして人事制度等の仕組みを大きく変革する企業も現れるなど，その後の対応も企業によって異なる状況となった。

❖ コロナ後のテレワーク

多くの企業や労働者が，緊急事態宣言直後にテレワークの経験をしたが，コロナ収束後もテレワークの継続を望む労働者は多い。

国土交通省「令和３年度　テレワーク人口実態調査」の結果，「雇用型テレワーカー（テレワークを実施している雇用者で，雇用者全体の27.0%）」の84.0%が新型コロナウイルス感染収束後もテレワーク継続を希望している。テレワーク実施前に期待していたメリットとしては，通勤時間の削減や通勤負担の軽減，時間の有効活用などがあげられているが，実際にテレワークを実施した後に，それらのメリットを指摘する割合は大幅に上昇しており，テレワークの経験によりメリットがより実感されやすくなったといえよう。ただし，「業務の効率が上がる」という項目だけは，実施前の想定（54.6%）より実施後（50.9%）の方が低い。テレワークを円滑に行うためには，マネジメントやコミュニケーションの方法を工夫する必要があるが，それが不十分であったことで課題ととらえられたと考えられる。

他方でテレワークを実施していない「雇用型非テレワーカー」は，全体の73.0%を占めるが，実施していない理由は，「仕事内容がテレワークになじまない」が57.4%，次いで，「テレワークを認められていない」が26.8%，「テレワークを実施したいと思わない，実施する必要がない」が15.8%と続く。仕事内容がテレワークになじまないという回答についてその理由をみると，「仕事のやり方，進め方」が24.4%と４分の１を占め，それ以外は，「接客等」（22.5%），「現地作業（製造・建設等）」（22.1％），「医療・介護等」（16.4％）と具体的な仕事内容に関する回答となっている。また，「テレワークを認められていない」という回答のうち51.9％が認められれば実施したいと回答している。

テレワークは労働者のニーズが高い働き方として定着しつつあるとみることができ，テレワーク実施の可否は，学生が就職先を決める際にも重要なポイントとなっている。テレワークを職場でどう定着させるか，ということは人材の確保や定着においても重要なテーマとなるだろう。しかし，上記回答にあるように，対面でないと遂行できない仕事が存在することに加えて，仕事のやり方や進め方が対面を前提に組み立てられているとテレワークは難しくなる。テレワークと通常勤務を組み合わせて働くという働き方がこれからの働き方の1つのモデルになっていくのであれば，そのための対策を講じる必要がある。

4．職場におけるWLB，働き方改革

❖ WLBの三層構造

労働時間や勤務場所に関して，働き方改革を進めWLBを実現することが重要になっている。そのために必要なことは何かを考えていきたい。

佐藤，武石［2010］では，職場におけるWLB支援に関して，**図表7－5**のような三層構造を提示している。WLB支援を両立支援として狭義にとらえると，休業制度や短時間勤務制度など，仕事と家庭の両立支援のために働き方を大きく変更することができる制度の導入やその運用環境に注目しがちである。ただし，これは**図表7－5**の「2階部分」に該当する。つまり，その「土台部分」となる職場の風土改革が不可欠である。さらに，家族的責任を有する従業員を含めて従業員には仕事時間に制約がある，つまり仕事以外のプライベートな責任を果たすなどの時間が必要であることを踏まえた働き方ができていること，「1階部分」の構造が重要になってくる。

狭義のWLB支援である「2階部分」のみに着目して様々な制度を導入し社内で周知した結果，育児期に女性従業員のみが制度を利用して女性の活躍推進が進まない，両立支援策に依存して能力発揮がおろそかになる，といった課題が顕在化してきた。これは，土台や1階の構造に欠陥があるために，狭義の

（図表7-5）　ワーク・ライフ・バランス支援の三層構造

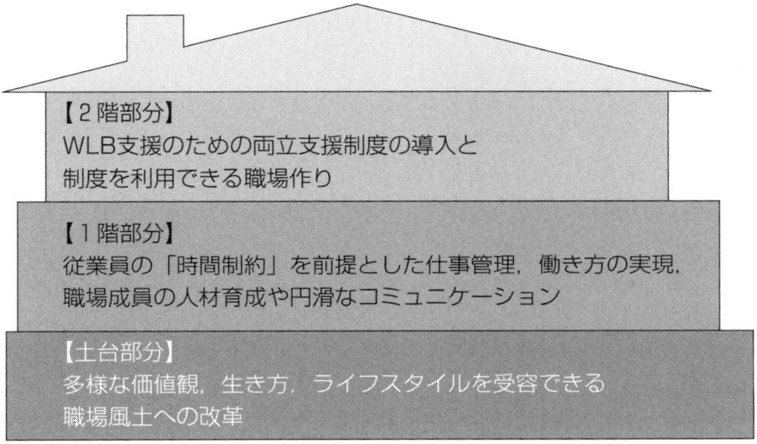
【2階部分】
WLB支援のための両立支援制度の導入と
制度を利用できる職場作り
【1階部分】
従業員の「時間制約」を前提とした仕事管理，働き方の実現，
職場成員の人材育成や円滑なコミュニケーション
【土台部分】
多様な価値観，生き方，ライフスタイルを受容できる
職場風土への改革

出所：佐藤，武石［2010］，p.27より。

WLB支援策が機能していないということである。制度があっても，周囲の人が忙しすぎて制度を利用しにくい，制度対象から外れると両立が不可能な働き方なので制度を利用し続けないといけない，という状況がある職場である。

長期的なキャリア開発を考えている学生は，WLBが実現できる職場への希望が強いが，その際に，育児休業制度や育児短時間勤務など両立支援制度の整備状況で働きやすさを判断しがちである。しかし，重要なのは，従業員全体の働き方や意識の実態であり，そこに働き方の本質がある。

❖ 組織としての取組み

「1階部分」の働き方改革を進める重要な主体は，制度設計や運用面での対応を行う人事部門，職場におけるマネジメント者，アクションを起こす個人，の三者である。その前提として，働き方改革を進めることの必要性を，全社的に共有するために，トップの強いリーダーシップが必要になる。トップのコミットメントにより社内で働き方改革の必要性が認識されれば，それを人事制度改革，職場のマネジメント改革，意識改革につなげていくことになる。この構造は，ダイバーシティ推進と似ている。

日本企業で働き方改革を進めようとすると，現場のマネジャーのみならず，一般従業員からも反発を受けるケースが少なくない。そこで出てくるのが，「仕事以外にやりたいことはないので，今の働き方に何も問題はない」という意見である。欧米のWLBの取組みでは働く人からの抵抗が少ないのと比べると，大きな相違点である。仕事こそが第一という時期はあるにせよ，仕事人生のすべての期間において仕事だけを優先することは考えにくいし，それでは新しい知識を吸収したり人的なネットワークを作る時間もなくなってしまう。ライフステージに応じて，こうした状況が変化していくのが普通であり，働き方改革が職場で共有すべき課題であることへの理解が必要である。

人事制度に関しては，休暇制度，柔軟な勤務形態であるフレックスタイム制度，在宅勤務制度などの制度導入のみならず，労働時間の長短が評価に反映しているような状況があれば，その見直しといった人事管理全般にわたる取組みが必要となる。また，以下で述べる職場マネジメントの重要性に鑑み，職場単位での働き方改革の成否を管理職の評価項目に加えるなど，マネジメントを支援する制度導入なども行われている。

職場マネジメント改革は，働き方改革を進める上で非常に重要なポイントであることが明らかになっている（武石［2012b］）。「働きやすさ」の点で日本よりも先進的と考えられるイギリスやドイツでも，勤務時間や場所の柔軟性を高めると，部下が上司の見えないところで働くようになるため，管理職から部下の評価ができないといったクレームにつながることがあるという。しかし，それを受け入れていたら働き方は変わらない。むしろ管理職の意識を変えるために，管理職研修を実施したり評価制度を変更したりすることにより，新しい働き方を受け入れる職場マネジメントへの転換が進められた。

❖ 時間を意識した働き方

個人は，時間意識を高めて効率的に仕事をすることが必要になる。特にホワイトカラーの仕事は，時間をかければ投入した時間分だけ品質が高まるという側面がある。時間を意識しないで仕事の質を高めることが美徳とされる職場も多いが，問題は，それにより過剰品質のアウトプットが多く，求める成果以上の品質にするために多くの時間が投入されてしまい，全体としての生産性を低下させていることである。「仕事が終わるときが終業時間」ではなく，「終業時間ありきで仕事をする」という意識が必要である。

筆者らは，時間を制約して働くと何が変化するのかについて，実際の職場でモデル的に実施してもらうという研究を行った（武石，佐藤［2011］）。具体的には，週2日の定時退社を義務付ける，という取組みをモデル的に複数の職場で実施した。それまで定時に帰ることなどほとんどなかった職場で，週2日の定時退社を全員に義務付けて取り組んでもらい，数か月ほど経過したところで各職場でヒアリング調査をした際に，興味深い意見がでてきた。

まず共通するのが，会議開催ルールの明確化である。それまでは必要な都度必要なメンバーで必要な時間をかけて開催していた会議・打ち合わせを，計画的に実施するようになっていた。事前に資料を配布するのはもちろん，会議の時間，さらには議題ごとの所要時間をあらかじめ決めて会議を開催するケースもみられた。また，上司から部下への業務指示も部下の定時退社を意識して行われるようになるなど，自身の定時退社だけでなく職場の他のメンバーの退社時間を意識した仕事管理が行われるようになっていった。

この取組みでは，定時退社により仕事時間が限られてくるために，これまで通りの仕事量がこなせなくなる。そこで，仕事の優先順位を考え，優先度の低い仕事は「手を抜く」ことも許容しなくてはならなくなる。日本の長時間労働の背景に，先に述べた高い品質へのこだわりが指摘されるが，実は「過剰品質」になっているケースも少なくない。すべての仕事に最高の質を要求していると，長時間労働は恒常化する。どこかで品質の水準の見極めをする必要があるが，時間の制約という枠をはめることにより，業務の軽重の判断をする習慣が形成される。もちろん，重要な仕事の優先度を下げることは許されないので，個々人の仕事管理をチェックする上司の役割が重要になる。

この取組みにより「時間を創るという意識が芽生えた」という意見を述べた男性社員がいた。仕事の段取り，時間を意識した業務遂行により，タイムマネジメントの意識付けが行われ，メリハリをつけた仕事のやり方へと変化がみられている。「仕事ありき」で時間をかけるのではなく，「時間ありき」で仕事を組み立てることが習慣づけられれば，業務遂行の効率化が図られる。

時間を意識化するために松浦［2020］は，「生活改革」が必要であると指摘する。削減した労働時間を私生活に有効に配分するという意識改革がないと，働き方改革はうまくいかない。

❖ 職場マネジメントの重要性

働き方改革においては，職場マネジメントが極めて重要であり，職場の管理職の役割は大きなものがある。筆者が参加するプロジェクトにおいて，「ワーク・ライフ・バランス（WLB）管理職」について分析，提言(1)を行っているのでこれを紹介したい。ここで，「ワーク・ライフ・バランス（WLB）管理職」とは，部下の WLB の実現を支援できるマネジメント能力を備えた管理職である。

まず，部下の WLB と職場生産性向上の両者を実現させるためには，管理職が部下の業務遂行状況を把握し支援する「適正な部下管理」の能力を高めることが重要である。併せて，管理職自身がメリハリをつけた働き方を実践するとともに，所定内労働時間で仕事を終えることを推奨する意識を持つことも重要である。

WLB 管理職は，人材が多様化する職場において，組織成員の仕事への意欲を高めることを通じて組織成果をあげているという点で，今後の管理職像の 1 つのモデルといえる。高村［2017］がこの提言を踏まえて「WLB 管理職」を操作的に定義してデータ分析を行い，「WLB 管理職」は環境や部下の変化に柔軟に対応でき，組織成果に貢献していることを明らかにしている。

問題は，管理職が多忙で，職場マネジメントに十分な時間を配分できない現状にある。プレイングマネジャー化している管理職は，職場管理，部下管理をする余裕がなくなることが明らかになっている（佐藤［2020］）。したがって，上述の提言では，労働時間・休憩・休日に関する労働基準法上の規定の適用から除外されている管理職に対しても労働時間や働き方をモニタリングし，管理職が長時間労働になることを抑止して「適正な部下管理」を実行できる時間を確保することも併せて提起している。さらに，佐藤［2020］は，管理職への登用の条件として，仕事上の成果といったテクニカルスキルだけでなく，部下に対するリーダーシップなど部下との関係性を作るヒューマンスキルを見極めることが重要になっていると指摘する。

5．求められるライフデザイン

人事管理において，「企業の目標」の重要性に加えて，「個人の希望」をいかにして実現していくか，が重要になってきている。「WLB」は個人の中でのバランスという視点でとらえられるが，人事管理においても「経営＝work」と「個人＝life」のバランスという視点でとらえることができるだろう。

渡辺［2009］は，「ワーク・ライフ・バランスとは，企業組織の側が，個人の側の職業生活・家庭生活・社会生活・自分生活における欲求充足・自己実現を追及して生活意欲・協働意欲を刺激・確保し，そのことを通じて企業組織の目標達成への個人貢献を獲得する人材マネジメントである」（渡辺［2009］，p.13）としている。

さらに，「ここで前提にされている人間モデルは，これまでの経営学（人材マネジメント論）において措定された『単なる』自己実現人モデルすなわち職業生活における自己実現や成長のみに動機づけられる人間モデルではない。いまや個人の自己実現欲求・成長欲求の舞台・範囲は，労働過程の社会化の進展に応じて大きく拡張・拡大し，職業生活のみならず家庭生活・社会生活・自分生活にまで及んでいる。すなわち組織の中の個人は，『4つの生活の並立・充実（自己実現）』すなわち『広義のワーク・ライフ・バランス』に動機づけられて意思決定し行動する『社会化した自己実現人』として登場している。」（渡辺［2009］，pp.13-14）としている。

引用が長くなったが，仕事と生活を自身のキャリアの中でどのように位置づけ，両者のバランスをどう図っていくか，は，まさに個人の広い意味での自己実現と深くかかわる問題である。

WLBは，ワークキャリアとライフキャリアの組み合わせを自律的に考える，ということが出発点になる。これを人事制度の中でも明確化しておかないと，「楽に働きたい」という従業員が増え，様々な取組みが機能しなくなってしまう。個人のライフプランの中に仕事をどう位置づけるか，を組織が支援することは，組織にとってもメリットがあることなのである。

本章のポイント

①WLB支援策は，個人にとっての意義は大きいが，企業にとっても従業員のパフォーマンスを高めるための重要な施策である。ダイバーシティ経営を進める上では，重要な条件整備と位置づけられる。

②WLBを実現するためには，働き方改革が必須であり，特に日本では，長時間労働に加え，硬直的な働き方の現状を変えることが急務である。また，新型コロナウイルス感染症対策として拡大したテレワークの今後にも注目したい。

③働き方改革は，経営層，マネジメント層，個人というそれぞれのレベルで意識的に取り組まないと進まない。個人も，支援策を待つだけでなく，時間意識を強く持った働き方が求められていることを理解すべきである。

■注

(1)　中央大学大学院戦略経営研究科ワーク・ライフ・バランス&多様性推進・研究プロジェクト「管理職のWLBの現状とWLB支援のための職場マネジメントの課題」[2010]，および「ワーク・ライフ・バランス（WLB）管理職に関する調査の概要と提言」[2014]より。

コラム　柔軟な働き方を推進するイギリス

イギリスは，欧州の中でも労働時間が長い国とされる。労働時間規制や育児休業制度などを一律的に企業に課す政策は，企業の競争力を阻害するものであり，個々の労使が決定すればよいとの考え方から，国としての規制は最低限に抑えられてきたという過去の経緯がある。

しかし，90年代頃から，働き方に関して労働者サイドの不満が募るなどの問題が大きくなり，これを放置することの社会経済的な課題が重視されるようになる。1997年に労働党のブレア政権が発足し，WLB 支援へと大きな政策転換を行った。

イギリスの WLB 政策は，当初は柔軟な働き方により女性のスキルアップを進めるという観点から教育技能省が所掌していたが，その後企業経営の視点からこそ推進すべき政策であるとして，経営関連政策を所掌する貿易産業省に移管されたことが象徴的である。イギリスでは，2000年から「WLB 向上キャンペーン」を開始するが，これにより経営的なメリットが大きい取組みであることが確認され，経営視点からの政策が展開されるようになる。

イギリスの政策は，企業の自主的な取組みを国が支援したことに特徴がある。フレキシブルな働き方を企業が導入することを後押しするために，補助金制度や事例の紹介等を実施した。

企業の取組みが進み，一定の定着をみたところで，「フレキシブルワーキング法」を制定し，子育て等をしている労働者が柔軟な働き方を事業主に請求できる権利を認めた。請求できる労働者の範囲は法制定後拡大してきており，現在は，すべての労働者が柔軟な働き方を請求できる仕組みとなっている。

イギリスでは，働き方の柔軟化が進んでおり，フレックスタイムや短時間勤務のほかにも，１日あたりの労働時間を長くして労働日を減らす「集約勤務（Compressed Work）」や，子どもの学校の夏休みなどに無給の休暇をとる「学期期間労働（Term-time Working)」，２人がペアになって１人分の仕事を担当する「ジョブ・シェアリング（Job Sharing)」など，日本にはきわめて少ない働き方も広がっている。

第8章　女性のキャリア開発

内部労働市場の構造が強固な日本企業におけるキャリア開発の仕組みの中で，対応が遅れたのが「女性」である。多様な女性の意識や実態をひとまとめにして論じることはできないが，女性の労働力率や役職への登用状況をみると，日本の女性のキャリア開発には課題が多いと総括できる。日本の女性のキャリアの特徴，及びその背景を明らかにした上で，今後の展開を見据えて個人は自身のキャリア開発にどう向き合えばよいのかを考えたい。

1．男女のキャリア

❖「ジェンダー」という視角

男女の格差を生む背景を分析する上で，「ジェンダー（gender）」の概念は有効である。ジェンダーとは，簡潔に言えば社会的・文化的な性別のとらえ方で，先天的・身体的・生物学的性別を示すセックス（sex）と区別して用いられる。「ジェンダー」というと，「男らしさ」「女らしさ」を否定するもの，女性の権利向上の主張，といった誤解を受けることがあるが，社会の中で男女がどのように位置づけられているのか，男女間の違いや差別的な取扱いがあるとすればそれはどうしてか，を分析するものの見方である。「ジェンダー」という視角から男女が置かれている状況を検討することにより，「性差」が社会的な文脈の中でどのように位置づけられているのか，そこにどのような問題があるのか，を検討することが可能になる。

雇用の場においては，採用，昇進，賃金など様々な場面で男女間格差があることが実証されてきた。ただし，男女間格差のすべてが「差別」に起因するわけではない。たとえば製造業の開発部門に女性が少ないのは，大学や大学院で理工学部を専攻する女性が少ないからであり，男女の進路選択にジェンダーバイアスがあるという現状に問題の所在がある。男女間賃金格差が生じるのは，「男性は仕事，女性は家庭」という性別役割分業意識を背景に女性が結婚や出産で離職を選択する傾向が強いために，男性よりも勤続年数が短くなることが一因である。勤続する女性が少ないので管理職も少ない。進学や家族的責任のあり方，社会が男女に期待する役割の違いが，男女のキャリア選択に影響し，雇用における男女の違いをもたらしているといえる。

❖ キャリアにおける男女差

男性が60代まで高い労働力率を示すのに対して，女性はキャリアの中断が生じやすく，男女のキャリアの差異は大きい。**図表8－1**は，年齢別に就業の有無と転職回数をみたものである。男性は，30代から50代まで，離職経験のない層が半数程度を占めるが，女性は，離職経験のない割合は2割程度と低い。生涯を通じてみて，女性の企業への定着は低いという現状がある。

女性の年齢階級別にみた労働力率は，「M字カーブ」と呼ばれる。アルファベットのM字のように，30代でいったん落ち込むからである。結婚や妊娠・出産で退職するという男性にはみられない女性特有のライフコースが存在するのが，M字カーブの要因である。

実際に，女性のキャリアは多様な軌道を描く。女性において多様なキャリア展開が出現するのは，女性が男性に比べて家族的責任を強く意識しながら職業キャリアを選択しており，その選択が個人の価値観や志向性，置かれている状況によって多様性を帯びるからである。女性が結婚や出産を理由に転職をしたり労働市場から退出したりするのは，もちろん女性が自ら選択しているという側面もある。しかし，その選択は，現状の性別役割分業等の社会構造や，長時間労働に象徴されるような働き方を前提に行われたのであり，状況に応じて変化しうるものといえる。本当は離職したくなかったという望まない離職も少なくない。

ただしこの「M字カーブ」は，近年になって谷の部分が上昇し，Mの形状が消えつつあり，女性の就業パターンに変化が生じている。この背景には，20代～30代で未婚女性が増えているために労働力率が押し上げられているという側面がある（武石［2006］）ことに加え，2010年頃からは妊娠や出産を理由に

（図表８－１）　男女のキャリアの違い：年齢別初職からの離職回数割合

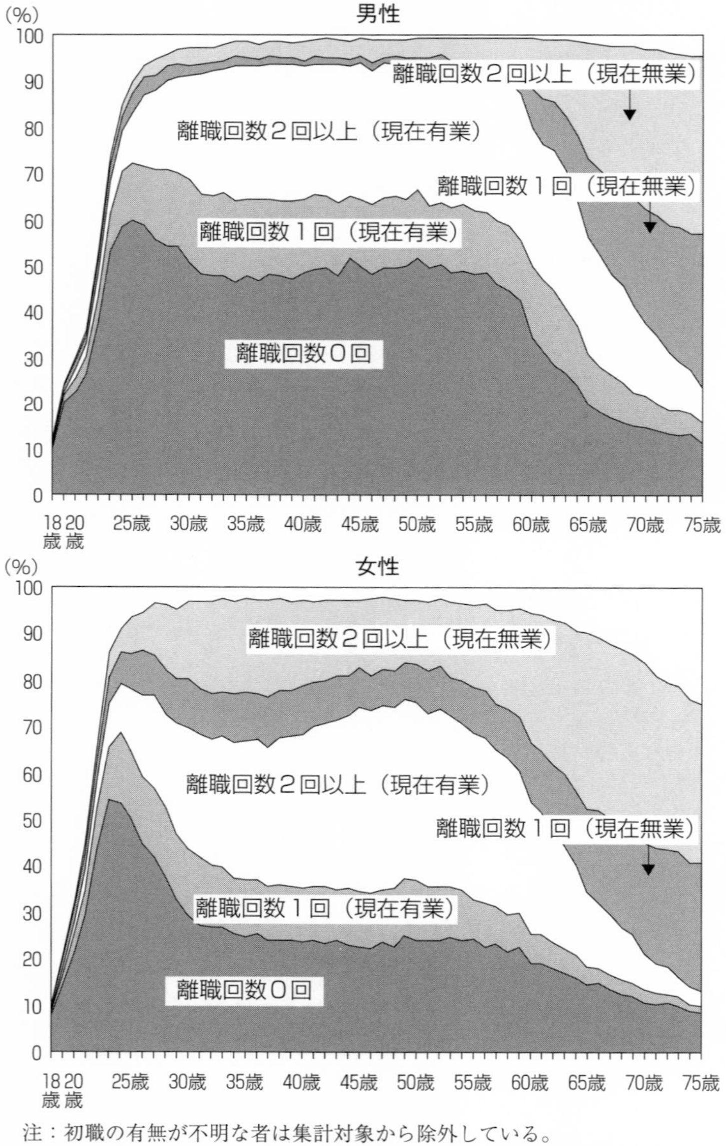

注：初職の有無が不明な者は集計対象から除外している。
出所：厚生労働省［2014］より。（総務省統計局「平成24年版就業構造基本調査」を集計）

離職をする女性が減少し，出産後も働き続ける女性が増えてきたことがあげられる（第9章で詳述する）。

❖ 女性のキャリアの国際的な多様性

女性のキャリアの多様性は，国際比較からも読み取れる。

OECD加盟国では，女性の雇用が拡大し，労働力率の男女間格差は縮小傾向にあるが，国による差が大きい（OECD［2012］）。1980年以降男女の労働力率の差が縮小傾向にあるのは各国に共通するが，そのテンポは国により異なっている。日本も縮小傾向にはあるが，2020年の男女差は13.9ポイントと比較的大きい。オランダ，ドイツなど，80年以降に男女の格差が急速に小さくなっていった国に比べると日本の変化のタイミングは遅れており，2010年以降になって男女差が小さくなる動きが加速してきたといえる（**図表8－2**）。

また，**図表8－3**に示すように，先進国ではM字が解消した国がほとんどで

（図表8－2）　労働力率の男女差の国際比較

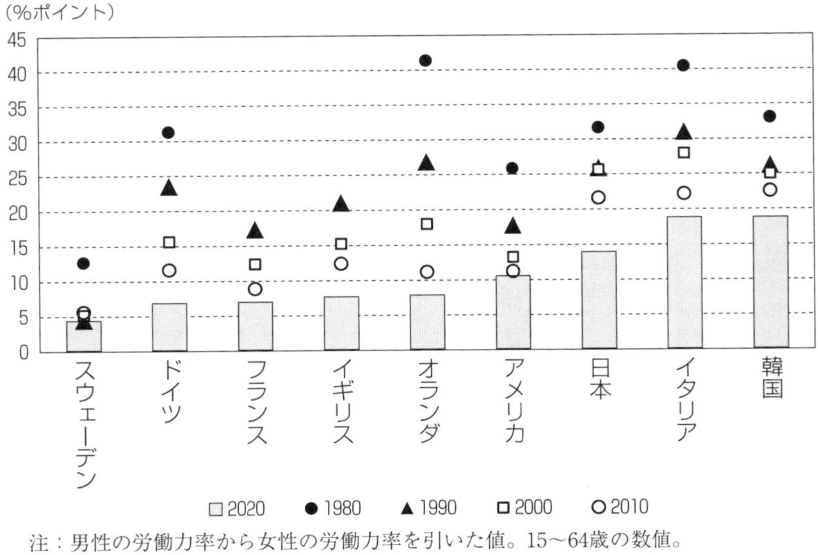

注：男性の労働力率から女性の労働力率を引いた値。15～64歳の数値。

出所：2010年までは，OECD（2012）。2020年は，OECD Database（https://stats.oecd.org/）"Labour Force Statistics"

（図表８－３）　年齢階級別女性労働職率の国際比較

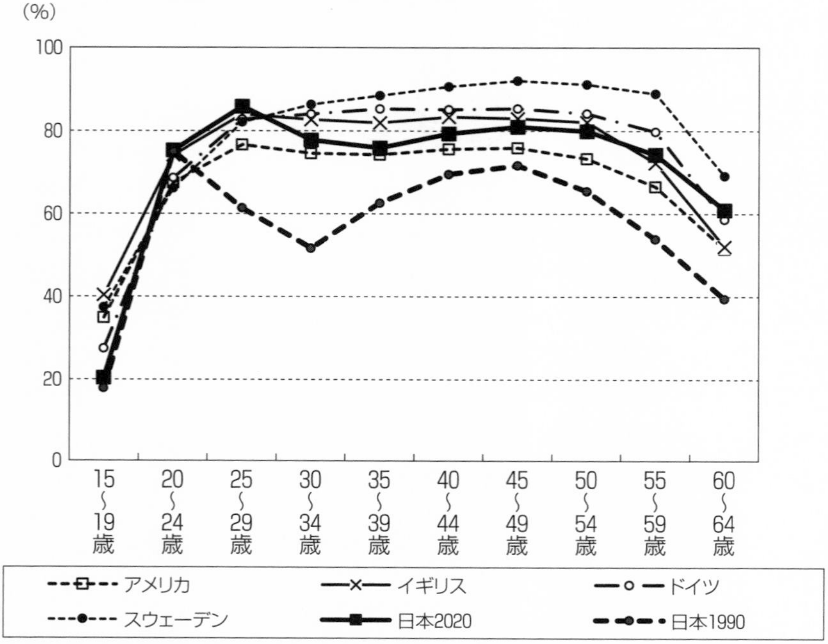

出所：日本は，総務省統計局「労働力調査」。それ以外は，OECD Database（https://stats.oecd.org/）“Labour Force statistics” 2021年12月現在

あるが，日本では直近でも緩やかな「M 字カーブ」が残っている。

男女間格差は，賃金，職域，労働時間などの観点から把握されることが多い。日本は，賃金や役職登用の面で男女間の格差が大きい。端的な指標として，世界経済フォーラムが毎年発表する「ジェンダー・ギャップ指数」がある。これは，各国の男女平等の程度を経済，教育，政治，健康の４分野で指数化しているものであるが，2022年の日本の総合指標の順位は調査対象146か国のうち116位である。経済分野が労働におけるジェンダー・ギャップを示すが，日本は，労働参加率（83位）や賃金（76位），管理職比率（130位）などの面で男女間格差が大きく，経済分野の総合指標は121位である。

このような国による違いは，雇用の分野における男女平等政策など，女性労働に関する政策が背景の１つである。これに関連する議論として，エスピン－アンデルセン（Esping-Andersen, G.）の「福祉国家レジーム（福祉国家体制の理論）」の議論がある。女性の就労にも関連する福祉国家の類型化（「自由主義レジーム」「保守主義レジーム」「社会民主主義レジーム」の類型化）を行った議論である。これによれば，以下で紹介するスウェーデンは「社会民主主義レジーム」，アメリカは「自由主義レジーム」の代表例である（Esping-Andersen［1990］）。

男女平等が進んでいるのが北欧諸国である。その代表であるスウェーデンは，1970年代に男女が共に働く社会へと大きく転換した。それを促した政策が，夫婦合算制から個人単位への税制改革，男女を対象とした育児休業制度などの労働環境の整備，公的保育の整備，であったとされている（高橋［2012］）。仕事と家庭の両立支援策を充実させ，特に育児や介護の社会化を進めながら女性の労働参加を促し，女性の高い労働力率を実現している。一方で，女性の就業分野は公務が多いなど，男女間の職域分離が大きいといった課題もある。

北欧とは異なる政策アプローチで男女平等を進めてきたのがアメリカである。男女平等政策や女性の高学歴化等を背景に60年代以降80年代にかけて女性の労働力率が高まり，それと並行して職域や賃金における男女間格差が小さくなり男女平等が進んでいった。女性の能力が評価され，また女性が高度なスキルを身につけるようになり，企業にとって重要な人材に対する支援策との位置づけから両立支援策や柔軟な働き方などの制度対応が行われた（黒澤［2012］）。アメリカでは，スウェーデンのように，育児等に対する公的な支援策が充実しているわけではないが，人材活用策として，女性の能力発揮策や就業支援策が，民間ベースの取組みとして進んだとみられている。

２．日本的雇用システムと女性

❖ 日本の女性のキャリアの課題

先進国では，雇用面での男女間格差解消に向けた政策が展開されてきたものの，完全な格差解消に至っている国はない。ただし，国際比較において，上述のとおり日本の女性のキャリア開発には課題がある。

第２章でも指摘したように，キャリア開発が企業主導で行われると，企業は投資価値のある人材を選別するようになる。投資価値とは，個人の能力や資質

（図表８－４）　ジェンダー経済格差を生み出す構造

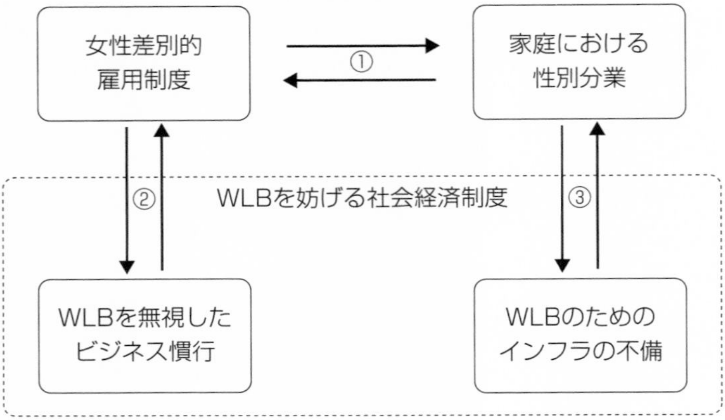

出所：川口［2008］より。

に加えて，投資を回収できる勤続期待も重要になる。教育や訓練が生産性の上昇につながるため，期待収益を最大にするために最適な教育・訓練量を経営者は決定するわけだが，勤続期待の部分で女性の期待収益は男性を下回り，男性に比べて女性への投資が進みにくく，人的資本が蓄積されにくい。

日本の女性の離職傾向が他の国に比べてとりわけ高いわけではないが，男性の長期勤続傾向が強い分，企業定着の男女差が大きくなるという特徴がある。ただしここでいう「離職傾向」は特定企業からの離職傾向であり，日本の女性は離職して無業化する傾向は強い。

ライフコースを通じてみた男女の就業パターンの違いは，雇用面での様々な指標における男女差の原因となっている。職業分布，正規・非正規といった就業形態，勤務先の企業規模の分布，企業の中での配置や昇進など，様々な指標で男女差が大きい実態がある。

日本の労働市場におけるジェンダー格差をモデル的に明らかにしたのが，川口［2008］である。**図表８－４**に示すように，日本のジェンダー構造は，企業の女性差別的な雇用制度，ワーク・ライフ・バランス（WLB）を無視したビジネス慣行，家庭における性別役割分業体制，WLBのためのインフラ整備に消極的な社会制度，が相互に関連して，女性の活躍を阻害する社会構造になっているというモデルである。図表の①②③は，雇用制度と家庭，雇用制度とビジネス慣行，家庭と社会経済制度としてのインフラ，が相互に依存しあっていることを示している。この構造が，社会全体として均衡がとれていると，多くの企業や家庭が，他の人と同じ選択をすることになると考えられる。つまり，共働きをする家庭，女性を差別しない企業，などはメリットがなく，そういった選択が行われにくい。

❖ 男女間格差の背景

男女間で雇用格差が生じる背景を説明する有力な理論の1つが，「統計的差別（Statistical Discrimination）理論」である。

「統計的差別理論」は，企業にとって労働者の生産性に関する情報が不十分であるために結果として差別が生ずるという考え方である。この理論を展開したことで著名なフェルプス（Phelps, E.S.）は，企業は労働者を雇用する場合に，できるだけ生産性の高い労働者を雇用しようとするが，個々の労働者の生産性を正確に知ることはできない，あるいは正確に知ろうとすると膨大なコストがかかるために，それを予測できるような統計データとしてグループの平均値に依存すると考えた（Phelps［1972］）。

わが国で統計的差別を男女差別に適用する場合には，男性と女性の潜在的な能力の差が異なるというよりは，労働力としての安定性を労働力の質ととらえていると考えた方が理解しやすい。前述したように，キャリア中断が発生しやすい女性に対して企業が訓練投資をしても無駄になる可能性が男性よりも高いので，企業は平均的に定着率の高い男性を雇用して男性に投資をする方が合理的であると考えて，男女別の雇用管理が行われることとなる。統計的差別理論においては，事業主の行動を，意図的な差別行動とはみずに，情報の制約という状況下における経済合理的な行動とみる。個々に誰が長期に勤続するか不確かな状況下で，差別是正のために平均的に勤続年数が短い女性にも男性と同じような投資を行うと，結果として女性が辞めることによって事業主が損害を受けることになり不合理だからである。

しかし，男女間格差問題に詳しい山口は，女性の離職率の高さを予測して女性を排除することにより，女性の離職をさらに促進してしまうことになり，コ

（図表8－5）　縮小するサイクル（悪循環）

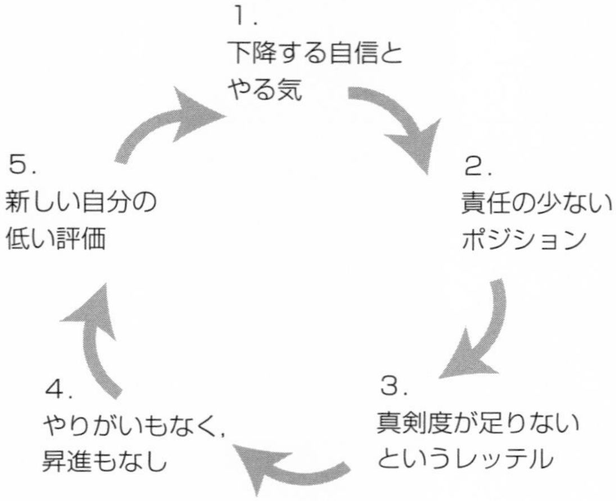

出所：Hewlett & Sherbin［2011］より。

ストを抑えているようにみえて，結果として女性の離職リスクを高めるという点で不合理だと指摘する（山口［2008］）。日本企業における女性活躍推進の負のスパイラル構造は，アメリカのシンクタンクの調査でも指摘されている。日本の女性が置かれている状況は，**図表8－5**に示したように，「仕事への自信ややる気が低い→責任のないポジションに就く→真剣度が低いというレッテルを貼られる→やりがいを感じることができず昇進もない→低い評価を受ける→仕事への自信ややる気が低い」と，最初に戻っていく悪循環に陥っているという（Hewlett & Sherbin［2011］）。

❖ コース別雇用管理制度の課題

統計的差別は，企業にとって労働者の生産性に関する情報を正確に知ることができないという状況から生じると考えられる。そこで，労働者に生産性の情報を尋ねてはどうかということになる。生産性を代替する質問をして労働者を振り分ける制度として導入されたのが，コース別雇用管理制度である。この制度は欧米企業には例がないことから，外国で説明するのが難しい制度である。

コース別雇用管理制度は，従業員の雇用区分を，典型的には「総合職」と「一般職」に分けて採用・処遇を行うもので，男女雇用機会均等法が施行された80年代後半以降，大企業を中心に導入が進んだ。この制度では，「転居転勤などの広域異動を受け入れることができるか」ということがコース区分にあたってのキー質問となる。広域異動を受け入れれば，役職や賃金等の処遇を幹部候補の男性と同水準にする区分（通常は「総合職」）になり，従来型の女性の働き方である一定の地域内での定型的な仕事を担当することを選択すれば，総合職とは異なる処遇を適用する区分（通常は「一般職」）で採用される。

制度導入当初は，前者は多くの男性とごく少数の女性，後者はほぼ全員が女性，という形で運用された。補助的・定型的な仕事に就く「一般職」を選択する女性は，仕事よりも結婚や育児を重視して短期で退職することを選好する労働者とみられ，入社後のキャリア開発の機会は少なかった。

現在，「労働者の職種，資格や転勤の有無によっていくつかのコースを設定して，コースごとに異なる雇用管理を行うコース別雇用管理制度」がある企業割合は，5,000人以上の規模の企業では6割弱，1,000～4,999人規模の企業では4割弱である（厚生労働省「令和3年度雇用均等基本調査」）。

制度の運用について厚生労働省「平成26年度コース別雇用管理制度の実施・指導状況」により確認すると，総合職採用者に占める女性割合は平均22.2％，一般職採用者に占める女性割合は平均82.1％で，総合職の採用倍率は女性の方が高く，男女の採用状況に違いがみられている。また，その運用において男女異なる取扱いがなされていたり，総合職に就くために女性が満たしにくい要件を不必要に付しているといった事実上の男女別の雇用管理として機能させている例もあり，実質的に男女別キャリア管理の温床となっているケースが現状でも存在している。

とはいえ，第9章で述べるように，仕事と家庭の両立支援策の充実が進み，一般職の企業定着が高まってくると，当初意図していた制度運用が難しくなり，次第に，制度を廃止する，処遇体系を見直すというように変更を加える企業が増えてきている。21世紀職業財団［2017］は，コース別雇用管理制度や「一般職」制度を廃止した企業事例を紹介しているが，廃止の理由は，それぞれのコースに定義されている業務内容と実態に乖離が生じたこと，「一般職」が自身の能力に線を引いてしまい能力発揮がうまくいかなくなったこと，などがあげられており，コースの一本化が図られている。「男性働き」を「総合職」として，それに乗れない場合に「一般職」として，両者の処遇格差を容認するとすれば，女性の活躍はいつまでも進まないだろう。

3．女性のキャリア開発に関する政策の展開

❖ 男女雇用機会均等政策

雇用の分野における男女雇用機会均等政策は，1986年に施行された男女雇用機会均等法が主要な枠組みとなる。同法が成立するまでは，女性は「保護」の対象として位置づけられ，時間外労働や休日労働などに関する女性のみ対象とする保護規定があった。均等法以降，妊娠・出産にかかる母性保護は充実させる一方で，一般的な保護規定に関しては男女同一の条件として，男女差別を禁止する男女平等に向けた法的整備が進められてきた。

現在の男女雇用機会均等法は，募集・採用から配置・昇進・降格・教育訓練を経て，退職までの雇用管理のステージにおいて，事業主に対し，性別を理由とする差別を禁止している。さらに，性別以外の事由を要件とする場合でも，実質的に性別を理由とする差別となるおそれがあるものについては「間接差別」として禁止している。具体的には，合理的な理由がなく募集，採用，昇進，職種の変更にあたって，転居を伴う転勤に応じることができることを要件とすること，などが間接差別にあたるとされている。また，ポジティブ・アクションの実施など，男女の雇用平等を進めるための包括的な取組みを事業主に求める内容となっている。

一方で，母性保護を重視し，妊娠・出産後の女性については，健康診査を受けるための措置を事業主に義務付けるなど母性健康管理を拡充するとともに，妊娠，出産，産休取得などを理由とする解雇などの不利益取扱いを禁止している。さらに，セクシュアルハラスメントやマタニティハラスメント防止のために必要な措置を事業主に義務付け，女性の就業環境整備のための拡充を図ってきている。

同時に，日本企業では，統計的差別が行われやすい雇用慣行があることから，とりわけ女性の離職防止が必要になる。そのための重要な政策として，仕事と

育児や介護など家族的責任との両立を支援するための政策がある。これについては，第９章と第10章で詳しく述べることとしたい。

❖ 女性活躍推進政策

男女雇用機会均等法施行から30年以上が経過したが，女性のキャリア開発面での課題はなかなか解決していかない。欧米諸国で男女平等政策やワーク・ライフ・バランス政策が積極的に展開される一方で，日本の状況は周回遅れの状況になりつつある。特に日本は少子高齢化が急速に進んでおり，このまま放置すれば労働力人口の大幅な減少は確実で，経済成長の足かせになっていく。この状況に危機感が高まり，2010年代以降，国の「成長戦略」の重要な柱に女性の活躍推進政策が掲げられ，強力に展開されてきた。

この法的枠組みとしては，2016年４月に施行された女性活躍推進法がある。従業員数101人以上の民間企業，及び国の各府省や地方公共団体等は，自社の女性の活躍状況を把握し，課題を分析して，女性活躍を進めるための行動計画を策定・届け出るとともに，女性活躍の現状についての情報公表を行うことが義務付けられている（100人以下は努力義務）。公表する情報としては，「女性労働者に対する職業生活に関する機会の提供（活躍推進）」と「職業生活と家庭生活の両立（両立支援）」に関する実績をそれぞれ１項目以上とされていたが，2022年にはこれに「男女の賃金の差異」を必ず公表することが求められる（従業員数301人以上）ことになり，こうした自社の情報を公開することによって，女性の活躍推進策が前進することが期待されている。また，女性の活躍推進に関する取組みの実施状況が優良な企業は，申請により国の認定を受けることができる仕組みもある。

同法では，女性の活躍を妨げる現状分析のために，①採用者に占める女性比率，②平均勤続年数の男女差，③労働時間の状況，④管理職に占める女性比率，の４項目については，すべての事業主が状況把握をしなければならないこととしている。これらの数値を把握した上で，さらに課題に優先順位をつけながら取組みを進めることを企業に求める内容である。女性には向いていない，女性には難しい，という思い込みから女性の能力を十分活用していない分野が企業の中には多く残っている。法により，各企業で現状を正しく把握・分析し，必要な施策展開につなげることが期待される。こうした法政策は，**図表8－4**に示した男女格差を生む社会構造の均衡状態を崩す試みと位置づけられる。

4．女性のキャリア開発の条件

❖ 経営戦略としての女性活躍推進

女性のキャリア開発に関連する法整備が進み，企業においてもそれに対応する取組みが求められる。同時に，第5章で述べたように，女性活躍推進をダイバーシティ経営の一環として経営戦略に位置づけて積極的に進める動きがでてきたのが，2010年以降の特徴である。

ダイバーシティ経営には，ジェンダー・ダイバーシティ以外にも，国籍や年齢，さらにはスキルのダイバーシティなど様々な側面が存在するものの，女性は数が多いこと，女性の活躍が国際的に遅れているという現状などにより，日本企業で女性活躍を進めることの優先度は高い。経営的にも女性の能力発揮の必要性を重く受け止め，経営トップが女性活躍推進を先導するケースは多い。

このテーマに経営トップが強くコミットするのは，第5章でも指摘したように，女性の能力発揮が，企業経営にとって必須と考えるからである。中小企業でも，貴重な人材の育成，能力発揮は，企業経営の根幹にかかわる重要なテーマであり，女性を含む多様な人材が活躍できる環境を進める企業が増えている。

❖「働きがい」と「働きやすさ」の推進が重要に

女性が活躍するためには，女性の意欲を引き出して活躍につなげること，女性の離職防止のために家族的責任を支援するとともに女性の就業継続が可能な働き方への変革を進めること，の2点が重要になる。これらを「車の両輪」として同時に進めることが重要で，どちらか一方だけを進めても女性の活躍は進みにくい。この2つは，「働きがい」と「働きやすさ」と言い換えることができる。

図表8－6は，女性の就業意欲を向上させる取組み（意欲向上策＝働きがい）と就業継続につながる環境整備（両立支援策＝働きやすさ）の2つの施策について，取組みの「高・低」（従業員の判断による）の組み合わせのパターン別に，女性の仕事に対する「やりがいスコア」を比較したものである。

（図表8－6）　企業の女性の意欲向上策と両立支援策への取組みのパターン別，女性正社員の「仕事のやりがいスコア」

	サンプル数	平均値	標準偏差
意欲向上策高，両立支援策高	1,125	34.84	5.76
意欲向上策高，両立支援策低	249	32.71	6.26
意欲向上策低，両立支援策高	2,226	31.18	6.41
意欲向上策低，両立支援策低	1,337	29.19	6.86

注：1）分析の対象は一般従業員（管理職でない正社員）。
2）「意欲向上策高」は“女性の就業意欲を向上させる取組み”について「積極的」「どちらかといえば積極的」と回答し，「意欲向上策低」は「消極的」「どちらかといえば消極的」「わからない」と回答。「両立支援策高」は“女性が結婚・出産後も辞めることなく働ける環境にあると思う”について「そう思う」「どちらかといえばそう思う」と回答し，「両立支援策低」は「そう思わない」「どちらかといえばそう思わない」「どちらともいえない」と回答。
3）「やりがいスコア」とは，“あなたは，現在の仕事に対してどのような感想をお持ちですか”について，「仕事にやりがいを感じる」「仕事を通じて達成感を味わうことが多い」など9項目に「そう思う」から「そう思わない」まで5段階評価での回答を求めた結果の合成変数である。各項目について「そう思う」に5点を配点し，9項目の回答を合計したものである（45点満点のスコア）。

出所：武石［2014］より（一部加筆）。

まず注目したいのは，サンプルの分布である。4つのパターンの中では，「意欲向上策高，両立支援策高」が望ましいと考えられるが，そこに至る途中段階のどちらか一方が高いパターンに注目すると，意欲向上策が高いパターン（249名）よりも，両立支援策が高いパターン（2,226名）の方が圧倒的に多い。このことは，両方低い組み合わせから両方高い組み合わせへと移行する際に，これまでは，女性の定着促進につながる両立支援に取り組みながら，一方で女性の意欲向上を図るための取組みが後回しになってきたといえよう。

もう1つわかることは，4つのパターン間で，やりがいスコアの平均値が明らかに異なることである。「意欲向上策高，両立支援策高」が34.84ポイントと最も高く，「意欲向上策低，両立支援策低」の29.19ポイントと比べると，6ポイント弱の違いがある。そして，その中間パターンでは，「意欲向上策高」の方が高いポイントとなっており，女性のやりがいを高めてさらに上のキャリアを目指す意識を醸成するためには，両立支援策により働きやすさにつながる環境整備を行いつつ，女性の働きがいを高める，この２つを同時並行で進めていくことが重要である。

武石・高崎［2020］では，女性のキャリアは，採用から育成，役職登用という一連の雇用管理の仕組みの中で形成されるものであり，どこか一部分だけを対応してもうまくいかないことを指摘している。女性のキャリア形成に関して一貫性のある対応を行うことが重要であり，女性の活躍が進まない現状においては，これまでの人事の仕組みを大きく見直す必要性は高い。

❖「働きがい」を高める

企業の人事戦略や各種人事制度が女性の活躍推進に舵を切っても，職場レベルで女性の活躍推進を進めようとすると，現場から，「女性の意欲が足りない」，「女性の仕事に対する姿勢は男性とは異なる」というように，女性側の意欲や姿勢を問題視する意見がでてくる。女性が変わらないと女性活躍を進めるのは限界があるとの見方は，現場の管理職を中心に根強いものがある。

しかし，女性の短期勤続や意欲の低さは，職場マネジメントに課題がある場合も多い。個人は，配属された部門で仕事経験を深め，異動により経験を広げるという形で，多様な仕事経験を蓄積する。仕事経験の結果として実績が評価され昇進につながるため，女性がどのような育成環境の下で働くかということは，女性のキャリア開発において重要な要素である。職場の中の女性の問題を鮮明に描いたことで著名なカンター（Kanter, R.M.）は，その著書の中で「職務が人を作る」と明快に論じ，仕事上の機会が制約され，また組織の中で少数派であることから男性とは異なるプレッシャーを受けている女性の状況を変えることが重要であるとした（Kanter［1977］）。

特に重要なのが，日常的な仕事経験の蓄積である。従業員は，日常的に与えられる仕事やそれに対するフィードバックにより，様々な経験を積んで成長していく。仕事を割り振り，その進捗を管理し，成果に対して適宜評価を行う職場の上司は，従業員のキャリア形成において極めて重要な役割を担っている。部下の仕事への意欲を高め，本人が望む方向への成長を促しつつ，組織目標を

（図表8－7）　上司の特徴別にみた女性一般従業員の「仕事のやりがいスコア」

	自分の失敗をカバーしてくれる		自分に高い目標や課題を与えてくれる		自分の成長・活躍を後押ししてくれる	
	平均	サンプル数	平均	サンプル数	平均	サンプル数
当てはまる	34.16	1,784	36.29	925	36.18	1,104
やや当てはまる	31.45	1,646	33.23	1,420	33.09	1,391
どちらともいえない	29.60	890	30.41	1,648	30.16	1,546
あまり当てはまらない	28.08	382	27.96	560	27.36	513
当てはまらない	26.26	269	24.71	421	24.48	420

注：「やりがいスコア」は図表8－6と同様。
出所：武石［2014］より。

達成するのが，管理職の重要な役割である。

教師が生徒に対する期待を高めると成績が上昇することを「ピグマリオン効果」というが，職場でも同様で，上司の期待が部下のやりがいを高めている。**図表8－7**は，上司の特徴によって女性部下のやりがいスコア（前述の45点満点のスコア）をみたものである。自分の上司が「失敗をカバーしてくれる」「高い目標や課題を与えてくれる」「成長・活躍を後押ししてくれる」に「当てはまる」と考える女性ほど，高いやりがいスコアとなっている。特に，「高い目標や課題を与えてくれる」「成長・活躍を後押ししてくれる」のような上司の期待の有無は，スコアの差により大きく影響している。

❖「働きやすさ」を高める

働きやすい職場環境の整備は，近年「ワーク・ライフ・バランス（WLB）施策」として展開されており，これについてはすでに第7章で述べているので，女性のキャリアとの関連で述べることとしたい。

女性が働きやすい職場環境の整備というと，最初に，子育て・介護などの家族的責任と仕事との両立支援策が強調される。休業制度や短時間勤務などの支援策の充実は外部からも評価しやすいため，これらの支援策が充実している企業は女性が働きやすい職場とみられることも多い。実際に，就職活動を始めたばかりの学生は（女子だけでなく最近は男子も），育児休業の長さなど両立支援策の充実度を働きやすい職場の指標としてとらえて就職先を絞り込んでしまう。さすがに，最近は，制度があるだけでは不十分なので，制度の利用状況も評価対象に加える傾向がみられているが，これだけで「働きやすさ」を計測することは危険である。

育児・介護と仕事との両立支援策の充実化が求められる背景には，それがないと働き続けることができないという，働き方そのものに問題があることに注意しなくてはいけない。育児や介護などの責任を担っている従業員を手厚くガードしないと能力発揮以前に働き続けることすら難しい，だから両立支援策を充実する，というのであれば，トータルで見た「働きやすさ」とは正反対の状況が背景にあるといえる。もちろん，育児や介護の責任との折り合いをつけるためには，仕事を休んだり勤務時間を短縮するというように，特別な制度を利用しなくてはならないことは多いので，その意味で両立支援策が不要というつもりはない。しかし，より重要なことは，過度に手厚いガードがなくても，「普通に」働くことができて，きちんと成果が出せる環境にすることである。

フランスやオランダでは，出産後育児休業を取得する割合は決して高くないとされている。なぜなら，育児と仕事の両立が可能になる働き方となっているために，育児休業の取得が不可欠なものとは考えられていないからである。イギリスで筆者がヒアリングをした製造業の企業では，短時間勤務制度は必要ないとの判断から，かつて導入されていた制度が廃止されていた。フレックスタイムや在宅勤務などの働き方を組み合わせれば，個々人のニーズに十分対応できると考えられたためである。

つまり，基本は，できるだけ「普通に」働きながら，プライベートな生活との調和を図ることを目指すべきである。そのためには，「普通の」働き方を見直すことが必要になる。つまり，仕事を優先できる時間制約のない人の働き方を普通にするのではなく，プライベートな責任あるいは仕事以外にやりたいことがあるという意味で仕事に投入できる時間やエネルギーに制約がある人の働き方を「普通の」働き方として，「スタンダード」そのものを変更する必要がある。

5．再就職というキャリア

❖ なぜ就業中断が起こるのか

ここまで，働き続けるキャリアについて議論をしてきたが，女性に特徴的なキャリアパターンとして，「結婚や出産で仕事を辞めて子育て後に仕事に復帰する再就職」がある。

図表8－8により，独身女性の理想とするライフコースをみると，「専業主婦コース」が減少し「両立コース」が増えるというトレンドが確認できるが，「再就職コース」を理想とする割合は4人に1人という状況で一定の支持がある。

(図表8－8)　女性のライフコース：理想と予定

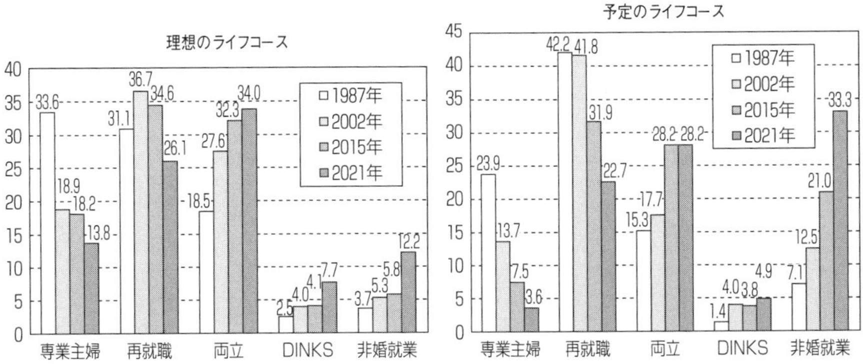

注：1）18～34歳未婚者。その他及び不詳の割合は省略。
　2）専業主婦：結婚し子どもを持ち，結婚あるいは出産の機会に退職し，その後は仕事を持たない。
　再 就 職：結婚し子どもを持つが，結婚あるいは出産の機会にいったん退職し，子育て後に再び仕事を持つ。
　両　　立：結婚し子どもを持つが，仕事も続ける。
　DINKS：結婚するが子どもは持たず，仕事を続ける。
　非婚就業：結婚せず，仕事を続ける。
　3）「理想」は「あなたの理想とする人生はどのタイプですか」，「予定」は「実際になりそうなあなたの人生はどのタイプですか」（調査年によって若干の違いがある）への回答。

出所：社会保障・人口問題研究所「出生動向基本調査（結婚と出産に関する全国調査）（独身者調査）」

また，理想とは別に予定のライフコースということで尋ねても，「再就職コース」は理想と予定が同程度になっている。「専業主婦コース」や「両立コース」が，理想よりも予定で大きく低下するのと比較すると，「再就職コース」は理想と予定のギャップが小さく，希望する女性が多いのと同時に，現実的なライフコースととらえられていると見ることができるだろう。

しかし，就業中断の背景には職場サイドの問題も存在する。短大卒以上の首都圏在住の女性を対象に実施した調査を分析した日本女子大学現代女性キャリア研究所［2012］により，学校卒業後最初に就いた仕事を辞めた理由（３つまで）をみると，「他にやりたい仕事があったから」が28.6％と最も多く，「仕事に希望をもてなかったから」27.5％，「結婚のため」22.8％と続き，初職を辞める理由は，仕事上の理由が多くなっている。

日本，アメリカ，ドイツの高学歴女性のキャリアを調査した結果によれば，日本の女性は長期の離職経験を持つ割合（74％）がアメリカ（31％），ドイツ（35％）に比べて圧倒的に高い。離職の理由として，日本の女性は育児（32％）や介護（38％）などのライフイベント以上に，「仕事への不満」（63％），「行き詰まり感」（49％）をあげる割合が高く，育児などの家庭の事情をあげる割合が高いアメリカ，ドイツの女性との違いが指摘されている。「仕事への不満」や「行き詰まり感」はプッシュ要因とされ，職場の要因により女性が職場の外に押し出されている現状がある（Hewlett, S.A. & Sherbin, L.［2011］）。

つまり，女性が就業中断をする理由として，結婚や出産などのライフイベントを見過ごすわけにはいかないが，仕事への不満や将来展望が持てないという点も女性の離職の促進要因となっている。結婚や出産で退職する女性は多いが，仕事の魅力が高ければ，離職しないで済んだ，あるいは子育てで仕事を辞めようと思っていた考えを変えた，というケースもあったと考えられる。

❖ 再就職の労働市場

再就職女性の多くはパート就労などいわゆる非正規雇用で働く傾向が強く，就業中断をはさんで正社員・職員として働く場は多いとは言えない。再就職の女性が仕事を探す労働市場は，中途採用の市場になる。正社員中途採用の市場では，即戦力となる知識やスキルが求められる。再就職女性は，比較的長期の離職期間を挟んでの就職活動となるケースが多いために，採用する企業サイドとしては採用に慎重になってしまう。

内閣府［2006］では，正社員として再就職するための求職活動を行っている人が希望どおり再就職できる条件を分析している。それによれば，前職が専門・技術職であること，離職期間が短いことなど，職業能力を蓄積し離職期間中のスキル低下が小さいことがあげられる。また，子どもの年齢が小さくないこと，親と同居していることなど，育児負担が少ないことも重要な要素となっている。

一方で，非正規社員の採用は，正社員で求める経験や能力とは質的に異なるケースも多く，再参入のハードルは格段に低くなるために，再就職を希望する女性の受け皿となりやすい。小売業や介護などのサービス業では，社員に占める非正規比率が高く，再就職女性の雇用吸収が大きい分野である。

武石は，内閣府男女共同参画局［2007］のデータを用いて，結婚・出産を経た女性（30～40代）のキャリア選択に注目し，配偶者あり・子どものいる女性（1,708名）に関して，キャリアパターン別の特徴を分析した（武石［2009］）。現在の職場の特徴は，初職継続者は「自分にとってやりがいがあると思える仕事をすることができる」とする割合が４割を超え，「育児休業制度等子育てとの両立支援の制度が活用できる雰囲気がある」「男女の区別なく昇進・昇格できる雰囲気がある」も高く，再就職者との違いが大きい（**図表８－９**）。また,「これまでの働き方に関する選択（辞める，減らす，続ける，再就職する，働いたことがないなど）について，振り返ってみて，今，どのように感じていますか」という質問に関して，初職継続者の満足度の高さに比べ，再就職者は「満足である」の割合が低く，「不満である」とする割合が１割を超えている点に留意が必要である（**図表８－10**）。

❖ 職業キャリアの分断という問題

子どもが小さいときには自分で子育てをして子育てが一段落したら再度就業したい，という女性の希望は一定存在するものの，実際には希望する形での再就職は難しいのが実態である。女性の労働力率は，人的資本の蓄積が高いと考えられる高学歴層で高くなるのが合理的であり，この傾向は欧米諸国に共通し

（図表８－９）　女性のキャリアパターン別現在の職場の特徴

（%）

	サンプル数	男女の区別なく昇進・昇格できる雰囲気がある	育児休業制度等子育てとの両立支援の制度が活用できる雰囲気がある	従業員の個人的な生活時間の確保に配慮する雰囲気がある	残業や休日出勤が少ない	フレックスタイム制度や在宅勤務制度など柔軟に働ける環境がある	女性の先輩や管理職が多くいる	仕事と子育てを両立しながら働き続ける先輩が多くいる	自分にとってやりがいがあると思える仕事をすることができる	いずれの状況もあてはまらない
計	703	15.5	14.2	27.0	27.0	10.1	18.9	30.9	34.6	22.3
再就職	317	13.2	8.8	27.4	30.3	10.1	20.2	32.5	29.0	24.9
初職継続	115	20.0	37.4	27.8	25.2	9.6	21.7	35.7	43.5	15.7

注：現在の仕事について回答したサンプルのみ集計。
出所：武石［2009］より。

（図表８－10）　女性のキャリアパターン別自身の働き方への満足度

（%）

	サンプル数	満足している	やや満足している	やや不満である	不満である	わからない
計	1,708	16.4	43.3	25.6	8.3	6.4
現在無業	986	18.1	42.0	26.6	6.9	6.5
再就職	319	8.8	43.6	26.6	13.5	7.5
初職継続	116	25.9	44.8	19.0	4.3	6.0

出所：武石［2009］より。

てみられる特徴だが，日本では学歴による顕著な違いが認められない。日本の大卒女性の就業パターンの特徴は，再就職する比率が低くなっている点にある。この背景として，再就職の労働市場が高学歴女性の能力や経験を活かした形で成立していないことがあげられる（武石［2001］，脇坂，奥井［2005］）。

内閣府男女共同参画局［2007］の分析結果からも，初職継続者と再就職者では，職業分布に違いがあることが明らかになっている。初職継続者は，「専門・技術的職業」（42.6%），「事務系の職業」（37.4%）で約８割を占めるが，再就職者は，「専門・技術的職業」（15.5%）の割合が低く，「販売系」（10.7%），「サービス系」（16.7％）の仕事に就く割合が高い傾向がみられている（武石［2009］）。

アメリカの社会学者ブリントン（Brinton, M.C.）は，1990年代の著書で，日米の女性の就業実態を比較し，アメリカの女性は若年期と中年以降で同じ職業を継続する傾向が強いのに対して，日本の女性の就業分野は若年期と中年期以降で大きく変化し，結婚や出産に伴う長期間の離職により，職業キャリアが分断されていることを指摘している（Brinton［1993］）。

若年期の就業分野は学校卒業時の選択と関連する。新卒の時点では，専門職，事務職として就職する女性が多い。しかしいったん離職して再就職を希望する際に，学卒時とは全く異なる求人状況となっており，仕事をしたいが条件が合わないために再就職を断念する女性も多い。高学歴層で，このギャップが大きくなり再就職者が少ないとみられる。また再就職時には，子育ての責任などにより，勤務地や勤務時間の制約のある女性も多く，こうした家族的責任とのバランスを図ろうとすると，なおさら自身の希望と合致する求人が少なくなるという現状にある。女性の家族的責任に伴う就業中断が，生涯を通じた職業キャリアを分断することにつながっている。

❖ 就業中断と経済的デメリット

経済的な面でも再就職キャリアの問題がある。内閣府［2005］では，継続して働いた場合と再就職をした場合の女性の平均所得を用いて，生涯所得の試算がなされている。

まず，大卒で同一企業に継続して60歳まで働き続けた（長期休業を取得しない）女性の場合の生涯所得は２億7,600万円と試算される。一方で再就職の場合は，２つのケースが想定されている。１つは，第一子出産を機に退職し第二子が６歳で別の企業に正社員として再就職した場合で，このケースでの生涯所得は１億7,700万円となり，先の継続勤務の場合に比べて１億円の減額となる。２つ目のケースが最も多いと考えられるタイプで，第一子出産を機に退職し第二子が６歳の時にパート・アルバイトで再就職した場合で，生涯所得は4,900万円となり，継続勤務の場合の２割以下という水準にしかならない。パート・アルバイトで再就職のケースでは，勤続年数が長くなっても賃金が上がらない状況を想定している。

出産・子育てのコストというとき，子どもの日用品の購入や教育コストなどの直接的なコストを考えがちだが，「機会費用」の方が大きい。出産や子育てのために母親が仕事を辞めることで，仕事を続けていたとすれば得られたはずの所得を放棄したと考えられ，この放棄した部分が「機会費用」である。上述のように，パート・アルバイトでの再就職であれば，継続就業した場合と比べて２億円以上の機会費用が発生しているとみることができ，教育費など子育てにかかる直接的なコストよりもはるかに大きいコストになっている。

子どもが生まれたら子育てに専念し，その後再就職，という選択肢があることは重要である。しかし，再就職の労働市場で，自分が望む仕事や収入を得ることは難しいのも現実である。この現状を理解した上で，再就職のキャリアを選択することが必要で，そのためには，結婚や育児等で仕事を辞める前の段階で，再就職の労働市場について理解を深めておく必要がある。

6．これからの女性のキャリア開発

日本の女性が働く環境には問題が多かったが，今後は変化する可能性が高い。男女差別をしない男女雇用機会均等の理念を基本に置きつつ，2016年の女性活躍推進法の施行を契機に，企業が自社の状況を把握し，問題意識を明確化して，女性の能力発揮の課題解決に取り組むようになってきた。女性の活躍が進めば，労働力不足を補うというだけでなく，潜在能力の高い人材の能力活用という観点で，日本の経済に大きく貢献するとみられている。

女性が自身のキャリアを考えるとき，家族のこと，職場のことを所与のものとする傾向がある。しかし，女性が置かれた状況は変化しており，また，女性の力で変えることも可能である。企業も，女性の変化を受け止め，それに対応したキャリア支援を行うことが，結果として有効な人材活用策につながることを理解する必要がある。

本章のポイント

①男女雇用機会均等法などの政策を背景に働く女性が増えているが，国際比較をすると，日本の女性労働の現状は問題が多い。
②特に，性別役割分業といった社会のジェンダー構造を反映して，日本の男女の勤続パターンには大きな差がみられ，女性のキャリア開発の機会は大きく制約されてきた実態がある。
③女性の活躍推進は，社会的にもまた経営的にも重要な施策になっており，女性の働きがいと働きやすさの両方を高める施策を，同時に進めていくことが求められている。
④結婚，出産などのライフイベントは，女性のキャリアに影響を及ぼし，再就職のキャリアパターンを選択する女性は一定数存在する。しかし再就職の労働市場は制約も多く，就業中断の選択の際に，再就職の労働市場を理解した上でのキャリア選択が必要である。

コラム　女性優遇策はなぜ認められる？

「ポジティブ・アクション」は，アメリカなど国によっては「アファーマティブ・アクション」と呼ばれることもあるが，「積極的是正策」という意味で，男女労働者の間に事実上生じている差を解消するための措置のことである。

日本では，1986年に男女雇用機会均等法が施行され，制度的には女性にも男性と同様に機会が開かれることとなった。しかし，開かれたチャンスを活かして女性が男性と同様にキャリアを形成し，実質的な男女平等を実現することは現実には難しかった。女性は育児などの家族的責任を男性よりも重く担っている状況があり，また社会や職場の中に女性に対する固定的な見方や女性が活躍しにくい慣行などが残っている。それを跳ね除けてチャンスをつかめる女性は少数である。そのために実質的な男女平等を実現するためには，差別禁止の法律を遵守することにとどまらず，女性が置かれている現状を理解して，より積極的な取組みを進めることが不可欠と考えられたことが，「ポジティブ・アクション」政策の実施につながっている。

男女雇用機会均等法では，女性のみを対象とする措置は原則禁止している。女性のみを対象とする措置は，「転勤がなく昇進にも制約がある一般職での採用」「女性の補助的仕事を固定化する接遇訓練の受講」といったものが多く，女性の活躍にマイナスになるような措置が目立っていたためである。しかし，女性が少ない（４割を下回る）雇用管理区分への採用や配置など，女性の状況を改善するための措置については，「女性のみ禁止」の除外として，むしろそれを奨励することとした。

これにより，女性の管理職候補者研修を実施したり，女性が少ない職種に女性を配置するための施策を実施するなどの取組みが行われるようになっている。また，評価制度や昇進要件について，女性が満たしにくい内容になっていないかといった観点から見直しを行うなど，男女共通の制度の見直しも行われるようになっている。

2016年に施行された女性活躍推進法は，ポジティブ・アクションを企業が進めるための法整備を行ったものといえる。結果の平等を目指して，女性の管理職比率を一定の割合にする「クオータ（割り当て）制」も，ポジティブ・アクションの１つであるが，日本では，こうした制度導入には至っていない。

第9章　育児期のキャリア開発

出産というライフイベントは女性特有のものだが，育児は男女に共通する。しかし，先進国に共通して，育児の主たる責任は女性が担っている。中でも日本は，欧米諸国に比べ，「男性は仕事，女性は家庭」という性別役割分業意識により，育児は女性の役割という意識が根強い。しかし変化もみられる。かつては結婚や出産で退職する女性が多かったが，近年は仕事と育児の両立支援策の効果もあり，特に正社員では出産・育児による退職が減少している。出産・育児期を通じて継続就業をする女性のキャリア開発の課題にどう対応すればよいだろうか。

1．出産・育児と女性のキャリア

❖ 出産・育児期のキャリアの変化

出産・育児は女性の継続型キャリアを阻害する要因の１つである。厚生労働省「21世紀成年者縦断調査」によると，結婚で27.7%，第一子の出産で36.0%が離職する（**図表９－１**）。第一子の妊娠・出産で離職した理由を別の調査で確認すると，「子育てをしながら仕事を続けるのは大変だったから」（52.3%）が，「子育てに専念したかったから」（46.1%）を上回っている（明治安田生活福祉研究所「出産・子育てに関する調査」[2018]）。

女性が出産や育児を理由に離職する傾向は，2000年代前半までは大きな変化はみられなかったが，近年になって構造的な変化が起きている。労働政策研究・研修機構［2011］では，第一子出産時の雇用率が，大企業の正規雇用女性を中心に2005年以降に上昇していることを指摘している。その理由として，男性と同じ職務を担う女性が増えたこと，入社後１つの企業に継続就業する女性が増えて妊娠までの勤続年数が長くなっていること，育児休業制度などの両立

(図表9-1)　ライフイベントによる女性の就業形態の変化

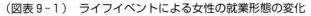

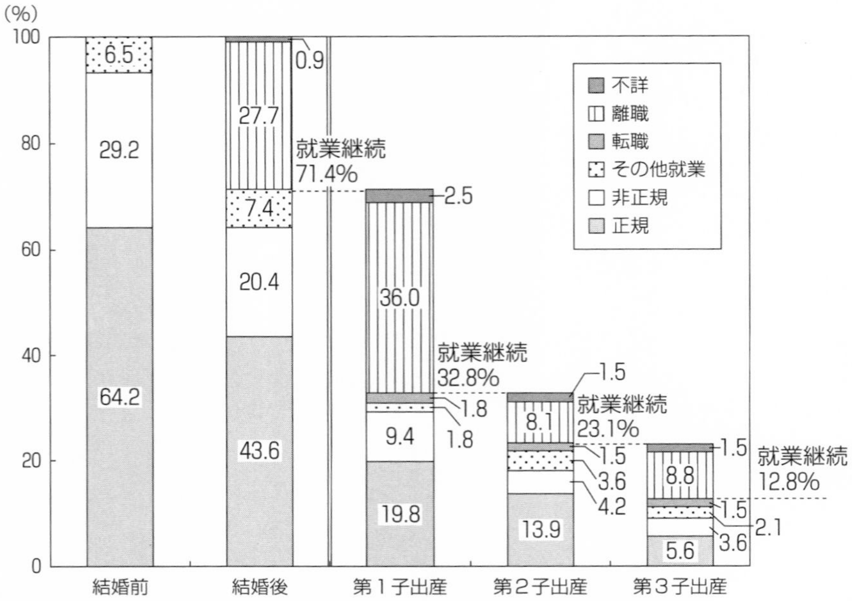

注：1）データは，厚生労働省「第10回21世紀成年者縦断調査」[2011]
2）結婚前後の就業形態の変化は，第1回調査時［2002］から2011年までの9年間に結婚した「結婚前に仕事あり」の女性を対象としている。
3）出産前後の就業形態の変化は，第1回調査時［2002］から2011年までの9年間に子どもが生まれた「出産前に妻に仕事あり」の夫婦を対象としている。
出所：内閣府［2013］より。

支援制度の周知効果があらわれていること，などがあげられている。マクロデータをみても，3歳以下の子を持つ女性の労働力率は，2005年の33.6%から2021年に64.0%まで上昇し，雇用されて働く比率（非農林業雇用者比率）も，同じ期間に28.8%から59.7%へと大幅に上昇している（総務省「労働力調査」)。

❖ 両立支援制度導入の現状と効果

女性のキャリア継続を後押しする制度としては，後述する育児・介護休業法が重要である。法律で義務化されている内容は，事業主が最低限守らなくてはならない内容であり，制度導入が進んできた。また，女性の定着を促す必要性から，法律を上回る制度を導入する企業も増え，仕事と子育ての両立に関する企業の取組みは前進してきたと評価できる。

2010年には育児のための短時間勤務制度の措置義務化や所定外労働の免除の規定が法律に盛り込まれたことを受け，両制度の導入が進んできた（**図表９-２**）。子が３歳までについて措置義務化されている育児のための短時間勤務制度は，労働者からの強いニーズにより期間の長期化傾向もみられている。小学校に入学すると保育所のような子育て支援がなくなることから，いわゆる「小１の壁」と言われる問題があり，未就学児の育児のみならず，就学後の子育てとの両立を視野に入れた制度対応を行う企業もみられている。

こうした制度の整備は，とりわけ制度へのアクセスがしやすい正規雇用の女性の就業継続に効果がみられている。**図表９-３**に示すように，正規労働者の女性の第一子出産後の就業継続率は，育児休業制度利用率とともに上昇傾向に

（図表９-２）　育児のための制度導入状況

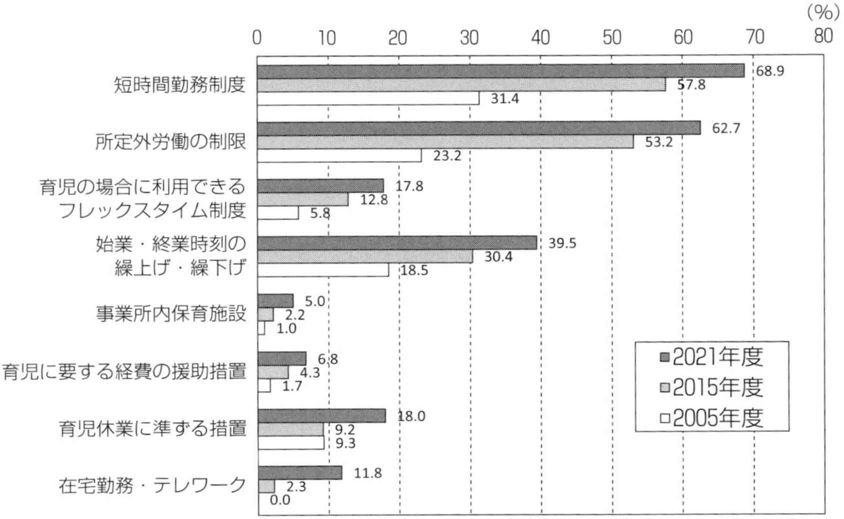

注：数値は５人以上の事業所に占める制度導入事業所の割合である。
　　「育児休業に準ずる措置」は，2005年度調査では「１歳以上の子を対象とする育児休業」の割合を示している。
出所：厚生労働省「雇用均等基本調査」

（図表9－3）　就業形態別，出産前後の女性の就業継続の状況

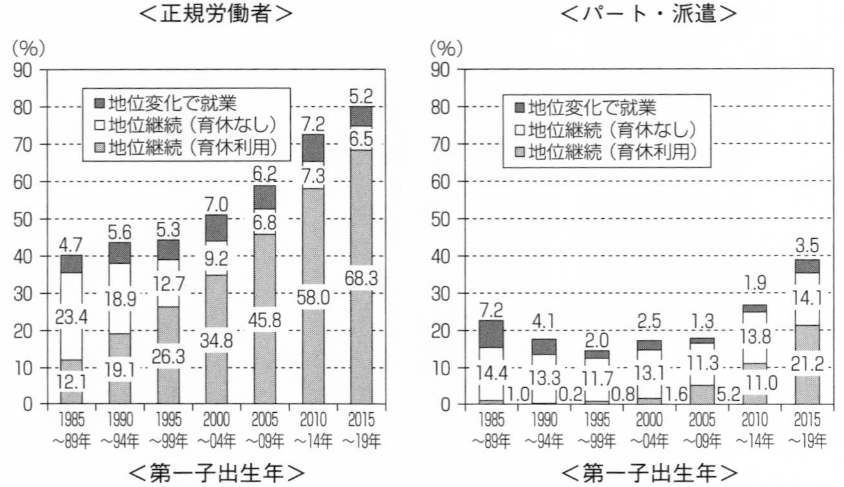

注：1）初婚どうしの夫婦について，第12回（2002年）から第16回（2021年）調査の第一子が1歳以上15歳未満の夫婦を合わせて集計した結果である。
　　2）妊娠時に就業していた妻に占める出産後に就業を継続していた妻の割合である。
出所：国立社会保障・人口問題研究所「第16回出生動向基本調査（夫婦調査）」[2021]

あり，就業を継続する割合は8割に達した。有期契約のパート・派遣労働者の就業継続に関しては，かつてはかなり低調であったが，2017年1月施行の育児・介護休業法改正で，有期雇用者に対する取得条件が緩和されてきたこともあり，育児休業制度利用者が増えて就業継続の割合も上昇してきている。ただし，正規雇用の女性との格差は大きく，若年女性の非正規化が進んできている現状を踏まえると，就業形態にかかわらず，多くの女性が両立支援制度を活用して就業継続できるようにすることが課題といえる。

2．出産・育児期における政策の現状

❖ 両立支援と子育て支援

女性の就業継続の上昇要因の1つと考えられる法制度の現状を概観する。

出産・育児期に女性が離職することが女性のキャリア開発において大きなダ

メージになること，さらに1990年代に深刻な社会問題となった少子化への対応から，仕事と出産・育児を両立して女性が職業キャリアを継続できるようにするための法整備が進んできた。この課題について，職場における両立支援策と，地域における子育て支援策の２つが重要な施策となる。

職場において取り組む課題は，従業員の「子育て」そのものを支援するというよりは，従業員の仕事と出産・育児との「両立」を支援するということが重要である。仕事の責任を果たしつつ，出産・育児と両立できる働き方を目指すことが基本的な考え方である。

一方で，地域における子育て支援は，保育制度に代表されるように，就業などを理由に親が不在の時に親に代わって「子育て」を支援する住民サービスと位置づけることができる。

❖ 職場における両立支援策

仕事と子育ての両立支援策としては，1992年に施行された育児休業法がある。同法は，一定の条件を満たせば男女共通に育児のための休業の取得を保障したものであり，両立支援策の充実に向けて大きな転換点となった。その後，1995年には介護休業制度が整備され，育児・介護休業法となった。同法は，これまで法改正が繰り返し行われて現在に至っており，**図表９－４**が現行法のポイントとなる。

労働者は，本人の申し出により，子が１歳に達するまでの間，育児休業を取得でき，一定の範囲の期間雇用者（有期契約の雇用者）も対象となる。また，保育所を希望しながら入所できないなど一定の理由があれば，１歳６か月まで，さらに１歳６か月の時点でも同様の状況であれば２歳までの制度利用の延長が可能になる。

休業中の所得保障は，雇用保険において育児休業給付金制度が設けられ，支給額は，６か月間は原則として休業開始時の賃金の67％，６か月経過後は50％相当額となる。休業中は社会保険料の負担（本人分，事業主分）が免除される。

３歳未満の子を養育する労働者については，短時間勤務制度の導入が事業主に義務付けられており，また労働者からの請求があれば原則として所定外労働をさせてはいけないなど，一定の措置が事業主に求められている。さらに，小

（図表９－４）　出産から育児期の両立支援等の法律

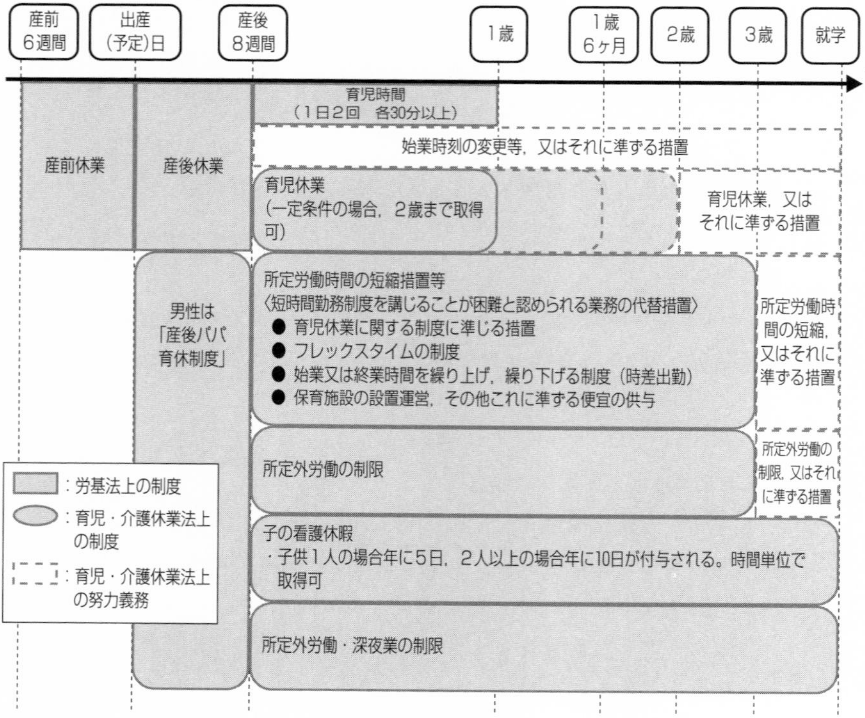

学校就学前の子の病気やけがの看護，健康診断受診等の「看護休暇」も，子１人の場合は年間５日（２人以上は10日）が制度化されている，育児休業等の制度を利用したことによる不利益取扱いは禁止され，子育てをする男女が仕事を辞めずに働き続けるための条件整備が進んできた。近年は，育児休業制度を利用するのがもっぱら母親であることへの問題意識から，父親の制度利用を促す制度改正が行われてきており，これについては後述する。

また，仕事と育児の両立支援に関しては，次世代育成支援対策推進法も重要である。事業主の仕事と家庭の両立支援策の整備を促進することを目的に，2005年に10年間の時限立法で施行されたが，さらに10年間の延長が行われた。同法は，事業主に対して，仕事と子育ての両立支援の環境整備等に関する行動計画の策定，届出，公表等を求めるという内容で，従業員規模101人以上の民間企業及び国の各府省や地方公共団体については義務，100人以下の企業は努力義務となっている。一定の基準を満たした企業の認定制度の仕組みもある。認定の要件として男性の育児休業取得が含まれていることが，男性の育児休業取得の気運醸成につながったという側面が評価できる。

❖ 地域における子育て支援策

地域における子育て支援策には多様なメニューがあるが，ここでは女性の職業キャリアと関連する施策に関して取り上げることとする。

1990年代以降の少子化傾向への強い危機感から，1994年の「今後の子育て支援のための施策の基本的方向について（エンゼルプラン）」，1999年の「新エンゼルプラン」において，保育等子育て支援サービスの充実，仕事と子育て両立のための雇用環境整備，働き方についての固定的な性別役割や職場優先の企業風土の是正等の推進を行うこととされた。しかし，少子化傾向，育児期を中心に女性が離職する傾向には変化がみられず，2004年「少子化社会対策大綱に基づく重点施策の具体的実施計画について（子ども・子育て応援プラン）」，2010年「子ども・子育てビジョン」の策定と，子育て支援のための政策が次々と掲げられながらも，子育て環境が大きく改善する状況には至ってこなかった。

2015年４月からは，いわゆる「子ども・子育て支援新制度」が開始された。子育て支援充実のために，消費税引き上げにより一定の財源を確保し，市町村が主体的に地域の子育て支援を行う仕組みを整備して，幼児教育・保育・子育て支援事業などの量・質の拡充を図るというものである。また，地域の幼稚園と保育園の機能を一体化して親の働き方にかかわらず利用できる「認定子ども園」の普及，小規模保育等の活用により待機児童解消を図ること，一時預かりや放課後児童クラブを充実することなど，多様な子育て支援策の整備を進めることがその主な内容となっている。

地域の子育て支援の中心となるのが保育所である。出生数は減少しているにもかかわらず，働く母親の増加により保育所利用児童数は増加傾向で推移してきた。しかし2020年以降は270万人程度で横ばいとなり，増加傾向に頭打ち傾向がみられている（厚生労働省「保育所等関連状況取りまとめ」）。保育所に関して都市部を中心に大きな問題とされたのが，認可保育所への入所を希望しながら希望がかなわない待機児童が存在するという点である。都市部などを中心に保育所を整備しても待機児童が減らないという状況になっていた。

認可保育所は，児童福祉法に基づき設置されており，施設の広さや職員数，給食などの各種施設の基準を満たしていることが求められるが，都市部では，この基準をクリアする保育所を増やすことが難しい。そのため，たとえば，東京都は独自の基準を設定してそれを満たす保育所を「認証保育所」として認める制度があり，また横浜市も市が認定する「横浜保育室」の制度を実施するなど，自治体独自の制度も展開されている。また，企業においても，自社の従業員の出産後の円滑な職場復帰のために事業所内に保育所を設置する動きがみられており，育児をしながら働く労働者の子育て支援策の充実が，様々な主体により展開されてきている。こうした取組みにより，待機児童数は近年減少傾向にある（厚生労働省「保育所等関連状況取りまとめ」）。しかし，保育サービスの量的・質的両面での充実化を図るためには保育士の確保が必要で，保育士の養成や処遇の改善が緊急度の高い課題となっている。

❖ 男性の子育てへの対応

子育ては女性だけでなく，父親である男性も同様に担うものである。もっと子育てにかかわりたい，育児休業を取得したいという男性は多く，特に夫婦共働きが一般的になってきた若い世代で，こうした意識が高まっている。また，女性のみが育児の責任を担っていると，職場で女性の活躍を進めることが難しくなり，女性だけが出産か離職かの選択に迫られることにより女性の継続就業が進まない，もしくは出産をあきらめて少子化に拍車がかかることになりかねない。男性が育児にかかわることは，女性の活躍推進，少子化対策といった社会的に重要な課題とも関連している。

日本の男性（6歳未満の子がいる男性）の育児時間は長くなってきており，1日平均1時間5分，家事と合わせて1時間54分となった（総務省「社会生活基本調査」[2021年]）。しかし，欧米諸国の男性の家事・育児時間が2時間半から3時間程度であることに比べるとかなり短い。女性の家事・育児時間は平均7時間28分なので，男女差が大きく，この男女差はOECD加盟国の中でも突出している（内閣府［2020］）。ただし，男性の子育てを，「もっと増やしたい/増やすべき」という男性本人を含めた社会の意識等の変化を受け，男性の育児時間は少しずつ伸びてきている。

男性の育児を測る指標といえるのが，育児休業の取得率で，政府は2025年までに30％を達成することを目標にしてきた。男性の育児休業取得率は上昇傾向にあるものの，目標の実現にはいっそうの取組みが求められるとして，男性の育児休業の取得促進のための法対応が進められてきた。

まず，2010年施行の改正育児・介護休業法では，「パパ・ママ育休プラス」制度が創設された。これは，父母の両方が育児休業を取得すると原則子が1歳までの休業期間が2か月延長される仕組みである。しかしこの制度の認知度は低く，利用者は少ない状況が続いた。そこで，男性の育児休業取得を加速するための大幅な法改正が行われ，2022年から施行された。そのポイントは以下の4点である。

① 男性の育児休業取得促進のための子の出生直後の時期における柔軟な育児休業の枠組み「産後パパ育休」の創設（2022年10月施行）
② 育児休業を取得しやすい雇用環境整備及び妊娠・出産の申出をした労働者に対する個別の周知・意向確認の措置の義務付け（2022年4月施行）
③ 育児休業の分割取得（2022年10月施行）
④ 育児休業の取得の状況の公表の義務付け（2023年4月施行）

特に，第1の「産後パパ育休」は，女性が産後8週間の「産後休業」を取得している期間のうちの4週間に関して，男性限定の特別な制度を設けたものとして注目された。その内容は，育児休業制度の申し出に関して原則休業の1か月前までとなっているものを2週間前までに短縮，休業を2回に分割できる，労使協定を締結している場合に限り労働者が合意した範囲で休業中に就業することが可能，というもので，制度利用の簡便化，弾力化が図られた。

また，2つ目の雇用環境整備と周知・意向確認の措置義務は，特に男性は育児休業の希望を職場で言い出しにくいという現状を踏まえた制度改正になる。本人又は配偶者の妊娠・出産の旨を申し出た従業員に対して，個別に育児休業制度等の内容を周知し，制度の取得意向を確認することを事業主に義務付けたものである。

さらに前述したように，次世代育成支援対策推進法により，取組みの進んだ組織としての国の認定を企業が受けるためには，法成立当初は男性の育児休業取得者がいることが要件に盛り込まれ，現在は男性の休業取得率の下限が設定されている。

法律に加えて，政府や自治体も，男性の子育てへのかかわりを高めるためのキャンペーン活動を展開しており，内閣府の「さんきゅうパパプロジェクト」，厚生労働省の「イクメンプロジェクト」などがある。

男性の子育てへの参画は，長時間労働等の働き方とも深くかかわっており，こうした職場の状況も変えていくことが必要である。男性の育児休業取得を契機に，職場の働き方を見直している企業もでてきている（武石，松原［2014a］）。

3．育児期の意識と働き方

❖ 出産と就業意識

正規労働者の女性の就業継続が進んできたことに伴い，出産後の女性の仕事へのモチベーションをいかに維持するか，ということがキャリア開発上の課題となってきた。

出産前後の女性のキャリア意識の変化をみると，出産後は，管理職昇進や専門性を高めることへの意欲が低下するなど，仕事への意欲が変化する傾向がみられている。具体的には，出産前には「できるだけ速いペースで管理職に昇進したい」「自分なりのペースで管理職に昇進したい」「できるだけ速いペースで専門性を高めたい」と考えていた女性のうち，半数から３分の２が出産後には仕事への意欲が低下する傾向にある（**図表９－５**）。

❖ 育児期の働き方

なぜ，出産をはさんで女性の仕事への意欲が変化するのだろうか。多くの女性は，出産時に産前・産後休業を取得し，その後１年前後の育児休業を経て職場復帰をする。もちろん育児休業は希望者が取得するものなので，休業せずに復帰する女性もいるが，そうしたケースは少数である。産前・産後休業，育児休業という長期の休業期間を経て職場復帰をする際には，法律で制度導入が求められている育児のための短時間勤務制度を利用する女性も増えている。また，

（図表9－5）　正社員女性の出産前後のキャリア意識の変化

（%）

キャリア意識	出産前の構成比	出産前から出産後への変化（注）			
		意欲向上	変化なし	意欲低下	うち「仕事以外の生活を充実させたい」
できるだけ速いペースで管理職に昇進したい	8.2	－	36.6	62.5	12.9
自分なりのペースで管理職に昇進したい	7.2	3.7	48.1	44.3	16.0
できるだけ速いペースで専門性を高めたい	14.2	5.6	24.8	67.1	13.0
自分なりのペースで専門性を高めたい	24.5	4.7	55.2	37.5	16.6
昇進や専門性向上には興味がないが今の仕事をがんばりたい	18.9	13.0	58.9	26.2	20.1
昇進や専門性向上には興味がないが様々な仕事を経験したい	5.7	27.6	36.9	33.8	33.8
仕事以外の生活を充実させたい	11.9	17.7	80.7	－	80.7
それ以外	9.3	－	－	－	

注：出産前から出産後の変化は，キャリア意識が上のカテゴリーに変化した場合を「意欲向上」，同じカテゴリーの場合に「変化なし」，下のカテゴリーに変化した場合を「意欲低下」に分類している。

出所：三菱UFJリサーチ＆コンサルティング「平成23年度育児休業制度等に関する実態把握のための調査」（平成23年度厚生労働省委託調査）

短時間勤務以外にも，所定外労働免除を申請したり，時差勤務を利用するなど，育児責任のない他の同僚とは異なる働き方で就業を再開する女性が多い。

もちろん，育児は女性だけの責任ではないが，現実には，長期間の育児休業，短時間勤務制度などの両立支援策を利用する男性はごく少数にとどまっており，育児期に働き方が変わるのは，母親である女性のケースが圧倒的に多い。育児期の女性は，出産前と比べても，また育児責任のない同僚と比べても，残業に対応できない，短時間で働く，出張がしにくいなど，制約の多い働き方をしているケースが多くなっているといえる。

最も典型的な制度利用のケースとして，勤務時間を短縮して働く短時間勤務制度がある。育児期には，保育園の送迎など，勤務時間を調整して働くことが有効なことが多い。短時間勤務制度は，労働者の強いニーズがあり，従業員からの要請を受けて，制度利用可能期間を小学校入学まで，小学校3年生までなどのように長期化する企業も増えてきている。短時間勤務制度は，子育てなど仕事以外のプライベートな生活との調和を図るためには，重要な働き方のオプションであることは間違いない。そこで，育児期の利用者が多い短時間勤務制度をとりあげながら，育児期のキャリア開発の課題を掘り下げていきたい。

❖ 仕事の変化

短時間勤務制度は，仕事と育児の両立を図る上で非常に有効な施策であるが，一方で，制度利用に伴う課題も明らかになってきた。

筆者らが実施した「短時間勤務制度利用者のキャリアに関する調査」[1]では，短時間勤務を利用した部下を持つ職場の管理職に対して，部下の制度利用時の職場の状況等に関して質問をしている。短時間勤務者が担当する『仕事の量』を同等の職位のフルタイム勤務者と比べた場合に，「多い」が6.5%，「少ない」が39.8%，「同じ」が53.8%と半数程度である。『仕事の質』に関しては，「難易度が高い」が12.3%，「難易度が低い」が13.6%で，「同じ」が74.1%と多数を占めている。

（図表9－6）　フルタイム勤務時に行っていた業務と短時間勤務により制約が生じた業務

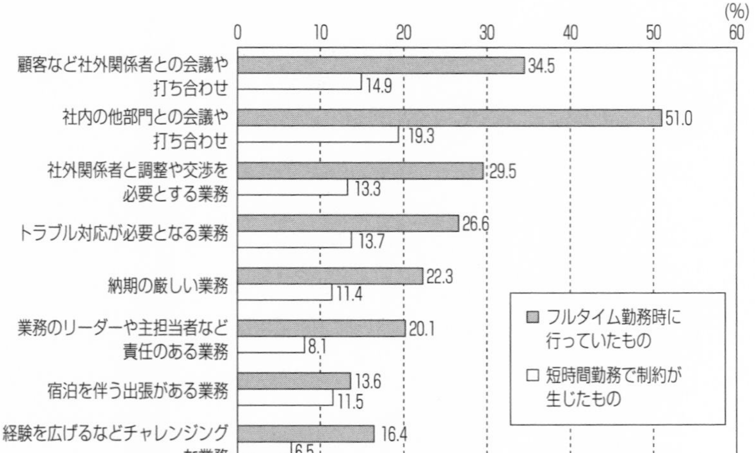

注：分析対象は，短時間勤務制度を利用した部下を持ったことがある上司（部長・課長）である。
出所：武石・松原［2017］より。

しかし，細かくみると，仕事内容に変化が生じているケースが少なくない。短時間勤務制度に伴う業務の変化を**図表９－６**に示したが，「自分の担当業務と関係する社内の他部門との会議や打ち合わせ」や「顧客など社外関係者との会議や打ち合わせ」については，フルタイム勤務時にそれぞれ51.0％，34.5％が行っていたが，短時間勤務によりそれぞれ19.3％，14.9％で制約が生じているとしている。短時間勤務でも仕事の質は「同じ」という回答が多いが，打ち合わせやトラブル対応などの業務に制約が生じるとの回答が一定割合存在しており，具体的な業務内容に関しては変化が生じている可能性がある。

短時間勤務制度利用者及びその上司に対して実施したインタビュー調査の結果では，管理職が利用者に配分する仕事には，次のような特徴があることがわかっており（武石［2013］），アンケートでこれが裏付けられたといえる。

①あらかじめスケジュールの見通しがつき，突発的な対応が求められないこと
②短納期で締切に追われるようなタイプではなく，一定の期間の中である程度の裁量をもって処理できるような仕事であること
③職場以外との調整，とりわけ社外との調整や交渉が少ないこと
④１人で責任を担わないですむようなサブ的な仕事であること

❖ キャリアへの影響

こうした仕事の変化が，キャリア開発上の課題になっている。ある管理職は，短時間勤務制度利用者は「ピュアな仕事しか経験できないことが問題」と語っている（武石［2013］）。試行錯誤，不条理な問題解決，トラブル対応など，仕事をしていると一見遠回りで無駄なように見える仕事が，実はスキル形成につながることがある。ところが短時間勤務をしていると，そうした仕事が割り振られなくなり，ある意味「余計な仕事」を回避することによって，仕事の本質に触れる経験が少なくなってしまうという問題になる。短時間勤務をしていると出張も制約されることが多いが，これもキャリア開発に影響を及ぼす仕事経験の阻害要因となる。

キャリア開発面でのもう１つの課題は，「異動」の制限である。企業の中での「異動」は，特に日本企業では人材育成面での効果が期待されている。短時

間勤務を利用していると，受け入れる異動先が限定されるという問題がある。１つには，「引き取り手がない」という異動先の事情である。短時間勤務の社員を積極的に受け入れる職場は少ないために，制度利用中は異動がしにくくなる。同時に，制度利用者も，短時間勤務をしながら新しい職場で慣れない仕事をすることへの躊躇から，異動には消極的になりがちである。

このように，出産・育児を経て責任のある仕事から外れてキャリア形成が円滑に進まない状況は，「マミートラック」と呼ばれる。育児休業の取得などが賃金低下を招くなど，キャリアへの影響が指摘されており，育児をしている女性がそれ以外の従業員とは異なるキャリアトラックをたどることになると，長期的にみたキャリア形成に課題が生じてしまうことになり，留意が必要である。

❖ 評価への影響

キャリア面への影響は，評価とも関連する。育児休業中の評価に関しては，「ノーワーク，ノー評価」を原則とするのが一般的であるが，その場合でも育児休業取得のタイミングが評価対象期間とうまく合わないと，休業期間の取得が不利に働く場合がある。特に男性は，休業取得によって同期より「遅れる」という意識を持つと，長期の休業取得を躊躇することになってしまう。休業取得期間が「ノー評価」であることにより昇進等への影響があったとしても，その後の職場貢献が適切に評価されて一時的な遅れが取り戻せることも必要である。

短時間勤務制度を利用している場合に，フルタイム勤務者と比べてパフォーマンスが低いと評価されることもある。フルタイム勤務と質・量の両面で同じ目標を設定してその目標達成度により評価が行われると，短時間勤務者は低く評価されてしまう。勤務時間の短縮分を仕事量で調整して目標を設定し，その結果が評価されれば短時間勤務であることの不利益は生じにくい。しかし，そもそも職場の業務配分が「８時間勤務」といった時間数を前提にして行われていないケースも多く，時間短縮と目標設定，それに基づく評価は曖昧になりがちである。さらに，緊急時の対応などが難しいという点に，短時間勤務者の評価が低くなる要素がある。

両立支援制度利用に関しては，制度利用者だけでなく，周囲の同僚等の状況にも目配りする必要がある。短時間勤務により担当できなくなった業務を職場の他のメンバーで分担するケースも多く，これが周囲の同僚等の不満となり，制度利用者との間に軋轢を生むという問題が生じている職場もある。短時間勤務者が担当していた仕事が割り振られて自身の業務量が増えても，それが正当に評価されないという不満が生じがちである。

このように，育児をしている労働者，その周囲の同僚等が，制度利用に伴い不満を抱いているとすれば問題であり，両立支援制度の定着に伴い，業務配分や評価の仕組みも見直す必要が生じる。

❖ 求められる職場のコミュニケーション

短時間勤務制度の定着が進むことは歓迎すべきだが，それにより制度利用者の仕事経験が制約され，仕事への意欲低下を招き，さらには長期的なキャリア開発に影響がでるような状況になっている点に注意しなければならない。これに対応するために，職場のコミュニケーションが重要となる。

制度利用者のキャリアに関し懸念を持つ管理職であっても，その点に関して制度利用者とのコミュニケーションが取れているわけではない。また仕事への意欲が高い制度利用者の中には，もっと重要な仕事をしたいが，自分からは言い出せないと躊躇するケースもある。与えられている仕事では十分に責任が果たせていないという納得できない思いを持ちつつ，制度を利用している間に将来への展望が描きにくくなり，制度利用が長期化し，それによってさらに仕事経験が積めなくなるという悪循環に陥るケースが散見されるようになってきた。

こうした課題は，育児期の働き方や仕事の配分にあたって，職場の中で，上司と制度利用者との話し合いが不足していることに起因するとみられる。制度利用者は育児責任を担っているために，日常的な保育園の送迎等をはじめとする時間の制約が大きいことに加えて，急な子どもの病気など家庭の状況に対応するためには，社内外との調整や交渉などが必要な業務を任せるのは難しいと一方的に判断されて仕事配分が行われる。また，短時間勤務者には一切時間外労働をさせてはいけない，家でメールをチェックすることも禁止するといった厳格な運用が行われていると，これによって与えられる仕事に大きな制約条件が発生してしまっている場合もある。

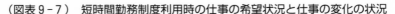

（図表９－７）　短時間勤務制度利用時の仕事の希望状況と仕事の変化の状況

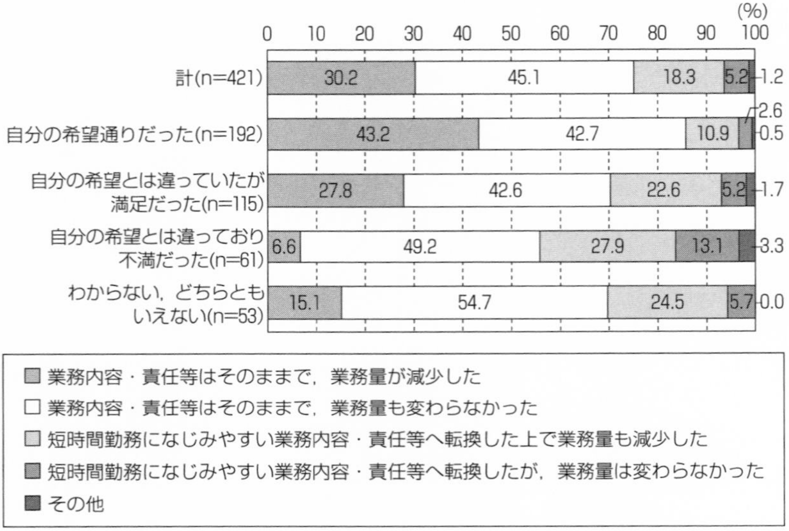

注：分析対象は，妊娠時に「正社員・職員」で，短時間勤務を利用したことがある女性である。
出所：武石［2015］より。

図表９－７は，制度利用者が希望する仕事の場合には，業務の質に変化がみられないことを示している。制度利用中に仕事の質を変えないことは，制度利用者のキャリアのみならず，利用者の職場のパフォーマンスを下げないという点でも重要であることが，筆者らの分析からも明らかになっている（武石，松原［2017］）。

また，上述のように制度利用者の周囲の従業員の不満が生じている可能性についても目配りが必要になっている。制度利用者を含めて職場全体で育児との両立を前向きに受け止めるためにも，両立支援制度の運用にかかる職場のルール等について透明性を高めるという観点からのコミュニケーションも重要になっている。

❖ 海外企業での対応事例

短時間で働くというような働き方の変化によりキャリアに影響が出るのはや

むを得ないのだろうか。海外では，育児以外にも介護や自己啓発など多様な理由で柔軟な働き方が広がっており，短時間勤務は広く利用されている。日本と同様に，フルタイムで働けないことによる課題指摘もなされている（Lirio et al.［2008］，Hall et al.［2012］，Kossek & Lee［2005］など）。多様な働き方を導入して就業環境を整備しつつ女性の活躍も進めてきた欧米諸国の経験について，武石，松原［2014b］によりイギリス，ドイツの現状を紹介したい。

イギリス，ドイツでも短時間勤務で働く従業員は，適正に評価されにくい，昇進しにくい，といった問題がないわけではない。しかし，働き方の柔軟化を進めることは，ダイバーシティ経営，優秀な人材の確保，従業員のモチベーション向上といった観点から重要な人事政策と位置づけられるため，育児期等の短時間勤務も軽視されていない。人事部門が中心になって，多様な働き方を導入することと併せて，最大限のパフォーマンスを発揮するための取組みが進められている。日本の職場で直面している制度利用者のキャリア形成への課題については，次のような対応が行われている。

まず，基幹的な仕事をする社員が1日2時間程度の時間短縮をする場合であれば，基本的に仕事の質は変えない。また，必要に応じて，時間外の仕事や宿泊がある出張業務も任せる。そのために，働き方が変わる際に，職場の上司と制度利用者との間で，仕事の配分や責任遂行のためにやるべきことを共有化する交渉＝コミュニケーションが図られている。組織の要請と個人の事情の摺合せである。短時間勤務者の事情だけをきいて職場が調整するとなると，任せられない業務が出てくるが，組織として本人にやってほしい仕事があれば，社員側にも調整を依頼する。

たとえば，月末に忙しい部署では月末に残業が発生する。これに対応できなければ，担当を変えるしかないが，本人が仕事をやりたければ，月末の残業を受け入れるために，その間の育児を親族やベビーシッターに依頼する，という対応をすることになる。重要な出張が入る仕事も同様である。こうして責任のある仕事が任されると，制度利用者のモチベーションも維持できるために，社員自身が責任を全うするための工夫をし，職場のパフォーマンスが維持できる。

異動に関しても，社内公募による異動が多い両国では，公募を出す職場は，短時間勤務といった働き方を理由に受け入れを拒むことはできないという社内ルールが徹底されている。その上で，短時間勤務制度を利用している社員が自身のキャリアを考えて希望する部署のマネジャーと交渉しながら自分でキャリアを切り拓く。場合によっては，短時間勤務の社員同士がペアになって１つの業務をこなす「ジョブ・シェアリング」で受け入れられることもあるという。

４．育児期をはさんだ継続的なキャリア開発のために

❖ 一律的対応の限界

日本の職場では，育児期に働き方が変わることに伴って当然のことのように仕事の内容が変化し，制度利用者のキャリア開発面で支障を来すことが多い。しかしこれでは，労働者個人のキャリア開発という観点のみならず，高い能力を持つ人材の能力を十分に活かせないという点で，組織にとっても問題である。

育児期の業務変更に関して，2014年10月に最高裁が示した判断が，いわゆる「マタハラ裁判」として注目された。本章と関係する判決の重要なポイントは，異動や業務を変更する場合に本人の承諾があることを重視している点，その前提として業務内容が変わることによるメリット・デメリットを職場として検討することの重要性を指摘している点，の２点である。判決では，事業主が女性労働者に対して行った措置（降格を伴う軽易業務転換措置）が女性のキャリアに与える影響等について，十分な検討・説明がなされていないことに対して，問題指摘がなされている。

妊娠・出産・育児期の女性に対する企業・職場の対応に関しては，退職勧奨や正規から非正規への雇用形態の変更など，明確な不利益取扱いの他に，妊娠したら営業の第一線から間接部門に異動させるなどの「一律的な対応」，あるいは，妊娠や育児期は特別な配慮が必要だと考えて忙しい部署から忙しくない部署に異動させたり，打ち合わせや会議の多い業務から１人で完結できるような業務に変えたりする「過度な配慮」がなされることが多い。

イギリスやドイツのように，本人の意思を確認しながら仕事配分を行い将来のキャリア形成につなげていくことができれば，本人の納得性も得られ，人材活用としてもメリットになるはずである。仕事配分が変更になることのデメリットを管理職は本人以上に認識しているが，そのことについて本人と話し合

い同意を得た上で仕事が配分されているわけではない。その意味で，最高裁判決の指摘する「本人の承諾」が問題となるケースは現状では多いと考えられる。

❖ 育児を特別視しない

第7章や第8章で述べてきたように，育児期にも継続してキャリア開発を行うのであれば，育児というライフイベントを，ことさら特別視しないことが重要である。休業や短時間勤務など，育児期に働き方を変えることができることは重要だが，それに依存しすぎてキャリア開発がおろそかになってしまっては本末転倒である。

イギリス，ドイツでも，休業や短時間勤務などの両立支援策の利用は職業キャリアの面からみると収入減や仕事経験の制約につながるために，制度利用者本人もまた職場からも一定のデメリットが認識されている。両立支援のための特別な制度利用は必要な範囲にとどめて，できるだけ「普通に」働きながら，プライベートな生活との調和を図ることが目指されている。

❖ 男性のかかわりを高める

また，現状では，育児期における仕事との両立は，主に女性の問題ととらえられる傾向が強いが，父親が子育てにもっとかかわっていくことが重要になる（佐藤，武石［2004］）。これに関しても，様々な施策が展開されてはじめており，男性の育児休業100％を目標に掲げる企業の事例が増えるなど，企業も男性社員の育児と仕事の両立支援を積極的に進めるようになってきた。

男性の育児へのかかわりが強まると，妻が勤務する企業にとってもメリットがある。夫婦で子育てをする場合を考えると，母親がもっぱら育児の責任を担っている場合，母親が勤務する企業が両立支援の負担をしていることになる。この状況は，妻の勤務先から見ると不合理である。夫の子育てのかかわりが増えれば，自社の女性従業員に重要な仕事を任せて高いパフォーマンスを引き出すことができるかもしれない。

そこで，産後休業・育児休業から復帰する女性に対する復帰セミナーを開催し，そこに他社に勤務する配偶者を同伴することを奨励する企業がでてきている。妻が本格的に仕事復帰する際に，夫にも復帰のことを一緒に考えてもらい，また他のカップルとの話し合いの中で，自分たちの両立についてのヒントをもらうという試みである。

また，夫婦が育児を共に担うことを前提にして働き方改革を進めることも必要である。働き方改革の取組では，「20時一斉退社」といった施策がよくみられる。これは，長時間労働を削減するという点では一定の効果があるかもしれないが，カップルが共に子育てをしているケースを想定すると，この取組みでは子育てに対応することは難しい。子育てをしている場合に必要なのは，毎日20時までに退社できることではなく，保育園の迎えに行く日は定時退社ができることである。これを夫婦ペアにして考えれば，平日の子育ての担当をそれぞれ決め，自身が担当の時には残業をしないで定時退社ができ，そうでない日には仕事を終わらせるために必要な残業ができること，ということが現実的な対応となる。こうした子育ての家庭内での分担を前提にして，働き方の対応策を考えることが必要である（佐藤［2022］）。もちろん，近年拡大してきたテレワークにより，働く時間と場所の柔軟性や裁量性が高まれば，カップルで子育てを分担することの選択肢は各段に増えることになる。

❖ 女性の意識も重要に

今後は，男女が子育てをしながら働くことが当たり前になっていく。出産や育児期を特別な制度で守らなくてはならない時期と考えずに，普通に働いてキャリアを開発できることが理想である。労働者個人も，職場の制度を効果的に活用して，自身の職業キャリアと子育てを両立するという自覚が求められる。

男性は仕事，女性は家庭という性別役割分業意識は，共働きカップルの中にも根強いものがあり，子どもが生まれると当然のように妻が長期の育児休業を利用し，短時間勤務で復帰して仕事をセーブして育児と両立しようとすることが多い。しかし育児期については，自分のキャリアだけでなく，パートナーを含めて２人でキャリアを見通すことが重要である。実際に育児休業を取得するなど子育てに主体的にかかわっている男性の場合，子どもが生まれる時点で夫婦で話し合いをして，２人の今後の仕事や子育てのことを相談している傾向がある。夫婦が，固定的な役割分担意識から離れて，自分とパートナーの今後のことを自律的に考えることが重要である。

仕事と育児の両立というと，職場や保育などの社会に対する制度ニーズが強くなりがちであるが，それだけでなく，夫婦で子育てを分担するという自助努力の部分も重要である。これがなければ職場の支援策を引き出すことは難しい。

本章のポイント

①育児休業制度など仕事と育児の両立支援制度の整備が進み，出産・育児期にもキャリアを継続する女性が近年増えている。

②両立支援制度が女性のキャリア継続に効果がある一方で，特に育児期の働き方の変化に伴い任される仕事内容が変化したり，異動が制約されるなどにより，キャリア開発が進まない，そのために育児期に女性の仕事への意欲が低下する，といった課題も顕在化してきた。育児の責任を専ら女性が担っているという現状への課題認識も高まっており，男性の育児へのかかわりを高めることも重要になっている。

③育児期を通じたキャリア開発を行うためには，働き方が変化しても可能な限り仕事の質を落とさないような職場対応が必要であり，そのために仕事遂行に関して職場内でのコミュニケーションが求められている。キャリアを維持するために，制度利用者本人の自助努力も求められる。

■注

(1)　本調査は，日本学術振興会科学研究費助成事業（基盤研究(B)研究　課題番号24330126，研究代表者：武石恵美子）により実施した。調査実施にあたっては，松原光代（学習院大学経済学部特別客員教授）氏の協力を得ており，記して感謝申し上げたい。

コラム　いわゆる「資生堂ショック」

2015年，いわゆる「資生堂ショック」という言葉が，人事担当者の間で話題になった。なお，筆者は「ショック」という表現には賛同しかねるので，「いわゆる」と表記している。

資生堂㈱は，女性が働きやすい会社として一般に認知されていた。同社には，百貨店などで販売業務に携わる女性美容部員が多く勤務している。美容部員の定着の上昇には，同社の育児休業制度や短時間勤務制度が寄与していた。

制度により出産後も継続就業する女性が増えたことは良いのだが，育児短時間勤務制度を利用する美容部員が増え，売場が忙しい夕方以降や土日の要員確保が難しくなってきた。また，忙しい時間帯に勤務を免除される制度利用者のキャリア形成にも悪影響が及ぶことが懸念されるようになった。

そこで，短時間勤務をしている美容部員の勤務について，労使や現場での話し合いがなされ，2014年度から，短時間勤務をしながらも，夕方や土日の時間帯での勤務を行うことへの同意を求めることとした。これが，両立支援に積極的に取り組んできた資生堂が制度運用に大きな変更を行ったということで，「資生堂ショック」という言葉でマスコミにより紹介された。

日本企業で，出産を契機に退職する，から，両立支援制度を利用しながら就業継続をする，という方向に女性のキャリアが変化してきた。それは女性の職業キャリア開発という観点からは望ましい１つの方向ではあったが，制度を利用して継続就業をしても，果たして能力が発揮できているかという観点で問題のあるケースも散見されるようになってきた。こうした現状に問題を感じていた企業にとって，マスコミが名づけた「資生堂ショック」は，自社の現状を振り返る契機となった。女性の継続就業は重要だが，勤続年数を長期化させるのが両立支援策の目的ではない。重要なのは，継続して働くことで，組織貢献を期待することである。福利厚生ではなく人材活用策としての意義がここにある。

女性の採用が増え，出産・育児期も働き続ける女性が増えれば，両立支援制度を使う従業員は，男女を問わず増えていくことは明らかである。女性が仕事を継続しつつ能力発揮ができる働き方は何か，ということをあらためて考えることが求められる。女性社員が多く，また制度が整っている資生堂だからこそ，他社に先駆けて問題解決に取り組み，それが「ショック」と受け止められてしまったが，仕事と家庭の両立は，キャリア開発と家庭責任との両立であることを忘れてはいけないだろう。

第10章　介護責任とキャリア開発

働き方が大きく変わる契機となるライフイベントは，これまでは「育児」が典型的であったが，少子高齢化が進み，今後は介護責任を担う労働者の問題を避けて通ることはできない。不本意な介護離職をさせないために，仕事と介護の両立支援策の整備が進んでいるが，いつどのような状況で介護責任を担うことになるかわからないといった，今後を見通せないことの不安が働く人に広がっている。キャリアの中期以降に介護責任を担うケースが多いが，働く人は介護にどう向き合えばよいのか，また社会や職場に，何が求められているのか。

1．働く人の介護問題

❖ 高齢化と介護

仕事と家庭生活の両立支援というと，これまでは従業員の育児責任への対応が中心であった。しかし，急速な高齢化により，仕事と介護の両立をいかに図るか，という観点からキャリアを考えることへの重要性が高まっている。

日本の高齢化率（総人口に占める65歳以上の割合）は世界一で，少子化傾向により高齢化のスピードも速い。高齢化率は今後も上昇を続け，2030年頃には３人に１人，2060年には４割程度になると推計されている。

急速な高齢化の進行に伴い，介護保険制度において要介護者又は要支援者と認定された人（以下「要介護者等」という）は，2000年度の256万人から2020年度には682万人へと，急速に増加している（厚生労働省「介護保険事業状況報告（年報）」)。特に75歳を過ぎると要介護・要支援認定者の割合は高まり，75歳以上では３人に１人が認定を受けている現状にある（**図表10-１**）。人口のボリュームゾーンである団塊の世代（1947～49年生まれ）の人口は約600万人で，この層が2022年以降75歳以上の後期高齢者になり，介護を受ける人数が急激に

（図表10-１）　要介護等認定の状況

	65－74歳		75歳以上	
	要支援	要介護	要支援	要介護
人数（千人）	241	517	1,638	4,293
人口比（%）	1.4	3.0	9.0	23.5

出所：厚生労働省「介護保険事業状況報告（年報）」［2020年度］

増えることは確実である。

介護が必要な家族に対し１人の介護者で介護をするのは，時間的にも精神的にも困難である。複数の家族・親族が１人の要介護者の介護責任を担うことになると考えると，職場の中で介護責任を担う従業員数は今後ますます増加のスピードをあげ，仕事と介護の両立支援が育児以上に大きな問題となってくる。

また，要介護者等の原因疾患も時系列でみると変化してきている。1998年には「脳血管疾患」が３割と最も多く，「高齢による衰弱」「骨折・転倒」「痴呆（現在の認知症）」と続いていたが，2019年には「認知症」が最も多くなり，「脳血管疾患」，「高齢による衰弱」と続いている（厚生労働省「国民生活基礎調査」）。介護休業制度が創設されたときには，脳血管疾患を想定した制度検討が行われたが，現在は要介護者等の状況も変化しており，今後は高齢者に占める認知症の比率が高まっていくと予想される。身体面での介護にとどまらず，認知症に対応するための日常的な見守りなどが必要になり，介護はより多様で対応が難しくなっていくと考えられる。

❖ 介護離職等の懸念

家族の介護や看護を理由にした離職者（雇用者に限定）は，年間10万人弱程度で推移しており，育児を理由とした離職者数に比べるとまだ少ないとはいえ，要介護者の増加に伴いこの数も増加していくことが懸念されている。

介護離職の特徴としては，育児の場合には圧倒的に女性が多いのに対して，男性の割合が２割強と育児に比べるとかなり多い点があげられる（**図表10-２**）。介護で離職した人のうち40代，50代の割合は，男性で４割，女性で５割程度と，管理職層を含む組織の中核・中堅層の離職が多いことも特徴である。

（図表10-２）　家族の介護・看護を理由とする離職者数（雇用者）の推移

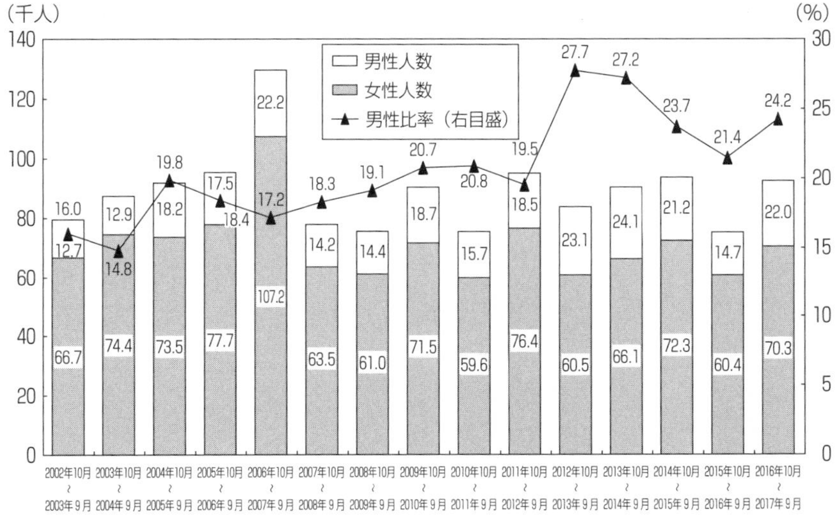

出所：総務省「就業構造基本調査」

現状では育児で離職をする女性が多く存在しており，もちろんこの問題を放置しておくことはできないが，このままでは今後人口の高齢化とともに介護を理由にした離職者が増えていく。社会全体として仕事と介護の両立問題に対応する緊急性が高まっている。政府も，「介護離職ゼロ」のスローガンを掲げて，介護サービスの充実や仕事と介護の両立支援策の強化に取り組んできた。

❖ 仕事と介護の両立の前提

仕事と介護の両立への対応は，育児の場合と異なる点が多い。

まず，育児に比べると年齢が高い層が介護責任を担うことになるため，役職者を含め企業の基幹的業務に就いている従業員が直面するケースが多くなる。男性が介護をするケースも多い。こうした従業員が担当する仕事は，他の従業員で代替することが難しく，介護を理由に離職してしまうようなことがあれば，組織が受けるダメージは大きなものがある。また，育児のように，前もって時期を予定することが難しいために緊急の対応に迫られ，介護が始まるといつまで続くのか，状況がどのように変化するのか予測がつかないという不透明さが，職場の人事管理面での対応をさらに難しくする。介護の平均期間は５年程度と長く，症状によってこの期間は異なり，また介護者のかかわり方も多様である。さらに，要介護者が介護者と離れて暮らす遠距離介護のケースもあるなど，個々に多様な事情を抱えていることへの職場対応が求められる。

したがって，仕事と介護の両立を図るためには，育児とは異なる考え方で対応することが求められる。育児の場合には，乳幼児期を中心に，親が育児の担い手となり，保育所などのサービスで親の不在に対応する。しかし，介護に関して，家族が介護に直接かかわることを前提に体制整備を検討すると，休業期間等の設定において，介護が必要な期間やその間の状態の変化の予測の難しさに阻まれ，両立支援の見通しが立たなくなってしまう。仕事と子育ての両立支援では従業員が子育てをすることを前提に支援策を検討することになるが，仕事と介護の両立支援の基本的な考え方は，従業員自身が介護の担い手となるのではなく，「両立をマネジメントできるように支援することが，企業による両立支援の基本」（佐藤［2014］，p.193）である。

介護を理由に離職した人と介護をしながら働き続けている人は，何が異なるのだろうか。**図表10-３**は，手助・介護をしている家族について回答者自身が担っている手助・介護の内容を，正規労働者として働き続けている人と離職した人で比較したものである。離職者については離職時点の状況を回答してもらっている。ちなみに，この２つのグループの間には，要介護の程度に大きな違いはない。

ポイントは，正規労働者に比べて離職者は，すべての項目で自身が主担当となる傾向が高いということである。特に，「排せつの介助」「食事の介助」「入浴の介助」「食事の支度や掃除，洗濯などの家事等の支援」など，日常生活における支援の場面で２つのグループの差が大きい。つまり，離職者は働きながら手助・介護そのものを自分で行うという傾向が確認できる。

仕事と介護の両立に当たっては，自身の仕事をできるだけ同じ状態で継続しながら，必要に応じて介護サービスを活用するとともに，他の親族との連携を図りつつ，介護の体制を整えることが重要となる。

（図表10-3）　手助・介護の実施状況（回答者が主担当のもの）

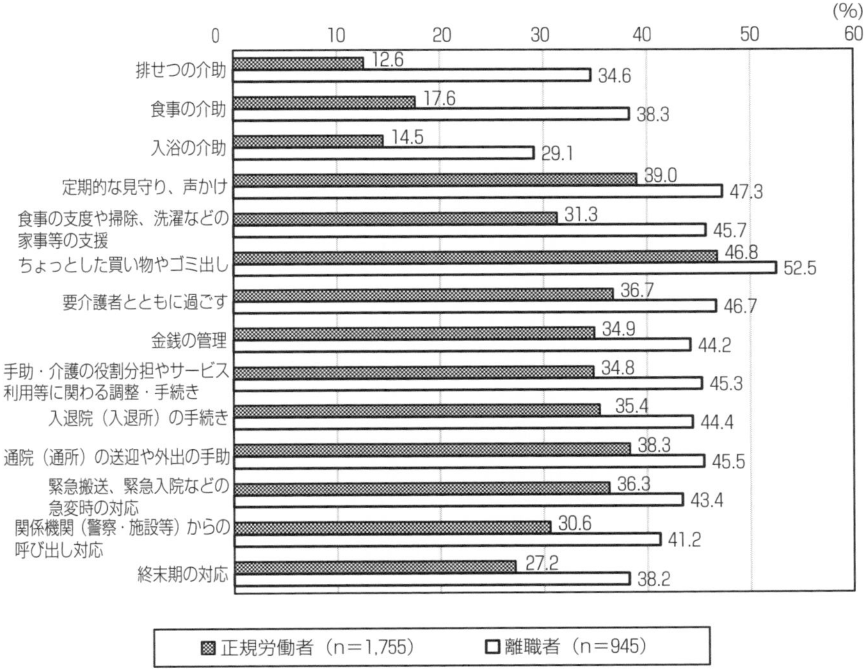

注：１）最も時間をかけて手助・介護している家族の主担当が自分の割合を示す。
　　２）「離職者」は，「手助・介護」を理由に離職した時点で，「手助・介護」を行っていた人（20～60代）。離職時点の状況を把握している。
出所：三菱 UFJ リサーチ＆コンサルティング「令和３年度仕事と介護の両立等に関する実態把握のための調査研究事業報告書（2022）」

2．介護に関する社会制度

❖ 介護保険制度

働きながら介護をする場合に，自身が介護にかかわることを避けるためには，民間で提供される介護サービスの利用が不可欠である。以前は介護は家族が担うものとの考え方が強かったが，2000年の介護保険制度創設により，介護を社会が支援するという観点から，サービスの充実化が図られてきた。

介護サービスは，介護が必要になった場合の費用負担に関し，介護保険制度の枠組みで提供されるサービスと，全額自己負担で購入するサービスとに分けられるが，一般的には，介護保険制度の枠組みをまずは利用する。介護保険制度は，40歳になると保険加入の義務が生じて保険料を支払い，65歳以上で要支援・要介護状態となった場合，もしくは，40歳から65歳で加齢に起因する特定疾病により要支援・要介護状態となった場合，のいずれかに該当すると保険サービスが受けられる。

サービスを受けるためには，本人もしくは家族の申請により，介護の認定調査等に基づき要介護認定を受けることが必要である。その結果，介護の必要な程度（要介護１～５，要支援１，２）に応じた介護サービスを，一定の自己負担により利用することができる。

「要介護」と認定されると，介護支援の専門職であるケアマネジャーが利用者の置かれている状況についてアセスメントを行い，それに基づき必要なサービスの種類や頻度が設定され，介護サービスの利用計画（ケアプラン）が作成される。利用者は，ケアプランに沿って介護サービス事業者と契約し，施設サービスや居宅サービスなどの介護サービスの利用を開始する。市町村にあらかじめ届けた上でケアマネジャーによって作成されたケアプランに基づき，居宅サービスの提供を受ける場合には，費用の自己負担は所得に応じて１～３割となる。サービスの給付開始後も，ケアプランの内容に沿ってサービスが提供されているかどうかの確認のためのモニタリングが月１回程度行われ，サービスの質と量に問題がないか，利用者や家族が満足しているかといった側面から検討が行われる。

施設利用のニーズは大きいが，施設サービスの利用は受け入れの限度があるため入所までの時間がかかることが多い。大半を占める居宅サービスは，ケアプランに基づき提供される。ケアマネジャーは，ケアプランの作成に加えて，市町村やサービス事業者との連絡調整を行うため，仕事と介護の両立において重要な役割を担っている。

❖ 仕事と介護の両立支援策

このように，高齢化に伴う要介護者の増加とともに，要介護者や介護者の自宅で介護するケースが増えていくとみられる。また，介護保険財政の問題もあり，介護保険制度改正が行われており，介護保険制度の当初の狙いであった「介護の社会化」，「介護の脱家族化」を進めることには限界が生じつつあり，「介護の再家族化」の動きがみられているとの課題提起もなされている（池田［2021］）。しかし介護のすべてを家族以外に任せることは現実的ではなく，働く人が一定の介護責任を担えるようにするためには，介護する側の働き方を調整することが不可欠となる。

仕事と介護の両立に関しては，1995年に育児休業法が改正され「育児・介護休業法」として新たに介護に関する内容が盛り込まれ，1999年４月から施行された。同法によって，常時介護を必要とする家族のいる労働者が，その申出に基づき対象家族１人について連続する93日までの休業が認められることとなった。その後の法改正により，対象家族１人について「要介護状態ごと」に１回（通算して93日）が取得できるようになった。また介護休業と通算して93日までの期間の中で，介護のための勤務時間の短縮等の措置を講じることが事業主に義務付けられ，さらに介護が必要な期間を通じて「介護休暇」（対象家族１人の場合に年間５日，２人以上の場合は10日）の付与も法制化された。

介護休業制度が法制化された後に，介護保険制度導入により介護サービスの拡充が図られ，こうした状況を総合的に勘案して，介護をしながら働くことを支援するための制度のあり方を基本に立ち返って再検討する必要性は高かった。そこで，2016年に介護休業制度について大幅な法改正が行われた。**図表10-４**が現行法の内容である。

仕事と介護の両立支援のあり方は，育児とは異なる前提で法改正がなされた。つまり，各種制度は，「自分が介護をするための制度」ではなく，「社会的なサービスなどを活用して介護に対応するための制度」という点が強調されたのである。

まず，介護休業は，93日というトータルの取得可能日数は変えずに，３回まで分割取得することができるようになり，これによって，状況に応じた介護体制の整備や集中的な対応を可能とした。介護をするための制度ではない，という考え方がここに象徴されている。一方で，介護が必要な期間を通じて利用できる制度としては，法改正前は年間５日の介護休暇のみだったが，これに，時

（図表10－４）　仕事と介護の両立支援制度（育児・介護休業法のポイント）

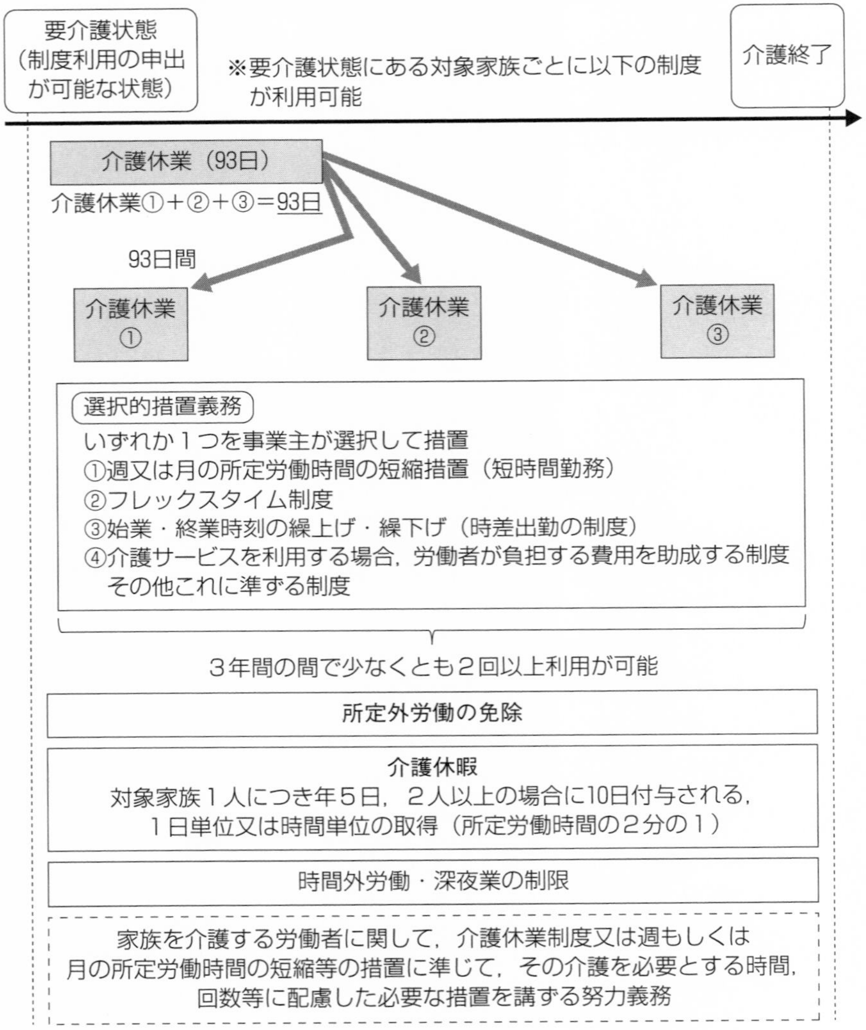
要介護状態
（制度利用の申出
が可能な状態）
※要介護状態にある対象家族ごとに以下の制度
が利用可能
介護終了
介護休業（93日）
介護休業①＋②＋③＝93日
93日間
介護休業
①
介護休業
②
介護休業
③
選択的措置義務
いずれか１つを事業主が選択して措置
①週又は月の所定労働時間の短縮措置（短時間勤務）
②フレックスタイム制度
③始業・終業時刻の繰上げ・繰下げ（時差出勤の制度）
④介護サービスを利用する場合，労働者が負担する費用を助成する制度
その他これに準ずる制度
３年間の間で少なくとも２回以上利用が可能
所定外労働の免除
介護休暇
対象家族１人につき年５日，２人以上の場合に10日付与される，
１日単位又は時間単位の取得（所定労働時間の２分の１）
時間外労働・深夜業の制限
家族を介護する労働者に関して，介護休業制度又は週もしくは
月の所定労働時間の短縮等の措置に準じて，その介護を必要とする時間，
回数等に配慮した必要な措置を講ずる努力義務

間外労働の免除が加わった。また，３年を上限に，勤務時間の短縮やフレックスタイム制度など柔軟な働き方の制度を最低１つ提供することなどが盛り込まれた。従来は，休業制度と合わせて93日を上限としていた柔軟な働き方が，休

業制度とは別に３年間利用できるようになったことは大きな前進である。年間５日取得できる介護休暇は時間単位で取得できるようになり，介護サービスを効果的にアレンジするためにケアマネジャーと相談する時間確保，というような使い方を想定して，１日単位ではなく細切れに利用できる制度として設計されている。

このように，93日の介護休業期間を延長し休んで介護をする仕組みを選択するのではなく，柔軟な働き方を大幅に拡充して働きながらの介護を支援するという観点から制度整備がなされたことがポイントである。育児休業が育児のために休む制度であるのに対して，仕事と介護の両立支援策は，働きながらの介護をいかにして支援するか，ということに力点が置かれている。

３．仕事と介護の両立の現状

❖ 制度導入・利用の状況

それでは，仕事と介護の両立の実態はどのような現状にあるのだろうか。

介護休業制度の法制化により，法に基づく制度を導入する事業所は，事業所規模５人以上で74.0％である。100人以上の事業所では９割程度の事業所で制度が導入されている。制度を導入している事業所における介護休業の取得可能期間は，法定の「通算して93日まで」が８割を占めるが，「１年以上」も１割程度と，長期間の休業制度を導入している企業も一定割合存在している（厚生労働省「令和元年度雇用均等基本調査（事業所調査）」）。

介護に関する制度整備が行われてきているが，後述するように介護休業制度や短時間勤務制度などの両立支援制度を利用する従業員は非常に少なく，要介護者が家族にいる場合でも，両立のための制度を利用せずに介護責任を担っているケースの方が多い。介護休業を取得しない理由としては，有給休暇や有給休暇を積み立てる制度などを利用して長期の介護休業取得までには至らないこと，介護責任があることを職場に知られたくないという意識があること，などがあげられる。

ただし，制度利用は少なくても，介護責任を担いながら働いている割合は，40代，50代では１割前後程度であることが複数の調査で明らかになっている

（武石［2014］，朝井，武石［2014］）。低調な制度利用の状況から，仕事と介護の両立に困難を抱えている従業員はそれほど多くはないと，その実態を過小評価している経営者や人事担当者も少なくない。ただし，介護の問題が職場でも看過できない問題となりつつあり，介護の問題を抱えている従業員がいるかどうかの実態を把握している事業所は6割程度で，自己申告制度や直属の上司等による面談などを通じて実態把握が行われている。しかし，仕事と介護を両立しやすい職場環境整備としては，「法定の制度整備」にとどまる事業所が多く，比較的実施率が高い「制度を利用しやすい職場づくり」や「介護に直面した従業員に両立に関する情報提供」でも全体の1割強程度の実施率にとどまる（厚生労働省「令和元年度雇用均等基本調査（事業所調査）」）。

❖ 従業員の介護の現状

介護をしている従業員の状況について，筆者も参加しているプロジェクトで実施した個人調査(1)をとりまとめた結果をみていきたい（朝井，佐藤［2015］）。

介護責任を担う従業員は，親や配偶者が高齢になる40代以降増える。この年代は，職場の中では男性が多いこともあり，男性従業員が介護責任を担うケースは多い。介護をしている従業員割合は，40歳以上の従業員のうちの約1割を占め，そのうち8割は男性である。また，在宅（要介護者，親族，又は介護者本人の自宅）で介護している割合が6割である。

仕事をしながら在宅介護を行う場合には，在宅介護に関するサービスの効果的な利用が極めて重要になる。その基本は，前述のように，働く介護者自らが介護そのものを行うのではなく，公的な介護保険制度や民間が提供するサービスをアレンジしたり他の親族と連携したりしながら，仕事の責任を果たしつつ介護ができるような体制構築を重視することである。この観点から調査により利用しているサービスをみると，「デイサービス（通所介護）」が51.3％，「ホームヘルプ（訪問介護）」34.1％，「介護福祉用具の貸与」32.6％，「介護住宅改修」23.1％，「ショートステイ（短期入所）」19.7％という利用状況である。

介護保険制度で提供されるサービスの利用に当たっては，定期的にケアマネジャーとの面談を行いケアプランのモニタリングを行うことが必要になる。円滑に仕事と介護の両立を進める上で，こうした面談に対応することは重要である。しかし，「働いているため，ケアマネジャーとの間で相談やコミュニケーションのための時間が十分にとれない」という問題を３分の１程度があげている。また，自身の働き方についてケアマネジャーに伝達している割合も高いとはいえず，介護サービスと介護家族の結節点にいるケアマネジャーとの意思疎通という点で課題がある。

一方で，介護のために勤務先の制度を利用する割合は低く，「介護休業」は1.2％，「介護休暇」は7.5％の利用率にとどまる。「有給休暇」の利用が44.4％と高く，また利用した制度は「特にない」という割合も42.8％と高い。介護にかかわっていることを職場の人事部や上司，同僚に伝えていない割合は37.8％と高く，個人的な問題として処理しているケースも多い。

❖ 両立の条件

介護をしながら働く人の中に，仕事と介護の両立が「できている（「うまく両立できていると思う」と「まあまあ両立できていると思う」）」と思う人と，「両立できていない（「まったく両立できていないと思う」，「あまり両立できていないと思う」，「わからない」）」と思う人がいることに着目し，両者の比較検討を行った分析結果（矢島［2015］）を紹介したい。

介護体制面での特徴として，「両立ができている」と思う人は，親族や事業者など，本人以外に介護にかかわる主体が多く，「通所系（デイサービス等）」をはじめとして直接介護にかかわる部分で外部サービスの利用が多いという点があげられる。外部のサービスを活用しつつ，自身も必要な介護責任を担う体制が組めていると，両立が可能になる。

また，働き方の特徴として，「両立ができている」と思う人は，労働時間が長くないこと，休暇取得や支援制度が利用しやすい職場環境であること，上司が両立に対して理解していること，が指摘されている。「両立ができている」という実感は，仕事へのやりがいにもプラスの影響を及ぼしており，うまく両立ができれば，職場への影響を小さくすることが可能となる。特に，上司の理解が重要な要素として抽出されている。

❖ 介護不安への対応

介護に関しては，実際に介護になる前の対応も重要である。ある日突然介護が必要になるケースは多く，前もって予測して準備をすることが難しい場合もあるため，これが労働者の介護不安の1つの原因ともなる。

武石［2014］では，今後5年間のうちに家族や親族を介護する可能性が「ある」と考える割合は，40代，50代では男女とも8割程度と高く，介護の可能性を指摘する人の9割程度が介護への不安を感じていることを明らかにした。具体的には，「非常に不安を感じる」が27.3%，「不安を感じる」が32.8%，「少し不安を感じる」が27.7%で，男女の違いは小さい（**図表10-5**）。また，実際に介護をすることになった場合の現在の勤務先での仕事継続の可能性に関しては，「続けられると思う」が男性32.4%，女性16.2%に対して，「続けられないと思う」は男性31.4%，女性42.8%と，女性では続けられないとする割合が半数近くを占め，男性でも続けられると思う割合と拮抗している。

筆者は，将来の介護不安の軽減や介護時の就業継続の見通しに関連する要因分析を行った（武石［2014］）。その結果，職場における仕事と介護の両立への理解などの職場の状況，さらに仕事配分や仕事管理が適切になされていることなどの仕事に関する状況等，職場マネジメントのあり方が重要であることが明

（図表10-5）　介護に対する不安の程度

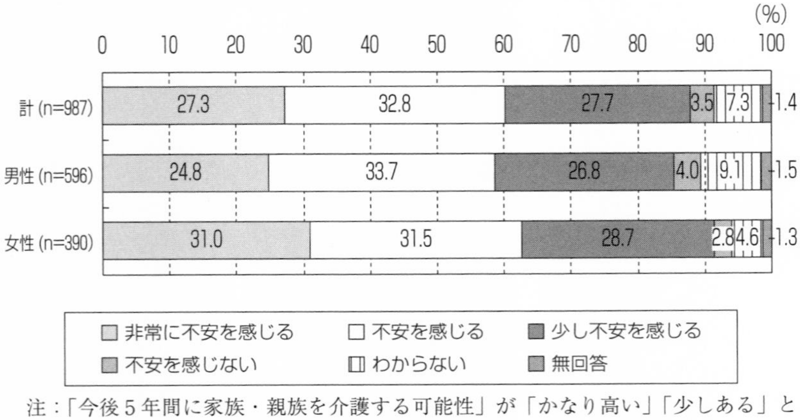

注：「今後5年間に家族・親族を介護する可能性」が「かなり高い」「少しある」と回答した者のみ集計。

出所：武石［2014］より。

らかになった。特に，「介護に関して職場で話せる雰囲気」は，不安軽減，就業継続見通しの両方で効果があることが注目される。

前項で「両立を可能にする条件」として上司の理解の重要性を指摘したが，将来の不安を取り除く上でも，職場で介護の問題を話すことができ，それに対して適切に対処する職場環境が重要であることがあらためて確認された。

4．介護責任とキャリア

❖ 個人は介護にどう向き合うか

それでは，働く人は，介護というライフイベントに，どのように向き合えばよいのだろうか。

仕事と介護の両立を図るためには，仕事を継続する，という意識を明確にすることが前提になる。これが揺らいでしまうと，仕事が継続できなくなり，離職につながってしまう。もちろん，介護のために積極的に離職を選択することが否定されるものではないが，介護は経済的な基盤も必要になり，仕事を辞めて１人で介護責任を担うのは精神的にも肉体的にも負担が大きいのも事実である。このことを理解した上で，介護離職の選択が行われるべきである。

介護をしながら仕事を継続することを決めたら，介護サービスのアレンジを行いつつ，職場にも事情を説明し，両立の体制を職場の状況を踏まえて検討することが必要である。出産と異なり，家族介護の問題を職場で話すことには心理的な抵抗も大きい。すでに述べてきたように，介護に直面するのが職場の中堅層であるケースが多いことから，職場への影響，自身の今後の昇進などを考えて個人の問題として処理しがちである。しかし，職場に状況を説明しないことが，ケアマネジャーとの定期的な面談に支障を来して介護サービスの効果的な利用を困難にし，結果として仕事と介護の両立が難しくなってしまうことにつながりかねない。従業員から介護離職の申し出があったときに，「もっと早く職場に相談してくれれば何とかなったかもしれない」との思いを持つ人事担当者や上司は多い。

また，近年は，介護者自身の休息（レスパイト）も注目されている。仕事をしながら介護責任も担っていると，休息の時間がなくなり，介護に疲れてしまって，介護者の心身の健康にも問題が及びかねない。仕事がないときには介護を，ではなく，仕事や介護の責任から解放される休息は，長期の介護を乗り切る上で不可欠である。これについて職場の視点から見ると，介護責任で不安や疲労を抱えて仕事に就いていると生産性にも悪影響が出ることが懸念される。出勤しているにもかかわらず体調不良等の健康問題に起因する労働生産性の損失が生じることは，「プレゼンティーイズム（presenteeism）」と呼ばれている。介護責任を抱えていることにより精神的，肉体的に疲労してしまうと，仕事にも悪影響がでてしまうことから，介護をしている従業員の健康問題に配慮する必要性は高い。仕事と介護の両立のための休暇制度や柔軟な働き方の制度は，介護をするということだけでなく，介護にゆとりをもってかかわるという視点から活用することも重要である。

「職場に家庭のことを持ち込むべきではない」という考え方は，家庭の責任を果たしてくれる別の世帯員がいれば成り立つが，親の介護を，たとえば配偶者だけに任せて自分はかかわらないということは不可能である。家庭の事情を職場にも理解してもらい，必要な対応を求めることが，長期的なキャリア開発には必要な時代になっている。

❖ 職場はどう支援するか

仕事と介護の両立に直面する労働者が急増することは避けられない状況下で，職場にはこれにどのように対応することが求められるのだろうか。

介護休業制度の利用が進まないのは，介護休業制度自体に問題があるのではないかとの問題意識から，休業期間に関し法定を超える期間を設定するなどの制度改正を行う企業も増えている。しかし，介護が必要な期間は個別性が強く，これが育児と介護の大きな違いの１つである。したがって，介護休業のみで介護責任を果たすのは難しく，育児・介護休業法の考え方と同様に，両立支援制度による従業員支援のあり方をどのように考えるか，という点を明確にすることが重要である。緊急の場合等に一定の休業期間は必要であるものの，中長期的には公的あるいは民間の介護関連のサービスを活用するなどしながら，就業しつつ介護責任を果たすことができるような対応のあり方を考えることが現実的であろう。

21世紀職業財団［2011］では，仕事と介護の両立支援を進める企業インタビュー結果をもとに，企業における仕事と介護の両立支援のために重要なこととして，①従業員の介護実態の把握，②柔軟な働き方に関する制度の整備，③相談体制の整備，④介護関連費用等の補助の推進，⑤成功の周知徹底，⑥職場風土の醸成，の６点をあげている。休業のみならず，働き方を工夫しながら，職場の理解を促進することの重要性が指摘されている。EUにおいても介護責任を担う従業員への支援のあり方への関心が高まっており，介護の多様性を踏まえて施策を実施することの重要性，特にフルタイムで働くことを支援できるようにし，柔軟な働き方や介護にフレンドリーな職場風土の実現などの重要性が指摘されている（Cullen and Gareis［2011］）。

特に介護に関しては，準備がないままに突然直面するケースが多い。介護責任を私的なものとして職場で対応策をとらないでいると，従業員は突発的な状況にうまく対応できず，結果として人材流出や前述のプレゼンティーイズムなどの問題に直面することとなってしまう。介護に関しては，介護が必要になる前段階で準備できることも少なくない。従業員に対する自社の制度の理解促進や必要な情報提供など，従業員の将来の介護負担を先取りして職場で対応できることを検討することが重要である。

❖ 社会的な対応

「介護離職ゼロ」のスローガンの下，介護サービスの充実が重要な社会的課題になっている。要介護者の急増が見込まれる中，サービスの充実は不可欠であるが，サービスの内容を一般の労働者が理解していないことから，サービスを活用した両立ができていなかったり，将来の介護に対して漠然とした不安を感じているケースも多い。介護保険の仕組みや介護サービスについての理解を促す取組みが政府や自治体等に求められる。

また，前述したように，働く介護者にとって身近に相談できる専門家であるケアマネジャーが，仕事と介護の両立に関する知識や理解を深めることも重要である。現状において，ケアマネジャーが両立に関する制度について十分理解して介護プランを作成しているかという点では課題もあり，働く介護者との意思疎通にも改善すべき点がある（松浦，武石，朝井［2015］）。ケアプラン作成にあたり，介護を受ける側の要介護者の状態に十分配慮することは当然であるが，同時に，介護者の状況，特に働いている場合にどのような仕事でどのような働き方をしており，両立においてどのような課題があるのか，といった点に関しても配慮することが求められる。

本章のポイント

①人口の高齢化を背景に，仕事と介護の両立がキャリア開発上の大きな課題となってきており，今後働く介護者が急増するとみられる。
②仕事と介護の両立については，基本的に仕事をしながら介護をすることを原則とすることが必要であり，そのためには，介護サービスを効果的に利用するなどの介護マネジメントが個人に求められる。自分で介護をすると，どこかの時点で両立が難しくなり，離職につながってしまう可能性が高い。
③介護と仕事の両立のために，個人は，仕事を続けるという意思を明確にし，職場の協力を得ることが必要である。職場においては，柔軟な対応を行いつつ従業員の介護と仕事の両立を支援することに加え，将来の介護不安を取り除くための情報提供等も求められている。

■注

(1)　本調査は，日本学術振興会科学研究費助成事業（基盤研究(B)研究　課題番号25285112，研究代表者：佐藤博樹）として実施した。2014年10月～2015年1月にかけて，主に40歳以上の従業員を対象に実施した。

コラム　介護保険で利用できるサービス

仕事と介護の両立を図るためには，介護サービスを効果的に活用して，休業等の制度に過度に依存しないことが重要であることから，介護サービスが適切に提供されることが両立を左右することになる。

本人や家族が介護が必要だと思った場合には，市町村（身近な機関として地域包括支援センター）に認定申請を行い，認定調査が行われる。その結果，要介護度が判定され，要介護（1～5），要支援（1，2），非該当に分かれ，要支援については予防給付，要介護の場合に介護給付が受けられる。要介護の程度により支給限度額が決まっており，これが医療保険とは異なる仕組みである。支給限度額の範囲内であれば，利用者は所得に応じて1割～3割の自己負担でサービスが利用でき，限度額を超えた分はすべて自費負担となる。

要介護の場合に受けられる介護給付は，①介護老人福祉施設等の「施設サービス」，②訪問介護・看護，通所介護（デイサービス），福祉用具貸与など自宅をベースにした「居宅サービス」，③定期巡回，小規模多機能型居宅介護などの「地域密着型介護サービス」に分けられる。「地域密着型介護サービス」は，施設と居宅の中間形といわれ，要介護者が住んできた地域のコミュニティの中でサービスが利用できるようにすることを目的にしている。

要介護のサービス利用者のうち，居宅・地域密着型サービスは4分の3，施設サービスは4分の1である。仕事と介護の両立にあたっては，まず居宅サービスの利用から始まることが一般的である。

居宅での介護サービス利用は，様々なサービスを組み合わせて適切な介護につなげることが重要であり，通常ケアマネジャーがケアプランを作成する。このプランに基づき，介護の目標やサービス利用の内容やサービス提供事業者を選択し，契約を結んでサービス利用が行われる。

団塊の世代が75歳以上になり介護ニーズが高まる2025年を目途に，要介護状態となっても住み慣れた地域で生活ができるよう，医療・介護・予防・住まい・生活支援が包括的に確保される体制として「地域包括ケアシステム」の構築が開始されている。地域包括支援センターは，地域包括ケア実現に向けた中核的な機関であり，介護予防や介護相談などを受け付ける窓口として，市町村において設置されている重要な機関である。施設入所ではなく自宅で介護サービスを利用しながら生活を続ける，ということが今後の介護の基本的な形になっていく中で，それに応じた介護サービスの提供等が適切に行われて持続可能な制度として制度が継続できるようにすることは重要な課題である。

第11章　非正規労働者のキャリア開発

90年代後半以降，正規雇用以外の雇用形態が増えてきた。組織が主導して行うキャリア開発においては正規労働者のキャリアについて目配りがされ，それ以外の従業員のキャリア開発は相対的に軽視されがちである。非正規労働者の量的拡大に伴い，社会全体としてキャリア開発への投資が低下していることが懸念される。非正規労働者のキャリア開発に対してどのように取り組めばよいのだろうか。

1．雇用の非正規化

❖ 非正規雇用とは何か

パート社員，契約社員，派遣社員など，いわゆる「正社員」以外の雇用形態で働く人が増えている。「非正規」という言葉には抵抗を感じる人も多いが，本章では，正規以外の雇用形態を「非正規雇用」と表現し，そうした雇用形態で働く労働者（雇用者）を「非正規労働者」とする。

ところで「非正規雇用」とは何か。日本の非正規雇用は実態が多様であり，「正規以外の雇用形態」としか定義できない。厚生労働省の懇談会がとりまとめた「望ましい働き方ビジョン」[2012] において，「正規雇用」は原則として，①労働契約の期間の定めはない，②所定労働時間がフルタイムである，③直接雇用である，を満たすものとしてとらえられるとしている。さらに大企業で典型的にみられる特徴としては，④勤続に応じた処遇，雇用管理の体系（勤続年数に応じた賃金体系，昇進・昇格，配置，能力開発等）となっている，⑤勤務地や業務内容の限定がなく時間外労働がある，というイメージで論じられるとしている（厚生労働省・非正規雇用のビジョンに関する懇談会 [2012]）。

ここで，「原則として」「イメージで」という言葉がついているが，正規と非正規の境界というのは，実態面では曖昧である（小倉［2013］）。雇用契約の形式的な面から両者を区分すれば，雇用契約期間の有無と，労働時間の長さの2つの側面から定義するのが妥当だろう。雇用契約期間に定めがなく，労働時間について原則としてフルタイムで働くことが，正規雇用である。しかし，例外もある。雇用契約期間に関していえば，中小企業のパートタイム労働者の中には，期間を明確に定めていないが正規の従業員とは明らかに異なる雇用条件にある従業員が数多く存在している。また，正規雇用でも，育児や介護などの理由で一時的に短時間勤務をする労働者が増加しており，さらに近年は短時間で働くことを契約の条件にする正規雇用（いわゆる「短時間正社員」）も登場するなど，正社員＝フルタイム社員という関係が曖昧になっている。また，正規は重要な仕事に就き，非正規は簡単な仕事に就く，という見方も根強いが，非正規でも重要な仕事を任されるという意味で基幹労働力化している労働者は多く，正規・非正規の境界はこのように明確に線引きするのが難しい。

労働実態を把握する基本統計である総務省「労働力調査」により雇用形態の分類をみると，まず正規と非正規に二分し，非正規に関しては勤め先での呼称により，「パート」「アルバイト」「派遣社員」「契約社員」「嘱託」「その他」の6つに分類して労働者数を把握している。2021年には，非正規労働者2,075万人のうち，パートが約半数（49.3%），アルバイトが21.2%，契約社員が13.3%，派遣社員が6.8%，嘱託が5.4%となっており，男性はアルバイト，契約社員が多く，女性はパートが多いという性別の違いもみられる（**図表11-1**）。非正規雇用は，直接雇用と間接雇用という分類もできる。間接雇用に当たるのが派遣社員で，職場からみると，派遣元企業と雇用契約を結ぶ外部人材を受け入れているという形になる。

欧米諸国では，「part-time」というときは，日本の非正規雇用ではなく短時間で働く正規雇用が多く含まれる。また，同一労働同一賃金の原則により，同じ仕事に就いていれば，働き方にかかわらず時間当たりの賃金水準は同程度になるのが原則である。有期雇用は「temporary-worker」であり，業務特性から期間限定があるような場合に限定される。ヨーロッパでは，有期雇用については契約更新の反復回数，上限期間が規制されているし，アメリカでは正規雇用の解雇規制が弱いことから有期雇用の割合は低いという実態がある。有期の

（図表11－1）　雇用形態別人数（役員を除く雇用者）

（万人（%））

	正規の職員・従業員	非正規の職員・従業員	パート	アルバイト	労働者派遣事業所の派遣社員	契約社員	嘱託	その他
男女計	3,587	2,075 (100.0)	1,024 (49.3)	439 (21.2)	141 (6.8)	277 (13.3)	113 (5.4)	82 (4.0)
男性	2,353	653 (100.0)	123 (18.8)	217 (33.2)	53 (8.1)	147 (22.5)	72 (11.0)	41 (6.3)
女性	1,233	1,422 (100.0)	901 (63.4)	222 (15.6)	88 (6.2)	129 (9.1)	42 (3.0)	41 (2.9)

注：雇用形態の区分は，勤め先での「呼称」によるもの。
出所：総務省統計局「労働力調査」［2021］

契約を反復更新して結果として長期雇用になり，正規雇用との処遇格差が問題になるのは，日本の特殊事情という面がある。

❖ 非正規労働者数の推移

非正規労働者数は，1990年代後半以降増加傾向で推移してきた。バブル崩壊後の株価や地価の下落傾向など景気が低迷する時期が長期化し，新卒の就職難など「就職氷河期」と呼ばれる時期が続いた。90年代後半には大手金融機関の破綻などもあり，98年にはバブル崩壊後の93年に続くマイナス成長となった。経済は「デフレ」といわれる状況に入り，消費が冷え込み企業の売り上げが停滞し，人件費がコストとなりそれへの対応として人件費の割安な非正規労働者が増えた，という社会経済的な背景があった。

90年代後半から2000年代にかけて，正規労働者が減少する一方で非正規労働者が大幅に増加したことから，非正規比率が急速に上昇した。**図表11－2**によりその推移をみると，1990年代前半に2割程度であった非正規比率は，2003年には3割を超え，2019年には38.2%へと上昇，その後若干低下し，2021年には36.7%である。特に女性は，以前から非正規の割合が高かったが，1997年に4

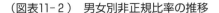

（図表11-2）　男女別非正規比率の推移

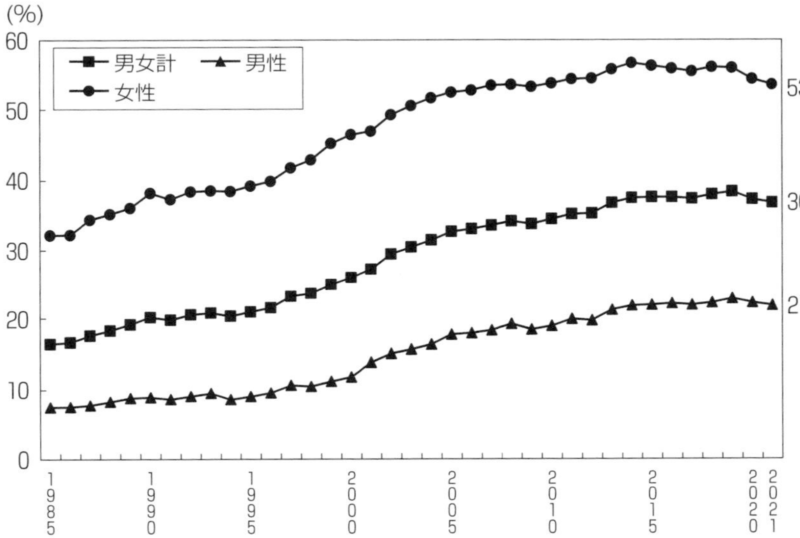

注：「役員を除く雇用者計」に占める「正規の職員・従業員以外」の割合である。
出所：2001年以前は「労働力調査特別調査」，2002年以降は「労働力調査詳細結果」

割を超え，さらに2003年には半数に達し，その後も50％台と高水準が続いている。2000年代前半に，パートタイム雇用以外の「契約社員・嘱託」の増加が目立ち，2004年３月からの製造業務における労働者派遣の解禁に伴い「労働者派遣事業所の派遣社員」も増加した。なお，2020年以降の若干の低下傾向は，新型コロナ感染症による雇用への影響が非正規労働者を直撃したことが考えられ，今後の推移が注目されるものの，2010年代以降は非正規比率の上昇が頭打ちになったとみることもできる。

非正規労働者の中には，労働時間や勤務場所の自由度が高いことから，自分の意思で自発的に非正規という雇用形態を選ぶ者も多い。しかし，正規雇用で働きたかったが適当な仕事がなくやむを得ず非正規で働いているとする「不本意型非正規労働者」の存在にも注目すべきである。「正社員として働ける会社がなかったから」という理由から非正規で働く割合は，1999年には14.0％であったが，2010年には22.5％に増えて，2019年には12.8％に低下している（厚生労働省「就業形態の多様化に関する総合実態調査」)。不本意型非正規労働者は，不況期に増え，またストレスが大きいなどの問題も指摘されており（山本[2011]），近年の低下傾向は，労働力人口の減少に伴い労働力の需給バランスがひっ迫していることが背景にあると考えられる。不本意型非正規労働者が増えた1990年代半ばから2010年頃は，学校を卒業して就職する時に景気が低迷していた就職氷河期と呼ばれた時期で，この時期の学卒者は，就職先として正規雇用が絞り込まれていた社会状況にあったことから，非正規雇用で職業生活をスタートしそのまま継続している層が一定数存在し，現在ではいわゆる「就職氷河期世代」となっている。学卒就職時の時代背景により非正規で職業生活をスタートした世代が，正規雇用への転換が十分に果たせていないという問題もある。

❖ 若年層で増えた非正規労働者

バブル期の1990年前後までは，非正規労働者の中心は，再就職層の主婦や高齢者などで，家計補助的に働く層が相対的に多かった。ところが90年代後半以降の非正規労働者の拡大時には，いわゆる「フリーター」といわれるような若年層で非正規化が急速に進んだ。「フリーター」の統一的な定義はないが，厚生労働省［2003］で，「進学や正社員としての就職をせず，働かない，あるいは『パート』や『アルバイト』として働く10～20歳台を中心としたいわゆるフリーターが増加していることがある」と指摘し，「フリーター」を「15～34歳の男性又は未婚の女性（学生を除く）で，パート・アルバイトとして働く者又はこれを希望する者[(1)]」と定義し分析している。この定義によるフリーター数は，2000年代前半には200万人を超え，若年層の不安定雇用の拡大として注目された。

年齢別の非正規比率を**図表11-3**により確認すると，男女ともに各年齢層で非正規比率が高まってきた。特に，25～34歳では，男性は1990年の3.2%から2015年に16.6%へ，女性は28.2%から40.9%へと増加し，その後2021年には若干低下するが，趨勢として90年以降になって若年層の非正規化の動きが確認できる。

日本の若年雇用は，欧米諸国と比べて，低い失業率，高い正規雇用比率が特

（図表11-３）　年齢階級別非正規比率

（%）

	年齢計	15～24歳	在学中を除く15～24歳	25～34歳	35～44歳	45～54歳	55～64歳	65歳以上
男性								
1990	8.8	19.9	－	3.2	3.3	4.3	22.7	50.9
1995	8.9	23.7	－	2.9	2.4	2.9	17.8	50.6
2000	11.7	38.6	－	5.7	3.8	4.2	17.7	54.7
2005	17.7	44.3	28.8	12.9	6.9	8.4	27.1	66.7
2010	18.9	43.1	25.1	14.0	8.1	8.1	28.9	68.6
2015	21.9	44.6	25.3	16.6	9.8	9.0	31.5	71.8
2021	21.8	46.3	22.1	14.0	8.9	8.4	26.0	70.9
女性								
1990	38.1	20.7	－	28.2	49.7	44.8	45.0	50.0
1995	39.1	28.3	－	26.8	49.0	46.9	43.9	51.4
2000	46.4	42.3	－	32.0	53.3	52.0	55.9	59.6
2005	52.5	51.1	39.8	40.7	54.5	57.5	61.0	69.0
2010	53.8	49.6	35.4	41.4	53.7	57.7	64.0	69.7
2015	56.3	52.1	34.3	40.9	54.6	59.7	67.4	77.3
2021	53.6	51.3	27.5	32.4	48.6	55.8	65.7	82.2

注：１）役員を除く雇用者のデータである。
　　２）2000年までは「在学中を除く15～24歳」のデータはない。
出所：総務省統計局「労働力調査」

徴であった。採用に当たって「何ができるか」が重視される欧米諸国では，職業能力の低い若年労働者に対して企業の評価が低いことから，景気が悪くなると若年層の失業という形で雇用調整が行われ，若年雇用対策は政府の重要政策であった。一方で日本は，現時点での能力は低くても育成によって能力が高まるという将来性に期待して新規学卒者を定期的に採用する新卒一括採用の仕組みが，高度経済成長期を通じて定着し，景気が悪くなった場合でも，新規学卒者を一定数確保していく企業の採用慣行が続いていた。日本では，若年雇用に関しては，欧米のように即戦力を期待せずに将来の成長を期待するという考え方で臨む企業が多かったことから，若年層の雇用不安という問題は90年代前半くらいまでは顕在化しなかった。

しかし，バブル崩壊後の経済の低迷期，さらにはデフレ経済の下で，企業は，新卒者を中長期的な視点で育成するという観点に立った雇用姿勢を維持しにくくなってきた。「フリーター」や「ニート（NEET：就学，就労，職業訓練のいずれも行っていない若者）」が，社会的な問題として注目されて，若年層の失業や非正規化という課題を直視し，若年雇用対策が行われるようになったのが1990年代後半以降である。若年者の問題に詳しい宮本は，新卒者の定期採用を行うことが規範化されている日本では，90年頃までは学校から就職へという移行が極めてスムーズに行われ，若年失業に悩む欧米諸国に比べて若年者の雇用問題への関心が低かったことから，90年代の若年層を中心とする非正規化への対応が遅れたと指摘している（宮本［2012］）。

2000年以降，若年失業やフリーターなどの雇用問題に対応するための政策が重視されるようになる。たとえば，若年者のためのワンストップサービスセンターである「ジョブカフェ」が設置され，就職セミナーや職場体験，カウンセリング，職業相談，職業紹介などのサービスが行われている。

❖ 非正規労働者増加の背景

厚生労働省「令和元年就業形態の多様化に関する総合実態調査」によると，正社員以外の労働者がいる事業所が正社員以外の労働者を活用する理由は，「正社員を確保できないため」が38.1％と最も高く，この割合が上昇傾向にある。次いで，「１日，週の中の仕事の繁閑に対応するため」が31.7％，「賃金の節約のため」が31.1％となっている。ただし，この理由は雇用形態により異なる。人数が多い「パートタイム労働者」では，「１日，週の中の仕事の繁閑に対応するため」（37.4％）が最も高く，「賃金の節約のため」（34.8％）が続き，繁閑に柔軟に対応するコストの安い労働力とみられている。「契約社員」では「専門的業務に対応するため」（54.4％）が最も高く，「即戦力・能力のある人材を確保するため」（35.8％）と続き，専門性が評価される形態といえる。第６章で「雇用のポートフォリオ」について説明したが，非正規雇用においても，コストの観点，専門性活用の観点など，雇用形態に応じて雇用側はポートフォリオを編成していると考えられる。

1990年代の終わりから非正規労働者が増えてきた背景として，鶴［2011］は，産業構造等の変化よりも企業の戦略を重視し，次の２つの要因を指摘する。１つは，経営の不確実性が増大し，それに対応するために柔軟な雇用により「バッファー」を確保する必要性が高まったということをあげる。もう１つが，雇用コストの高い正規労働者の数を制限してコストが安い非正規雇用を増やすことで，コスト削減を図ろうとしたということをあげている。

しかし近年になると，非正規雇用が，頭打ちから若干低下傾向に転じている。新型コロナ感染症拡大の影響という一時的な要因を考慮する必要はあるものの，「正社員を確保できない」という活用理由にみられるように，非正規雇用に対する雇用の姿勢が変化している可能性もあり，注目すべき点である。

2．非正規雇用の課題と変化

❖ 労働市場の二重構造

正規・非正規の間には，働き方やキャリア開発の実態面での差異が存在するのが一般的である。正規雇用は雇用期間の定めがないことから，勤続を前提にしたキャリア開発，処遇体系により高い条件で守られている反面，第６章で指摘したように，個人からみた働き方の選択肢は狭い。一方で非正規雇用は，労働時間や勤務場所などに自身の希望をある程度反映させた働き方を選べる半面，雇用保障は弱く，組織が行うキャリア開発投資は正規雇用と比べて低くなりがちで，それと関連して賃金等の処遇も低い。

これをモデル的に示したものが**図表11-４**である。大きくとらえれば，処遇が高く同時に働き方に関する自己選択の程度が低い，言い換えれば働き方の拘束度が高い典型的な「男性正社員」と，その対極に「非正社員」が，距離を置いて労働市場の中に存在しているような状況である。

第２章において，「内部労働市場」の概念を説明したが，いわゆる典型的な「男性正社員」は，雇用の安定・高い処遇で特徴付けられる内部労働市場（第一次（primary）労働市場）でキャリアが開発される。これに対して，企業の内部で長期的に育成するというシステムから外れて第二次（secondary）労働市場に身を置き，それゆえにキャリア開発の機会が制約され，賃金や昇進・昇

（図表11-４）　雇用形態による働き方（モデル）

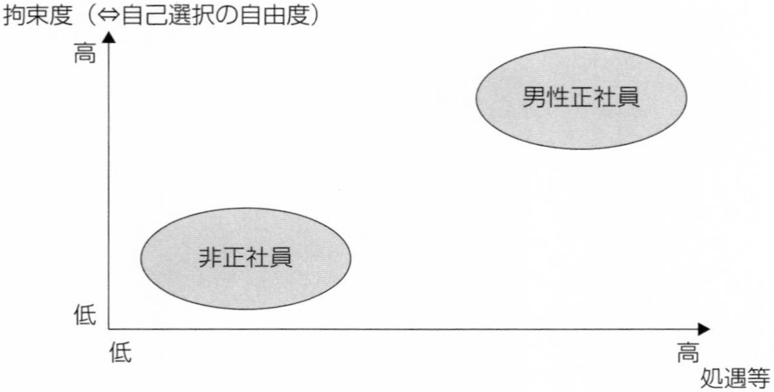

格機会などの処遇条件も低い典型的な「非正社員」が存在している。両者の労働市場は行き来がしにくく分断されており，二重労働市場の構造になっているとみなされてきた。二重労働市場論では，恵まれた条件の第一次労働市場と，厳しい条件で働く第二次労働市場，という見方が一般的である（石川［1999］）が，一見恵まれた条件に見える第一次労働市場で働くことが，働き方の自由度とのトレードオフで成立している点にも注目することが必要である。

男性正規＝内部，非正規＝外部，という二重労働市場は，構造を単純化しすぎており，非正規雇用の多様性が捨象されてしまっている点にも問題があるものの，非正規のキャリア開発の問題は，二重労働市場という構造的な問題を前提に検討することで課題をとらえやすくなると考えられる。

❖ 有期雇用という特徴

非正規雇用といっても様々な呼称の雇用形態があるように，その中身は多様で，キャリア開発における課題もそれぞれに異なるが，共通する特徴として，契約期間が６か月，１年というように期間を定めた「有期」契約になっているという点があげられる。前述したように，雇用契約上正式には「有期」となっていないパート社員なども存在するが，キャリア開発において正規との違いを生む最大の要因は，実態面での「有期性」にある。

労働基準法では，労働契約は，期間の定めのないもの，もしくは３年（高度な専門的知識等を有する者，60歳以上の労働者については５年）以下の期間を定めるもの，のいずれかで締結することとしており，後者の期間を定める雇用契約が有期雇用である。

有期契約には，百貨店のお歳暮の時期や，期間限定のプロジェクトでの雇用など，業務の性格上，期間を区切って働くことが合理的な雇用契約も多い。問題は，有期の契約を繰り返し更新し，実質的に長期にわたって雇用が継続している労働者が多数存在することである。実際には長期間雇用されている場合でも，契約が「有期」であるために，労働者から見ればいつ契約終了になるかわからないという点で不安定要素が大きく，賃金などの労働条件も正規とは異なることが一般的である。

このため，有期雇用者の処遇が正規労働者と比較して不合理なものになっていないか，といった観点から，法律による対応が行われてきた。まず，労働契約の内容，契約更新の判断基準などを明示することが必要である。労働契約法において，有期労働契約に関して主として以下に掲げる３点についてルール化が行われた。

第１に，有期労働契約が反復更新されて通算５年を超えたときには，労働者の申し込みにより，期間の定めのない労働契約（無期労働契約）に転換できることとなった。この法律は2013年４月に施行されており，2018年４月以降，５年を超える労働者の無期転換が開始している（第６章のコラム参照）。

第２に，事業主が雇用契約更新を拒否すると雇用が終了する「雇止め」となるが，過去の最高裁判例からこれを無効とする判例上のルールが確立しており，これを法律で条文化した。その内容は，①雇用契約が反復更新されており雇止めが無期雇用契約の解雇と同視できるもの，②労働者が雇用契約が更新されると期待する合理的な理由があること，である。内容が抽象的であるため明快なルール化とはいえないが，実態に即して判断されることとなり，有期であるからいつでも雇止めができるということにはならない。

第３に，同一企業の中の有期労働者と無期労働者との間で，不合理に労働条件を相違させることを禁止した。何が不合理に当たるのかの明確な基準はなかったが，2020年に施行された「パートタイム・有期雇用労働法」に本条項は移行され，それに伴いその中身が明確になっており，これは後述する。

❖ キャリア開発の課題

非正規雇用のキャリア開発の課題としては，正規雇用と比べて能力開発の機会が制約されており，そのためにスキル形成がしにくく，勤続を重ねても正規労働者と同じような評価がされにくい点があげられる。特に，非正規労働者の若年化により，職業生活のスタートにおいて，仕事経験が制約され，能力開発が十分に行われないことは，その後の長期的な職業キャリアにおいてハンディになるため，この問題を見過ごすことはできない。

教育訓練に関して，**図表11-5**をみると，計画的なOJT，Off-JTともに，正社員に比べて正社員以外への実施率は高い。

パートタイム労働者に対する教育訓練の内容について正社員との違いをみると，「日常的な業務を通じた計画的な教育訓練（OJT）」「入職時のガイダンス（Off-JT）」などはパートに対しても実施する企業が多いが，「職務の遂行に必要な能力を付与する教育訓練（Off-JT）」は正社員の半分程度，「将来のキャリアアップのための教育訓練（Off-JT）」や「自己啓発費用の補助」は正社員との差が大きい。現在の職務遂行に関連する能力開発は実施されても，将来の育成を視野に入れた訓練機会は限定的である（**図表11-6**）。

（図表11-5）　教育訓練の実施状況

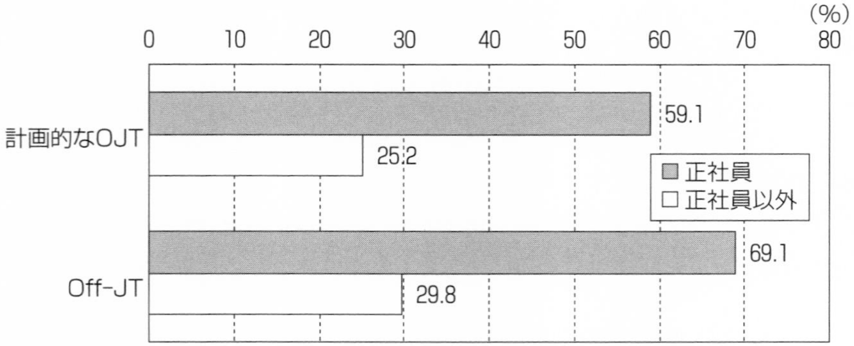

注：「正社員」は，常用労働者のうち，雇用期間の定めのない者であって，パートタイム労働者などを除いた社員をいう。
「正社員以外」は，常用労働者のうち，「嘱託」，「契約社員」，「パートタイム労働者」又はそれに近い名称で呼ばれている人。なお，派遣労働者及び請負労働者は含まない。
出所：厚生労働省「令和３年度　能力開発基本調査」

（図表11‐6）　パートタイム労働者等に対する教育訓練の実施状況

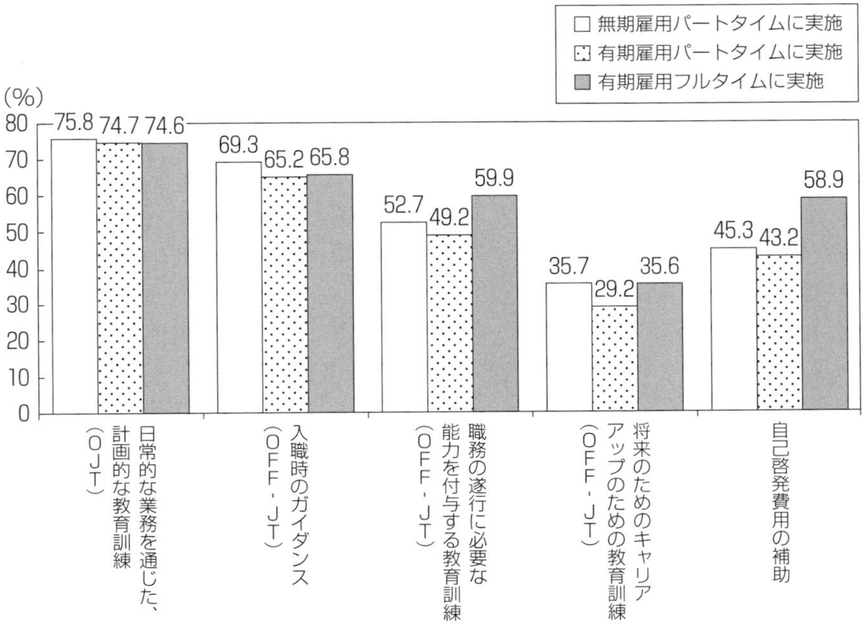

注：1）正社員と当該労働者を雇用している企業が分析対象。
　　2）正社員に実施している企業を100として，当該労働者にも実施している割合である。
出所：厚生労働省「令和３年　パートタイム・有期雇用労働者総合実態調査」

前述した非正規労働者の「有期雇用」という特徴があることにより，事業主からみると長期的な雇用見込みに関して不確定要素が大きく，そのために企業も能力開発に積極的になれないという状況がある。

また，非正規労働者は自身で能力開発のための投資を行う傾向が低いという特徴もある。厚生労働省「令和３年度　能力開発基本調査」によると，自己啓発を行った割合は，正社員では44.6％であるが，正社員以外では20.4％と，正社員に比べて低い。自己啓発を行っている場合でも，正社員以外の延べ時間数は少なく，「５時間未満」の割合は，正社員では10.6％であるが，正社員以外では24.1％と高くなっている。自己啓発の理由は，正社員，正社員以外ともに，「現在の仕事に必要な知識・能力を身につけるため」（正社員81.5％，正社員以外74.1％）が多い点は同じだが，「将来の仕事やキャリアアップに備えて」（正社員60.9%，正社員以外45.9%)，「資格取得のため」(正社員35.0%，正社員以外23.9%）など，将来への投資という理由が正社員以外で低い点も留意すべきであろう。

❖ 派遣労働の特徴と課題

派遣労働は，自己の雇用する労働者を他人の指揮命令を受けて他人の労働に従事させることで，派遣元事業所と雇用規約を結びながら，実際に働くのは派遣先事業所であり，雇用関係と指揮命令関係が分離している点に特徴がある。派遣先事業所からみれば，派遣労働者は直接雇い入れている正社員やパート社員とは異なる雇用関係にある（**図表11-7**）。

派遣労働には，2つのタイプがある。1つが，派遣元で常用雇用している労働者を他社に派遣する形態であり，「常用雇用型派遣」といわれる。IT 企業が自社のエンジニアを客先に常駐させて客先の指揮命令下で働くような形態などがこれにあたる。もう1つが，派遣就労を希望する個人が派遣元事業主に登録し，派遣要請があった場合に一定の期間を決めて雇用契約を結んで労働者を派遣する「登録型派遣」である。後者の登録型派遣の形態が，非正規雇用に当たる。

派遣労働は，その特殊性からかつては法律で禁止されていた雇用形態であったが，1986年に施行された労働者派遣法により法的に認められた。その後法改正が行われ，そのたびに派遣労働を拡大することの是非が議論になってきた。

（図表11-7）　労働者派遣の仕組み

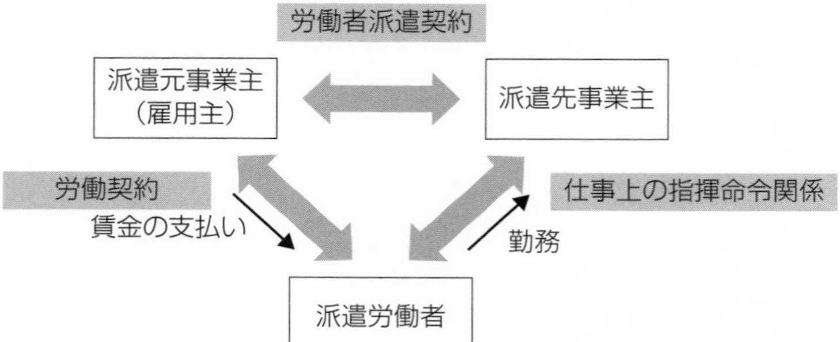

派遣労働は直接雇用ではないことから生じる特殊性が大きく，これをどのように規制することが適切なのか，というのが議論のポイントであった。

労働者派遣法が成立した当初は，派遣の対象となる業務を専門性の高い業務に限定していたが，その後対象業務を拡大し，2003年に製造業への派遣が解禁されたことで多くの職種で派遣就労が可能になり，派遣労働者の受け入れ期間の延長等の改正も行われ，派遣労働者が増加した。しかし，リーマンショック等により雇用情勢が厳しくなると「派遣切り」といわれる派遣契約の打ち切りが増え，派遣労働者の雇用が極めて不安定になり社会問題化した。そこで，2012年の法改正で日雇い派遣を原則禁止し，一定の有期雇用の派遣労働者を無期雇用に転換する措置を事業主の努力義務とするなど，派遣労働者の保護や待遇改善の強化が図られた。

さらに，2015年９月施行の改正法により，同一の派遣労働者を，派遣先の事業所における同一の組織単位に対し派遣できる期間は３年が限度となった。派遣労働者のキャリアアップのための措置も盛り込まれ，派遣元事業主には，雇用している派遣労働者のキャリアアップを図るため，段階的かつ体系的な教育訓練，希望者に対するキャリアコンサルティングを実施することが義務付けられた。

派遣労働者は，雇用主である派遣元，指揮命令を受けて実際に仕事をする派遣先が分離することから，キャリア開発の責任の所在が曖昧になるという問題がある。まずは，雇用主である派遣元が労働者の能力開発を行い，本人のキャリア開発を考えながら派遣先を紹介していくことが重要ではあるが，派遣労働者は複数の派遣会社に登録することが多く，派遣元の雇用者責任自体も曖昧になりがちである。しかし，派遣労働者のスキルが向上しないことは派遣先にとってもデメリットであることから，派遣元と派遣先が連携して派遣労働者のキャリア開発の支援を行うことが重要だとの指摘がある（松浦［2009］）。

派遣労働の現状分析から今後を展望した島貫は，派遣就労を，「労働市場で広く活用できる技能や専門性を蓄積する働き方」として位置づけられないかと提案する。派遣元企業が異なる派遣先での能力開発機会を提供することにより，異なる企業で技能形成が可能になり，直接雇用の社員やフリーランスとは異なる形でキャリアを蓄積できる可能性を示唆している（島貫［2017］）。

❖ 非正規労働者の基幹労働力化

非正規労働者の量的拡大を指摘したが，同時に非正規労働者が担う仕事や役割が高度化するなど質的な変化も生じている。非正規労働者の質的な変化は，正規労働者と同様の基幹的な業務を担う労働者の増加，すなわち「基幹労働力化」という観点から注目されてきた。正規と非正規が異なる労働市場でキャリアを形成する労働市場の二重構造を変えてきた重要な動きである。

(独)労働政策研究・研修機構「構造変化の中での企業経営と人材のあり方に関する調査」[2013] によると，企業において非正社員に任せる仕事の「量的側面（人数×労働時間の総量)」が増加したとする割合は51.9%で半数を超える。基幹労働力化を示す「質的側面（求める責任や役職者)」については，増加37.6%に対して減少12.9%と，増加傾向がみられる（**図表11-８**）。

つまり，正規・非正規の労働者が担う仕事や役割に重なる部分が出てきており，それに伴い企業の雇用管理の再編も行われてきた。具体的には，非正規を一くくりに見るのではなく，意欲・能力を見極めてそれに応じた処遇体系を導入する，ジョブローテーションなどにより幅広い育成策を実施する，定着を促すための工夫をするなどの取組みが2000年頃から活発化してきた（武石[2003]）。

基幹化した非正規労働者は，基幹化していない非正規と比べると処遇条件も高く，正規労働者に賃金等の労働条件も接近してきている。たとえば，スー

(図表11-８)　非正規従業員に任せる仕事の近年の変化

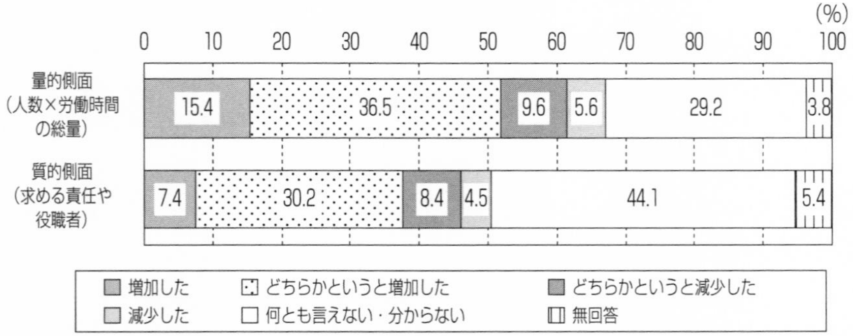

出所：(独)労働政策研究・研修機構「構造変化の中での企業経営と人材のあり方に関する調査」[2013]

パー業界の株式会社イズミは，2002年という早い段階で，パートタイム労働者の処遇制度を見直し，４等級の資格制度を導入し，初級，中級，上級，主任へと昇格できる仕組みを整備した。最上資格の主任は売り場の責任者で，正社員の主任と同じ職務内容で，評価も同じものを適用し，昇給や賞与の水準は正社員と同等の処遇内容となっている。

❖ 正規への転換

スキルが高まり組織への貢献が高い非正規労働者に対しては，正規雇用への転換のルートを提供することが重要な施策となる。

正規雇用への転換を推進するための措置は，パートタイム労働法で事業主に義務付けられていたが，同法を改正して成立した「パートタイム・有期雇用労働法」により対象が拡大した。具体的には，正社員を募集する場合に募集内容を既に雇っているパートタイム・有期雇用労働者に周知する，パートタイム・有期雇用労働者が正規へ転換するための試験制度を設ける，などの措置を講じることが事業主に義務付けられている。なお，労働契約法の改正により，有期労働契約が反復更新されて通算５年を超えたときには労働者の申し込みに基づいて無期雇用に転換することが事業主に求められたが，無期転換者が正規雇用として位置づけられていない場合には，無期雇用への転換ではなく正規雇用への転換の仕組みが必要になる。

正規雇用への転換の社内ルールを明確化するために，正社員転換制度を導入する企業も増えており，厚生労働省「令和３年パートタイム・有期雇用労働者総合実態調査」によると，４割程度の企業が制度を導入している。転換の基準としては，人事評価の結果，勤続年数，上司の推薦などがあげられており，これらの基準を満たす者に対して，本人の希望を前提に試験や面接を実施して行うケースが多い。転換制度は，労働者のモチベーションの向上やキャリア展望を持ってスキル向上を図るための施策として位置づけられており，人材育成策や評価制度と一体となって運用される。

ただし，転換制度があってもそれが活用されない企業も多い。その理由として，正社員になると転居転勤が発生する，労働時間が長くなる，など，正社員の労働条件のハードルが高いことがあげられる。そのため，転換者については原則として転居転勤をさせない，などの制度化を行う企業もある。

福島県にある株式会社東邦銀行では，パート社員からフルタイム有期契約の嘱託社員を経て行員になる転換制度を実施している。転換に当たっては，本人の希望と所属長の推薦，一定以上の業績考課であること，などが条件になっている。パート社員から嘱託社員への転換は年間20名程度，行員への転換も近年は年間10名を超えるなど，利用実績も多く，転換者がその後役職に登用されたケースもある。

3．非正規労働者の待遇改善政策

❖ 正規労働者との不合理な待遇差の解消の考え方

以上みてきたように，非正規労働者の雇用に関しては，能力開発機会やそれと関連する処遇面で課題が残されている。正規労働者と比べた不合理な格差を解消することは，重要な政策課題であった。1993年にパートタイム労働法が施行され，パートタイム労働者の雇用管理改善についての法的枠組みは整備されてきたものの，適用対象は所定労働時間が通常の労働者（いわゆる正社員）よりも短いパートタイム労働者に限定され，処遇の考え方も具体性がないといった問題があり，非正規労働者の待遇を包括的に改善する必要性は高かった。

2020年４月（中小企業は2021年４月）に，パートタイム労働法を改正した「パートタイム・有期雇用労働法」が施行された。同法により，派遣労働者を除く直接雇用の非正規労働者の待遇改善策が前進した。なお，派遣労働者は，雇用の特殊性から別途労働者派遣法改正で対応が行われたが，基本的な考え方は同様である。

パートタイム・有期雇用労働法には，雇用形態にかかわらず公正な待遇の確保のために，①不合理な待遇差を解消するための規定の整備，②労働者に対する待遇に関する説明義務の強化，③不合理な待遇差等に関する労使間のトラブル解決のための行政による履行確保措置及び裁判外紛争解決手続の整備等，が盛り込まれた。

このうち，①不合理な待遇差を解消するための規定の整備として，パートタイム・有期雇用労働者の待遇について，正規労働者との間で「均等待遇」もしくは「均衡待遇」の確保が図られることとなった。

「均等待遇」,「均衡待遇」とは何か。正規労働者と非正規労働者との間には賃金面，能力開発面，あるいは福利厚生面などで違いがあるのが一般的である。両者の間には，職務の内容や責任，働き方に違いがあるために，それが処遇に反映されていると考えられる。その場合，職務内容や働き方が違うことよる処遇面での違いは，どれくらいならバランスが取れて納得性が得られるのか，ということを考えなくてはならない。企業により，正規労働者と非正規労働者の置かれた状況は多様であり，同じ企業の中でも個別性が高い。しかし，非正規労働者にとって納得性のある労働条件が提示されなければ，意欲をもって働き続けることは難しい。

まず，就業の実態に関して，①職務の内容（業務の内容と責任の程度），②職務内容・配置の変更の範囲（人材活用の仕組みや運用など），の２つの要件において，通常の労働者と比較して判断される。②職務内容・配置の変更の範囲は，キャリア形成の違いと言い換えてもよいだろう。たとえばスーパーで正社員とパート社員が同じ仕事をしていても，正社員は様々な仕事を順番に経験してキャリア形成をするのに対して，パート社員は同じ仕事を続けていくというのであれば，一時的に両者が同じ仕事をしていてもキャリアが異なると考えられる。

上記①と②の２つの条件が正規労働者と同じ非正規労働者であれば，非正規労働者に対する差別的取り扱いは禁止され,「均等待遇」が求められることになる（法第９条)。２つの条件が同じでない場合は，①職務内容，②職務内容・配置の変更の範囲，③その他の事情，を考慮してバランスの取れた待遇「均衡待遇」が求められ，不合理な待遇差が禁止される（法第８条)。

「均衡待遇」というのが非常にわかりにくいが，この概念が登場するのは，日本の職場においては，賃金が仕事ではなく個人の能力等により支払われているために，欧米のような「同一労働同一賃金」の原則をあてはめにくいからである。正規労働者の間でも，同じ仕事に就いていながら労働者個人で賃金水準は異なるのが一般的である。それは勤続や個人の能力評価による部分が大きいからである。これが職務内容に応じて賃金水準が決まる欧米とは異なる点で，正規－非正規の賃金格差が生じる背景の１つである。

❖ 不合理な待遇差とは何か

パートタイム・有期雇用労働法の制定過程では，「同一労働同一賃金の導入」ということが繰り返し指摘されてきており，法律が成立したことにより，正規と非正規の賃金決定においてはこのルールが適用されるようになったと考えがちである。しかし，日本の一般的な賃金の決定は，「職務」という仕事の値段で決まるのではなく，「職能」という人の価値で決まるため，「同一労働同一賃金」というルールを当てはめることが難しいケースが多い。法律が求めているのは，「同一労働同一賃金」ではなく，正規と非正規の不合理な待遇差を解消することである。

それでは，不合理な待遇差はどのように判断されるのか。厚生労働省は，どのような待遇差が存在すると不合理なのかについての原則となる考え方及び具体例を示した「同一労働同一賃金ガイドライン」を策定した。

まず，パートタイム・有期雇用労働者の様々な待遇について，当該待遇の性質及び目的に照らして適切と認められる要素を考慮して判断するとされている。ここで待遇には，基本給，手当，昇給などの賃金だけでなく，福利厚生，キャリア形成・能力開発なども含まれる。

たとえば，基本給に勤続年数に比例して支給する部分がある場合には，非正規労働者の勤続を反映させて支給額を決定することが求められる。また，交替制勤務などの特殊な勤務形態に対して手当を支給する場合には，同じ勤務をする非正規労働者にも同様の考え方で手当を支給する必要がある。

しかし，そもそも正規労働者と非正規労働者では賃金の決定基準・ルールが異なるというケースが一般的である。その場合に，非正規は期待する役割が正規とは違うから，という説明だけでは不十分であり，正規との違いが非正規の雇用の実態に照らして合理性があるか，という視点から社内で検討し，説明を求められたときに待遇差の考え方などについて説明をする必要がある。「同一労働同一賃金」というと，同じ仕事をしているかどうかという点に注目しがちであるが，同じ仕事でなくても正規とのバランスが取れているか，という観点からの待遇のあり方を点検していくことが重要なのである。

❖ 派遣労働者の待遇改善

派遣労働者に関しても，パートタイム労働者等と同様に正規との待遇差の解消が必要であり，労働者派遣法を改正し，不合理な待遇差を解消するための規定の整備など，パートタイム・有期雇用者と同様の規定が盛り込まれ，2020年４月に施行された。派遣労働者の場合には，派遣先が変わると賃金水準も変わる可能性があるという特殊性に鑑み，パートタイム労働者等とは異なる考え方が盛り込まれた。

まず，派遣労働者の待遇について，派遣元事業主には，「派遣先均等・均衡方式」（派遣先の通常の労働者との均等・均衡待遇），もしくは「労使協定方式」（一定の要件を満たす労使協定による待遇）のいずれかを確保することが義務付けられており，派遣元企業が決定することとなっている。

「派遣先均等・均衡方式」は，パートタイム労働者等と同様の考え方で，派遣先の労働者との不合理な待遇差の解消等が求められる。派遣元企業と派遣先企業の両方が連携する必要があるというものである。

派遣労働者に特有な仕組みとして「労使協定方式」がある。これは，派遣元企業の過半数労働組合又は過半数代表者（過半数労働組合がない場合）と派遣元事業主との間で一定の事項を定めた労使協定を書面で締結し，原則としてこの労使協定に基づき待遇が決定される。賃金に関しては，同種の業務に従事する一般労働者の平均的な賃金額と同等以上の額とすることや，派遣労働者の職務内容，成果，能力または経験などが向上した場合には，それを公正に評価して改善することが求められている。派遣先が行う教育訓練の一部や福利厚生施設の利用は，派遣先の通常の労働者との不合理な待遇差がないようにしなければならない。

労働政策研究・研修機構「派遣労働者の同一労働同一賃金ルール施行状況とコロナ禍における就業状況に関する調査」［2021］では，改正法施行後の派遣労働者の待遇決定の方式を調査しており，労使協定方式を実施する派遣元が９割程度と圧倒的多数である。また，派遣労働者の賃金と派遣料金について，約半数で「増えた」としている。

4．非正規雇用のキャリア開発をどう進めるか

非正規雇用といっても，その形態や働く人の意識は多様であり，一括りで議論できない多様性がある。非正規をすべて問題として正規化を進めようとしてもそれは現実的ではない。だからといって非正規の問題を放置することは無責任であり，個々の働き方や能力発揮の実態，さらには今後のキャリアの希望を踏まえた対応が求められることは言うまでもない。

労働市場を取り巻く状況から今後労働供給が制約され，多様な人が多様な形態で働くことがますます多くなっていくと考えられる。組織において，短時間で働く，短期で働くなど，働き方が大きく異なる労働者について，働き方が異なるからと低い処遇で対応していると，人材活用のロスが生じて企業の活力維持の観点間からも問題が多くなるだろう。「働き方」ではなく「働き」に応じた処遇のあり方がより重要性を増してくる。

こうした将来を展望すると，労働者自身も，職場の制度や様々な施策をよく理解し，それを活用して自身のキャリアを開発していくことが重要になる。本章で取り上げた均衡待遇や正規雇用への転換制度などは，各社の人材活用の仕組みや非正規の位置づけなどによって多様な制度がある。こうした制度について理解を深めて，自身の将来のキャリア展望をもちながら仕事に向き合うことが求められる。

本章のポイント

①非正規雇用が拡大し，若年層での非正規化が進んできた。新卒採用者を長期的な視点で育成してきた日本企業の仕組みが変化し，長期育成システムに乗らない労働者が若年層で増えていることは，社会全体からみても懸念材料である。

②正規雇用と比べると，非正規雇用に関しては企業の育成のモチベーションが低くなりがちである。しかし，非正規の基幹労働力化が進み，その先に正規への転換制度なども実施されるようになっており，こうした施策を理解したキャリア展望を持つことが，労働者に求められる。

③非正規雇用の拡大に伴い，有期雇用，パートタイム雇用，派遣就労といった側面から法制度の対応も進んできた。特に，正規労働者との「均等・均衡処遇」や，正規への転換制度など，重要な施策が進められている。

■注

(1)「若年層のパート・アルバイト及びその希望者」は年齢が15歳から34歳までで，男性は卒業者，女性は卒業で未婚の者のうち以下の者とした。
①雇用者のうち「パート・アルバイト」の者
②完全失業者のうち探している仕事の形態が「パート・アルバイト」の者
③非労働力人口で，家事も通学もしていない「その他」の者のうち，就業内定しておらず，希望する仕事の形態が「パート・アルバイト」の者

コラム　パートタイム先進国オランダの働き方

先進国で最もパートタイム労働者の割合が高いのがオランダである。オランダのパートタイム労働者の中には，男性も多く含まれる点が特徴的である。

オランダは，天然ガスの発見などにより経済的に豊かな国となり，1970年代前半まで好景気で賃金も上昇し，福祉も充実させることができた。男性の収入で家計が維持でき，性別役割分業が強い社会であった。しかし，1970年代の石油危機を契機に経済が低迷し，財政赤字化や高い失業率を経験し，「オランダ病」といわれる事態になった。そこで82年に，政府と労働組合，経営者の三者がオランダの都市のワッセナーにおいて，オランダ経済を立て直すため「ワッセナー合意」を締結し，この合意を契機に労働市場が大きく変化する。

合意の内容は，「労働者側は賃金の削減に協力する」，「企業側と労働者側は雇用の確保・創出のために労働時間の短縮を認める」，「政府は，財政支出の削減を行い財政を再建し，労働者の所得減少を補うために減税を行う」というものである。賃金が抑制されたために女性が働き世帯収入を維持する動きが活発化し，女性の労働力率が上昇，パートタイム就業が拡大する。これにより，ワークシェアリングが進み，失業率が改善し景気も回復して，「オランダの奇跡」として世界から注目されるようになった。

90年代に法整備が進み，96年には，フルタイム労働者とパートタイム労働者の間の均等処遇が規定される。賃金，手当，福利厚生，教育訓練，社会保険制度への加入，などの労働条件に勤務時間の長短による差を付けることが禁止された。これにより，パートタイム労働者とフルタイム労働者の間で格差が固定化されるという問題は解消された。また，2000年の「労働時間調整法」により，労働者に，時間当たり賃金水準を変えずに労働時間を短縮・延長できる権利が認められた。2015年には「フレキシブル・ワーク法」となり，就業時間帯や就業場所の変更を申請する権利が労働者に与えられた。

パートタイム労働者が多い職種は偏りがあるものの，短時間で働く専門職や管理職なども増えている。オランダの働き方は，夫婦で1.5人分働くという考え方が広がってきている。パートタイムで働くことのデメリットを取り除き，パートタイム就労を積極的に位置づけて社会問題の解決につなげた「オランダ・モデル」が注目されている。

第12章　職場の問題への対処

働き方改革が進み職場環境が整備される一方で，働きすぎの問題やハラスメントの発生など，職場の中では様々な問題が発生している。職場で生じる問題は，個人の職業キャリアの展開においても看過できない。企業としては，こうした問題が起こらないような環境整備を進め，問題が生じた場合には迅速な対応が必要なことは言うまでもない。働く側としても，自身がこうした事態に直面した場合に，毅然と対処しなくてはならず，まさに自律的な判断が求められる場面となる。職場で発生する様々な問題に，組織や労働者はどのように対処できるのか。

1．職場で生じる問題

❖ 問題の発生状況

2010年代に，企業の利益追求のために，違法もしくは法違反すれすれの労働条件で働かせる「ブラック企業」が社会問題となった。

筆者らは，ブラック的な働き方の実態を把握するための調査研究(1)として，「働き方の現状と対応に関する調査」を実施し(2)，ブラック企業の実態について分析をした。労働者の勤め先の「ブラック企業認識」について，「違法な長時間労働や賃金不払い残業，離職率が極端に高いなど若者を使い捨てにするような企業が『ブラック企業』と言われていますが，あなたの勤め先はそれにあたると思いますか」と尋ねた。その結果，「そう思う」が7.1%，「どちらかというとそう思う」が15.0%と，合わせて2割強（22.1%）が現在の勤め先を「ブラック企業」と考えていることが明らかになった（**図表12-1**）。

その後，ブラック企業と名指しされた企業が自ら働き方改革を行うなど一定の改善が図られ，ブラック企業問題はピーク時に比べると多少収まってきた印

（図表12-１）　勤め先は「ブラック企業」か

（％）

		サンプル数	そう思う	どちらかというとそう思う	どちらかというとそう思わない	そう思わない	わからない
合計		1,565	7.1	15.0	27.3	40.3	10.4
規模・雇用形態	中小正規	419	10.3	16.7	30.5	30.3	12.2
	中小非正規	252	5.6	19.8	23.4	38.9	12.3
	大企業正規	614	5.7	11.1	27.4	45.6	10.3
	大企業非正規	280	6.8	16.8	25.7	44.6	6.1

出所：武石他［2015］より。

象もある。ただし，連合総合生活開発研究所「第 38 回　勤労者の仕事と暮らしについてのアンケート調査」[2019] で確認すると，勤め先が「ブラック企業」だと考える割合は26.8%（「そう思う」8.3%，「どちらかというとそう思う」18.5%）で，問題の発生状況に大きな変化はないようである。

同じ連合総合生活開発研究所のアンケートによると，過去１年間に職場で何らかの「違法状態」があったとする割合は26.9%，何らかの「問題状況」があったと認識する割合は51.0%である。「違法状態」については，「払われるべき残業代の未支払い」「有給休暇の取得不可」が多い。「問題状況」については，「短期間で辞めていく人が多い」「パワーハラスメントが行われている」「求人や面接時に示された労働条件と実際の労働条件が違う」といった状況が指摘されている。

❖ ブラック的な働き方

自分の勤め先を「ブラック職場」と感じてしまうような意識には，どのような就業実態があるのだろうか。

筆者らが実施した前述「働き方の現状と対応に関する調査」では，「ブラック的」な働き方に該当するような項目（**図表12-２**上段参照）をあげ，そうした状況が過去３年間にあったかについて尋ねている。その結果，半数近くが「上記のようなことはない」（45.7%）と回答しているが，「長時間労働が日常

（図表12-２）　過去３年間の職場の状況（「あった」と回答した割合，複数回答）

（%）

		サンプル数	長時間労働が日常的に行われている	休憩時間を取らせてもらえないことがよくある	あらかじめ定められた休日に休めない	短期間で辞めていく人が多い	求人や面接のときに示された労働条件と実際の労働条件が違う	嫌がらせとして配置転換、転勤、出向等が行われている	退職したいと申し出ても辞めさせてもらえない	会社が労働者を自主的な退職に追い込もうとする	普通の努力では不可能なノルマが課せられる	パワーハラスメントが行われている	セクシュアルハラスメントが行われている	職場で暴力が放置されている	仕事により心身の健康を害した人がいる	上記のようなことはない
合計		1,565	23.5	8.0	6.2	20.3	7.9	4.3	4.0	4.3	4.0	11.2	4.9	2.0	23.1	45.7
規模・雇用形態	中小正規	419	25.8	9.1	7.2	20.3	6.9	4.8	5.0	5.3	3.6	11.0	4.5	2.1	23.2	44.6
	中小非正規	252	17.5	7.9	5.6	36.1	11.5	2.0	5.6	4.4	2.4	12.3	3.6	1.2	20.2	43.3
	大企業正規	614	24.9	7.3	6.5	10.9	5.5	4.6	3.4	2.6	4.7	10.7	5.5	2.3	24.4	47.7
	大企業非正規	280	22.5	7.9	4.6	26.4	11.1	5.0	2.5	6.4	4.3	11.8	5.4	1.8	22.9	45.0

【問題の類型別】		サンプル数	労働時間	雇用の劣化	ノルマ・賃金	人格・人権侵害	心身の健康
合計		1,565	28.6	27.2	4.0	14.2	23.1
規模・雇用形態	中小正規	419	30.3	27.4	3.6	13.8	23.2
	中小非正規	252	22.2	41.7	2.4	14.3	20.2
	大企業正規	614	31.1	17.9	4.7	14.2	24.4
	大企業非正規	280	26.1	34.3	4.3	15.0	22.9

出所：武石他［2016］より。

（図表12-3）　職場の問題の類型別「ブラック企業認識」の状況

	サンプル数	平均値	標準偏差
労働時間	413	2.39	1.03
雇用の劣化	397	2.51	1.02
ノルマ・賃金	57	2.84	1.01
人格・人権侵害	211	2.43	1.02
心身の健康	342	2.28	1.01
上記のようなことはない	619	1.43	0.67

注：「ブラック企業認識」は，「勤め先を『ブラック企業』と考えるか」という質問への回答をポイント化して比較している。回答のうち「わからない」と回答したサンプルを除外し，「そう思う」4点から「そう思わない」1点まで配点している。
出所：武石他［2016］より。

的に行われている」（23.5%），「仕事により心身の健康を害した人がいる」（23.1%），「短期間で辞めていく人が多い」（20.3%）といった状況は2割強の人が経験している。

この13項目を集約するために，労働運動総合研究所編［2014］の「『ブラック企業』の類型化」を参考に，**図表12-2**下段に示す5つの類型に分類した。各類型にあてはまる項目のうちの1つ以上に回答している割合を示しているが，「労働時間」（28.6%）と「雇用の劣化」（27.2%）が3割弱を占め，「心身の健康」（23.1%）も比較的多い。5つの類型すべてに該当するとした割合は全体の1.2%，4類型が2.7%，3類型が7.5%，2類型14.8%，1類型28.1%と，3つ以上の問題の類型に該当するというケースは全体の1割強である。

それぞれの類型に該当する場合に，いずれの類型にもあてはまらない場合と比べて「ブラック企業」の認識はどの程度異なるのか。**図表12-1**に示した「勤め先を『ブラック企業』と考えるか」という質問への回答を得点化して比較した。回答のうち「わからない」と回答したサンプルを除外し，「そう思う」4点から「そう思わない」1点まで配点し，各類型に該当する個人の平均点を「ブラック企業」認識の程度とみなした。その結果，いずれの類型にもあてはまらない場合の平均は1.43であるが，各類型にあてはまると平均は有意に高くなる。

特に，「ノルマ・賃金」や「雇用の劣化」は平均が2.5を超えて高い水準である（図表12-３）。

❖ ハラスメント

職場で生じる問題として，「ハラスメント」がある。

最初に注目されたハラスメントの類型が，職場における「セクシュアルハラスメント」である。1989年に福岡地裁にセクシュアルハラスメントの被害を訴えた女性が勝訴し，裁判において性差別が背景にあると問題視された。これを契機に，女性を職場のパートナーとしてとらえない性的な言動が，多くの女性の尊厳を不当に傷つけ，能力発揮を阻害しているという課題が顕在化した。

1999年に施行された改正男女雇用機会均等法において，女性労働者に対するセクシュアルハラスメント防止のための配慮義務を事業主に課し，その後2007年施行の改正では，男女労働者へのセクシュアルハラスメント防止のための雇用管理上の措置を事業主に義務付けるなど法的整備が進められた。しかし，現在もセクシュアルハラスメントに関する行政への相談は多く，厚生労働省が発表している「都道府県労働局雇用環境・均等部（室）における法施行状況について」によれば，年間約7,000件の相談があり，男女雇用機会均等法に関する相談の３割を占めるなど高止まり傾向にある。

セクシュアルハラスメント以外にも，職場におけるハラスメントは，様々な形で働く人の環境に影響を及ぼし，順次対応が行われてきた。

妊娠・出産，育児休業等に関するハラスメント，いわゆる「マタニティハラスメント」（パタニティハラスメントも存在する）については，2017年施行の改正男女雇用機会均等法（妊娠・出産に関して），及び改正育児・介護休業法（育児・介護休業者等に関して）により，就業環境を害することがないよう防止措置を講じることが事業主の義務となった。

さらに多くの労働者に共通するハラスメントとして職場における「パワーハラスメント」が問題視されるようになる。上司からの厳しい叱責や過大・過小な仕事の押し付け，あるいは職場の中で人間関係の不和など，労働者からみると，いじめ，いやがらせを受けていると感じる場面があり，それによって精神疾患を発症したり，悩んだ末に自殺に追い込まれるというような状況にも至ってしまう。2020年（中小企業は2022年）に施行された改正労働施策総合推進法において，事業主にパワーハラスメントの防止措置を講じることが義務付けられた。

ハラスメントの認定の難しさは，例えば「叱責」という行為でも，その時の状況や，相手との関係性により受け止め方が異なってくるという点にある。法律では，客観的にみて業務上必要かつ相当な範囲で行われる適正な業務指示や指導については，職場におけるパワーハラスメントには該当しないとしているものの，どこからがパワーハラスメントになるのかの線引きは難しく，実態に沿って判断されることとなる。

厚生労働省委託事業として実施した東京海上日動リスクコンサルティング「令和２年度 職場のハラスメントに関する実態調査」によると，過去３年間にハラスメント等の相談があったと回答した企業の割合が高いのが，「パワハラ」(48.2%)，「セクハラ」(29.8%)，「顧客等からの著しい迷惑行為」(19.5%）となっている。法律では対応できていない顧客からの迷惑行為，いわゆる「カスタマーハラスメント」も増加傾向がみられ，対応が不適切であった場合に事業主が賠償責任を求められる裁判例も出てきている。

❖ メンタルヘルス不調やストレス

職場の問題は，精神的な疾患を含めて従業員に悪影響を及ぼす。

厚生労働省「労働安全衛生調査」[2021] の「個人調査」によりストレスの発生状況をみると，現在の仕事や職業生活で「強いストレスとなっていると感じる事柄がある」とした割合は53.3%と半数を超えている。その内容（主なもの３つ以内）をみると，「仕事の量」が43.2%，「仕事の失敗，責任の発生等」が33.7%，「仕事の質」が33.6%，「対人関係（セクハラ，パワハラを含む)」が25.7%などとなっている。

同じ調査の「事業所調査」ではメンタルヘルス不調により連続１か月以上休業した労働者又は退職した労働者がいたかどうかを尋ねており，そのような労働者がいたとする事業所の割合は10.1%である。また，労働者全体からみて，連続１か月以上休業した労働者は0.5%，退職した労働者は0.2%となっている。

2．問題が生じる背景

❖ 社会的な背景

働き方改革が進み，職場環境は以前に比べると改善してきているようにもみえるが，職場の中では様々な問題が生じている。この背景を考えてみたい。

「ブラック企業」という言葉が登場したのは，2000年代半ばに，ある労働者がインターネット上に書き込んだときだという。1990年代半ば，新卒の就職氷河期といわれ大卒新卒者が正規雇用で働けないケースが増え，若者のフリーターやニート（NEET）の問題がクローズアップされてきた時期である。

過労死や退職強要など，以前から問題のある企業はあったが，それは特殊なケースとみられていた。しかし，90年代終わり頃から，働き過ぎやハラスメントなどの職場の問題が，特定の職場のみに起こるのではなく，多くの職場で身近なところで起こりうるものであるという認識が，雇用環境の厳しさの中で共有化されていった。特に，コスト競争など企業間の競争が激化する中で，働く現場にいる労働者，とりわけ経験が浅いという点で貢献度が低いと考えられた若者が，就業条件の悪化という形で競争環境の激化のしわ寄せを受けた。若者の労働問題に取り組むNPO法人POSSE代表の今野氏は，ブラック的な働き方が社会構造の中から生じており，その問題を考えることが重要だと指摘する（今野［2012］)。

経営に余裕があった時代であれば，忙しく働いても手当や昇給・昇進という形での報酬が期待できた。第1章で，「心理的契約」という概念を紹介したが，雇用の安定や能力開発など従業員にとって望ましい施策を組織が提供し，その結果として収入やポストが上昇するという形で，働く側が組織に対する信頼を感じていた。契約として明文化されていなくても，組織と個人の間にはギブ・アンド・テイクといった信頼関係が成立していれば，仕事が忙しかったり上司の指導が厳しくても，仕事への意欲が喚起されキャリアを見通すことができた。

しかし，濱口［2013］が，ブラック企業での働き方を「見返りなき滅私奉公」と指摘するように，経営者の都合で過重な労働を強いられながら，それに見合った報酬が提供されないだけでなく，場合によっては違法な就業実態が常態化し，離職に追い込まれたり健康を害するといった，深刻な状況につながってしまう状況が，若者を中心に見過ごせない状況となってきた。働きに見合った見返りが期待できなくなることにより，仕事をする意義が感じられなくなり，将来への展望も描けなくなっていく労働者が増えているとすれば大きな問題である。

ところで，こうした職場の問題は，日本特有の問題なのだろうか。労働時間の問題に詳しい小倉は，賃金不払い残業であるいわゆる「サービス残業」に注目して研究レビューを行っている。欧州でも成果が求められる管理職層などでサービス残業が存在しているという（小倉［2015］）。経済のグローバル化等による企業経営を取り巻く状況変化は，先進国に共通して起きていることであり，労働時間や賃金などの労働条件の劣化という形で労働者にしわ寄せが出ているといえよう。ただし，「サービス残業」に関して，とりわけ日本では，労働者数の多さと時間の長さにおいて特徴があることを示唆しており，「Karoushi」という言葉に象徴されるように，働き過ぎが幅広い産業や職種で共通の問題になっている点に日本特有の課題がありそうだ。

❖ 職場の構造

それでは，職場の中で生じる問題は，どのような職場状況に起因して生じているのだろうか。筆者らは，自分の勤め先を「『ブラック企業』と認識」する，さらにこの認識と深く関連している「『ブラック的』な働き方の5類型」について，その認識や実態の有無がどのような状況において生じやすいのかを検討した（武石他［2016］）。

検討の結果を紹介すると，ブラック企業の認識やブラック的な働き方が生じる背景として，年齢や学歴などの個人属性や，企業の規模，業種などの企業属性，さらには正規か非正規かといった就業形態などの要因の影響は限定的である。特定の産業や非正規雇用でブラック的な働き方が生じているというイメージがあるが，必ずしもそれはあてはまらない。一方で，職種の特性，さらにそれ以上に職場の状況の影響が大きいことが明らかになった。

職場の特徴について具体的にとりあげると，「上司と部下のコミュニケーションが少ない」「残業が多い，休みがとりにくい」「失敗が許されない，失敗への許容度が低い」「業績が低下している，低調である」「従業員間の競争が激しい」

「評価と業績との連動が徹底している」「人を育てる雰囲気がない」といった状況があると，労働者は「ブラック企業」と認識する傾向が高まる。**図表12-4**は，職場の状況としてとりあげた項目に「あてはまる」か否かのパターン別に，先に述べた「勤め先を『ブラック企業』と考えるか」という質問への回答のポイントを比較したものであるが，上述した項目で，「あてはまる」と回答している場合に，あてはまらない場合に比べてポイントが高い。

これまでの研究においても，労働者の「ブラック認識」と関係の深い賃金不払残業などの問題が発生する背景として，成果重視の報酬制度や利益目標，残業禁止制度の存在があるとされており，一方で，コンプライアンス研修や全社

（図表12-4）　職場の状況別「ブラック企業認識」

（ポイント）

職場の状況	あてはまる	あてはまらない
上司と部下のコミュニケーションが少ない	2.30	1.77
残業が多い，休みがとりにくい	2.37	1.73
業績が低下している，低調である	2.27	1.81
失敗が許されない，失敗への許容度が低い	2.26	1.82
従業員間の競争が激しい	2.45	1.85
評価と業績との連動が徹底している	2.13	1.86
正社員・正職員やパート，派遣など様々な立場の従業員が一緒に働いている	1.91	1.86
従業員の年代に偏りがある	2.03	1.83
中途入社の人が多い	2.09	1.81
従業員同士がお互いに干渉しあわない	1.98	1.86
他部署や外部との交流が少ない	2.05	1.83
人を育てる雰囲気がない	2.26	1.75
仕事以外の付き合いがない	2.00	1.84
上記にあてはまるものはない	1.49	1.94

注：それぞれの職場の状況に「あてはまる」と回答したか否かにより，「ブラック企業認識」のポイントを比較している。ポイントは図表12-3と同様。

出所：「働き方の現状と対応に関する調査」結果を筆者が分析。

的な残業調査を実施していることが問題発生を抑制することも明らかになっている（小林［2015］）。

職場の問題は，企業がどのような経営方針の下で人材活用策を決定しているか，それに伴いどのような制度や施策を導入するかにより，それが職場のマネジメントや雰囲気に影響を及ぼすことで生じるとみることができる。その意味では，こうした問題は，制度や施策によって制御できると考えられ，企業としてこの問題に適切に取り組むことが求められる。職場の問題に対しては，何よりも防止策を講じることが重要であり，ハラスメントを例にあげると，法律において問題となるハラスメントの範囲を決め，それが生じない防止策を事業主に求める，という手法がとられてきたのである。

❖ コミュニケーションの重要性

ハラスメントのような問題は，職場のマネジメントの機能不全から生じている部分も大きい。その１つの要因として，管理職が多忙になっており，部下に丁寧に対応することが難しくなっているという管理職の働き方の問題がある。同時に，若い世代が職場や仕事に求める意識や価値観が上の世代と大きく異なり，上司世代が受けてきたのと同じような育成指導のやり方が通用しにくくなってきたという世代間ギャップの大きさもあげられる。上司が部下を成長させようとして厳しい経験を与えようとしても，それをハラスメントと受け止めかねない部下のマインドが存在し，上司がハラスメントと受け止められるのを恐れて部下育成がやりにくくなっているという現場の声も小さくない。

上述のように，「上司と部下のコミュニケーションが少ない」とブラック企業の認識が高まるが，パワーハラスメントに関しても，「上司と部下のコミュニケーションが少ない/ない」と回答する割合は，ハラスメントを受けた経験者の方が未経験者よりも高いことが明らかになっている（東京海上日動リスクコンサルティング［2021］）。

世代間のギャップも含めてコミュニケーションギャップが問題につながる実態があり，職場の中で上司と部下が円滑にコミュニケーションをとり，誤解や行き違いの芽を摘んでおく，問題が生じても深刻になる前に解決する，ということが重要なポイントとなる。

3．問題発生への対処行動

❖ 権利を理解して問題認識を持つ

違法な働き方やハラスメントが放置されている状況は問題であり，早急に改善されなくてはならない。賃金不払残業が短期的に企業の経常利益向上につながるとの研究結果（小林［2015］）もあり，違法状態を監督する政府の責任は大きい。同時に，働き方における問題が発生したときに，労働者個人は何ができるのか，という点も重要である。

ブラック企業の実態が明らかになる中で，ブラック企業にいながら辞めない，声を上げない労働者の存在が指摘されてきた（今野［2015］）。ブラック企業に入社した若者が，その実態に順応し，あるいは悪いのは自分ではないかと考えるようになり，ブラック企業から離れられなくなる構造がある。

ブラック的な働き方をしている場合でも，勤め先を「ブラック企業」と認識する場合とそうでない場合とがある。違法労働とはいえないが長時間労働，休みが取りにくいなど厳しい働き方をしている場合に，仕事への魅力や働きに見合った報酬などの「見返り」があれば，自分の勤め先をブラック企業とは考えにくい。反対に，将来性がない仕事であるとか，働きに見合った報酬を受け取っていないと感じる場合には，同じ就労実態でもブラック企業という意識が強くなるだろう。今経験している苦労が「割に合うものか」といった主観が，「ブラック認識」にかかわってくる。しかし，すぐに辞める必要があるほどのブラック企業なのか，キャリアの浅い労働者が判断するのは難しい。

明らかな違法労働に関しては，「見返り」にかかわらず毅然とした対応が必要である。サービス残業は労働基準法違反であるが，この問題が普通に起きていると法違反であることを忘れてしまう。労働者の最低の権利が守られていなければ，直ちに是正すべきであることはいうまでもない。そのためには，自分の権利について正しい知識をもち，自分が置かれた状況を労働法に照らして適切に判断することが不可欠だが，労働者がそうした知識を十分に備えているとは限らない。

職場で発生した問題に適切に対応するためには，働き方についての問題意識

（図表12-５）　労働に関する権利等の認知度

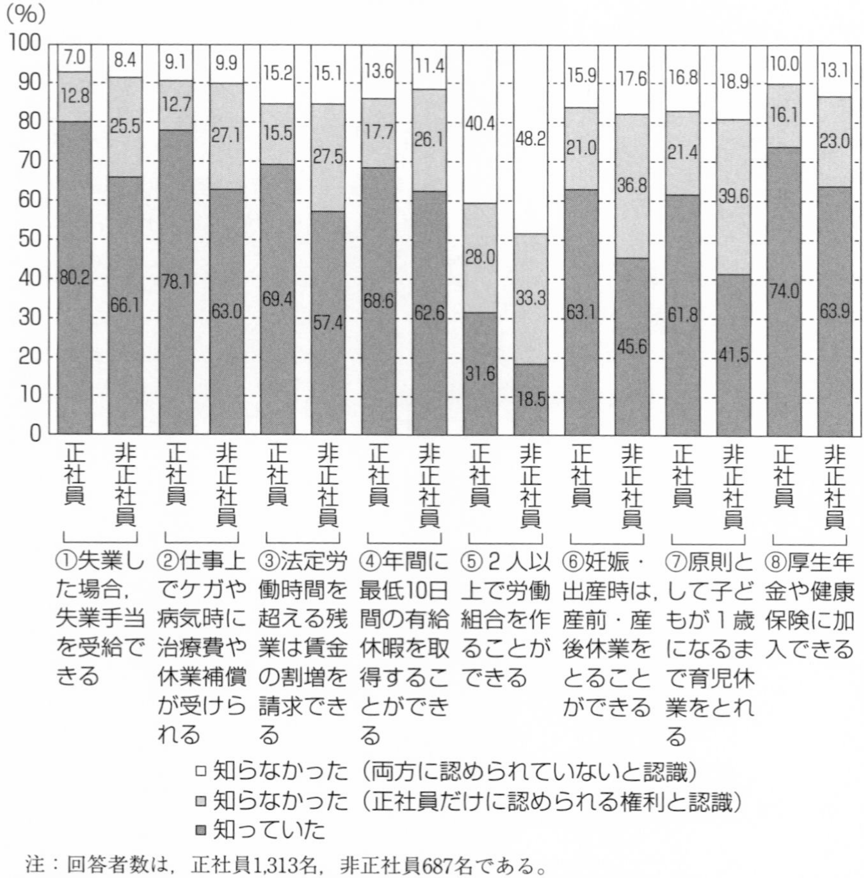

注：回答者数は，正社員1,313名，非正社員687名である。
出所：連合総合生活開発研究所「第38回勤労者の仕事と暮らしについてのアンケート調査」［2019］

を持つことが必要で，そのためには労働に関する権利について正しく理解し，それに照らして自身の働き方や職場環境を客観的に判断できる力が労働者には求められる。労働に関する基本的な権利事項について，その認知度を正社員と非正社員に分けた結果が**図表12-５**であり，正しく認知されていない項目も多く，特に非正社員で認知度が低い。

そのために，労働者や若者に対する取組みも始まっている。労働組合のナショナルセンターである連合が中心となり，職場で働く際の労働法の規定（ワークルール）に関する習得を目的にした「ワークルール検定」が実施されている。こうした取組みにみられるように，労働法など権利理解の促進，相談機関の連携による被害者救済の重要性が認識されつつある。

❖ 退出か発言か

勤め先に問題があると感じた場合に，個人は，どのような行動をとれるのか。「できるだけ早く逃げる」（大内［2014］）という方策もあるが，実際にはすぐに退職して次の仕事が見つかる保証はなく，現実的な対処は現状を誰かに相談し対処を求めることになろう。

労働組合の機能についての研究で著名なフリーマン（Freeman, R.B.）とメドフ（Medoff, J.L.）は，第４章で紹介したハーシュマン（Hirschman, A.O.）の「退出・発言モデル」を労使関係において展開している。フリーマンとメドフは，労働組合が従業員の発言を集約することで，従業員の労働条件等に対する不満を解消して離職を減らし，経営的にもメリットがあるとした（Freeman, & Medoff［1984］）。ブラック的な働き方が生じている場合に，「退出」という選択ももちろんありうるが，労働者の「発言（voice）」により現状を変えるという積極的な対処行動は重要であろう。

厚生労働省「令和元年　労使コミュニケーション調査」によれば，過去３年間に自分自身の処遇等についての不平や不満が「ある」とする割合は33.7％で，事業所等に不平や不満を伝えたことが「ある」労働者は 11.7％と不満がある労働者の３分の１にとどまる。

また，日本労働組合総連合会「ブラック企業に関する調査」（2014年）により，勤め先が「ブラック企業」だと感じた場合，そのことを誰か・どこかに相談したことがあるかを尋ねた結果をみると，「相談したことはない」が46.8％と半数近くを占め，相談相手は「家族」（34.2％）や「友人」（31.6％）などの身近な人で，「直属上司」（4.0％）など職場関係者や「労働基準監督署・労働局」（1.9％）などの公的機関への相談は極めて少なく，「勤め先の労働組合」は労働組合がないケースが多いと考えられるものの0.9％でしかなかった。

職場の中で発言をするというのは勇気が必要な場合も多いが，中長期的な視点で職場の改善を望むという対処姿勢が望まれよう。

❖ 発言を引き出す要因

働く上で問題が生じた状況に対して労働者が発言するためには，労働組合による支援や，労働法などの権利に関する理解が重要であると考えられる。厚生労働省の研究会では，労働者が，職場において不利益な取扱いを受けること予防したり不利益な取扱いを受けた場合のトラブル解決のためには，労働者自身がその権利・義務や相談窓口などの知識を習得することが求められ，そのためには，学校教育をはじめとして，若者や労働者に対して労働関係法制度の教育を行うことが重要であると提言されている（厚生労働省［2009］）。

それでは，働き方に問題があった場合に職場等で相談するという「発言」行動をとることに，労働組合や権利理解の効果がどの程度あるのだろうか。この点に関して，筆者らの分析結果を紹介したい（武石他［2016］）。「長時間労働が日常的に行われている」などの問題状況が１つでも「あった」と回答した者（850名）を対象に，「職場の状況を改善するために，どのような行動をとったか」

（図表12-６）『ブラック的』な働き方があった場合の対応状況（複数回答）

（%）

		サンプル数	職場の上司に相談した	職場の先輩や同僚に相談した	社内の苦情処理の窓口に相談した	労働組合に相談した	労働基準監督署に相談・申告した	行政の相談窓口を利用した	NPOの相談窓口を利用した	その他	何もしなかった
合計		850	16.9	19.5	5.5	3.6	3.3	1.3	1.3	1.1	63.1
労働組合への加入状況	勤め先の労働組合に加入	260	19.6	26.2	8.5	7.7	4.2	1.5	1.2	1.2	54.6
	勤め先に労働組合があるが未加入	107	19.6	18.7	10.3	0.0	0.9	0.9	0.9	0.9	65.4
	勤め先以外の労働組合に加入	33	21.2	18.2	15.2	9.1	9.1	6.1	3.0	0.0	33.3
	勤め先に労働組合はなく未加入	450	14.4	16.0	2.0	1.8	2.9	0.9	1.3	1.1	69.6

出所：「働き方の現状と対応に関する調査」結果を筆者が分析。

について，「何もしなかった」を含め，９つの選択肢をあげ，複数回答の形で質問を行っている。その結果は**図表12-６**に示すように，「何もしなかった」（63.1％）が６割強を占め，何らかの行動をとった割合は４割弱であった。

前述した「ブラック的」な働き方の類型別に，各類型の問題がある場合の発言行動の有無を分析した結果，個人属性，企業の特徴，仕事の特徴に関して，各類型に共通する要因は確認できなかった。一方で，労働組合の強い効果が確認された。つまり，「勤め先の労働組合に加入」していることが発言を高めるという関係がみられている。「勤め先に労働組合はなく未加入」と比べて，労働組合に加入していると，労働組合に相談する傾向が高いことに加えて，職場の上司・同僚や苦情処理窓口に相談する傾向も高まっており，労働組合の存在が職場の相談機能を高めている，もしくは，相談しやすい雰囲気を醸成している可能性が指摘できる（**図表12-６**）。また，権利理解の変数である制度認知についても，認知している項目が多い方が「発言」を強める傾向が示唆された。労働者が自身の権利を理解することが，「発言」行動を引き出す上で効果的であるといえよう。

４．職場の問題への対応

違法労働やハラスメントなど職場で生じる問題が，特殊なケースではなく身近な問題となっている。就職活動をしている学生が，内定の出た企業がブラック企業ではないか，と教員に相談したりネットで検索をしたりするのが，ごく普通のことになっている。

「ブラック企業」の認識は主観的な判断に委ねられる部分が大きいが，違法な労働や明らかなハラスメントなど，放置できない状況については，働く側が問題自体に気づくことが必要である。気づいたら，それを職場や外部の機関に相談する，場合によっては退職する，などの自衛策が必要になる。まさに，自身のキャリアを自律的にとらえる視点が重要である。

労働者が自身の問題に気づいて行動するためには，労働法や支援機関など，労働者の権利を擁護する制度について理解していることが必要になる。しかし労働者の自発的な学習や理解促進のみに依存しているわけにはいかない。学生などの若者や仕事をしている人たちが，働く上での権利理解のために自主的に動くことは稀である。

仕事に就く前の生徒や学生に関しては，キャリア教育の中で労働者の権利についての知識が提供されることが望まれる。また，仕事に就いた後は，「ブラック企業」が労働者の権利理解の促進策を実施することは考えにくいことから，行政や労働組合などが，企業横断的な視点から労働者の理解促進を図ることが期待されている。

本章のポイント

①違法，もしくはそれに近い条件で労働者を働かせる「ブラック企業」やハラスメントといった職場での問題が後を絶たない。こうした問題は，働く人に大きなストレスをもたらし，場合によってはメンタル上の問題を抱えかねない。

②職場で問題が生じる背景には，企業競争の激化がスキルの低い若年層の働き方に転化されている可能性があり，構造的な問題といえる。特に，コミュニケーションがとりにくいなどの職場の状況や，成果を厳しく問う人事制度などが，問題の発生と関連があり，企業組織の対応が問われる問題といえる。

③労働者も，働き方の問題があった場合には，それを認識して職場の中や関係機関に働きかけることが求められる。労働者の発言を引き出す上で労働組合の役割は重要であり，労働者の権利理解などを進めていく必要がある。

■注

(1)　本研究は，公益社団法人・教育文化協会による調査研究事業費を活用して実施したもので，佐藤厚法政大学教授，後藤嘉代労働調査協議会主任調査研究員との共同研究により実施している。本調査の分析結果は，武石，後藤，佐藤［2015］及び武石，佐藤，後藤［2016］をベースにしている。共著論文の結果を本書に掲載することについて快諾いただいた佐藤氏，後藤氏に感謝申し上げる。

(2)　調査は，正社員数30人以上の民間企業及び公務で働く20～34歳の一般社員（非管理職）を対象に実施した。調査期間は2014年９月29日～10月７日で，Web 画面上での個別記入方式で実施した。

コラム　労働組合と個別的労使紛争

本章で取り上げたような違法な働き方の問題はもとより，労働者の労働条件を改善するために労働者が単独で交渉をしても，使用者との力関係の差により，解決が難しいことの方が多い。労働者が団結して交渉することにより，労働条件改善が期待される。

このため，憲法において，労働者が団結して経営者と団体交渉を行いストライキ等の団体行動をする権利，つまり「団結権」「団体交渉権」「団体行動権（争議権，組合活動権）」の「労働三権」が保障されている。この権利を具体的に保障するために「労働組合法」がある。労働組合は使用者との間で労働条件等に関して「労働協約」を締結する権利があり，使用者が労働組合及び労働組合員に対し，組合員であることを理由に解雇するなどの不利益な取扱いをすることを「不当労働行為」として禁止している。

日本では，企業ごとに労働組合が組織される「企業別労働組合」が一般的で，同じ企業で働く従業員が，団体交渉や労使協議を通じて雇用・労働条件の決定に参画する。労使は，労働条件決定にあたって利害が対立する関係にあるために，労働者はストライキなどの団体行動の可能性を背景にして，交渉力をもって使用者との話し合いの場につくことになる。多くの労働者が同じ条件を目指していれば，集団となって一律的なルール化のために行動する「集団的労使関係」の意義は大きい。

一方で，成果主義など，労働条件が個別に決定することが増えてきた。また，本章でとりあげたハラスメントなどの個別性の高いトラブルは集団的な労使関係にはなじまない部分も多い。当事者間での解決が難しい場合に，その解決に向けて当事者の相談にのり，必要な助言，指導を行うシステムとして，「個別労働関係紛争の解決の促進に関する法律」に基づく制度がある。具体的には，都道府県労働局に総合労働相談の窓口があり，労働問題に関する個別相談や情報提供を行っている。法律を知らないことから生じているような問題については，法律を理解することで解決が進むので，この窓口で対応できる。個別の紛争になってしまったような案件を解決しなければならない場合には，都道府県労働局長による助言・指導や，専門家による紛争調整委員会のあっせんが行われている。働く上での問題を解決に導く制度や機関について理解しておくことも重要である。

終 章　自律性と多様性に向き合う

❖ キャリアの自律性と多様性

本書は，キャリア開発の主体には，組織，個人の２つがあり，両者のかかわり方の比重が近年変化し，より個人の主体性を重視する方向に変化している点に注目して議論を展開してきた。この背景には，企業経営を取り巻く変化に伴い経営の方向を見極めにくいという不確実性の高まりにより，人材育成の方向付けが難しくなってきたという組織側の要因がある。組織主導のキャリア開発が，これまでのように機能しなくなっている。加えて，働く個人の属性や価値観が多様化し，「自己実現」という言葉に集約されるように，個人が価値を置くものにキャリアの拠り所を求め，内的キャリアを重視する傾向が強まっている。組織，個人双方の変化の下で，企業の人事制度も変革が求められ，キャリア開発のあり方もこれらの影響を強く受けている。

キャリアの方向性を決めてアクションを起こす主体として，これまで以上に働く個人の意思や行動が重視されていくことを「キャリア自律」ととらえた。これまでも，自律型キャリアの重要性が指摘されてきた（金井［2002］，花田他［2003］など）。しかし，現状をみる限り，長期継続雇用をベースにしながら，新卒一括採用，年功的な処遇制度，企業主導の異動や転勤，定年制度など，雇用制度が１つのシステムとして動いており，その大きな枠組みは変わっていない。このような枠組みの中で，個人がどのようなキャリア志向を持っているのかということは，人材マネジメントにおいてそれほど重視されず，したがって，労働者も自分のキャリアを考えようという積極的な姿勢は持ちにくかったといえる。

こうした状況を変える重要な要因が，従業員の「多様性」を重視する動きである。少子高齢化やグローバル化といった避けることのできない構造変化の下で，企業は競争力を維持して組織を活性化させる必要がある。「ダイバーシティ経営」は，社会の構造変化の下で企業組織が存続し発展するための１つの解として，経営者の目指す方向に一致したからこそ，多くの企業の人材戦略に組み込まれてきているといえる。人材の多様性を組織の力にする，という方針を徹底させようとすれば，働く人個々人の様々な発想・意見や個別事情に向き合うことになる。従来型の組織主導のキャリア開発は，この多様性と齟齬を来しはじめている。

ダイバーシティの重要な要素である女性のキャリアを考えると，これまでも結婚，出産・育児，介護といったライフイベントと女性のキャリア展開は密接に関連してきた。女性は，折に触れて，これからも仕事を続けられるのか，どうすれば続けられるのか，辞めてしまうとどうなるのか，など，自身の今後に向き合わざるを得ない状況に置かれてきた。第Ⅱ部で，女性，育児，介護など，女性のキャリアとかかわりの深いテーマを設定しているのは，女性が置かれている状況が，否応なく自律的なキャリア開発を考えなくてはならないという現状にあったからである。

自律的なキャリア開発の重要性が，多様性を活かすダイバーシティ経営という企業の人材戦略に裏打ちされ，これまで以上に現実味を帯びてきたということができるだろう。

個人の自律的なキャリア開発が重要になる時代に入り，それに対して個人，企業，公的な機関はどのように対応することが求められるのか。本書でも各論においてそれぞれのテーマごとに問題提起をしてきたが，最後に，「自助」「共助」「公助」という観点から，今後の課題を整理しておきたい。

❖ 個人のキャリア自律（自助）

自律的なキャリア開発は，個人が，自身のキャリアを主体的に考えることが出発点となる。

第７章で取り上げたワーク・ライフ・バランス（WLB）を例に検討したい。仕事と仕事以外の生活のバランスを図るための WLB 支援策について，その重要性を否定する人はいない。しかし，職場の中で恒常的な長時間労働の見直しや休暇取得促進などの具体的な施策を展開しはじめると，必ず従業員から不満が出てくる。それは，仕事をやりたいし仕事以外にやることもないからもっと働きたいのになぜ帰らなくてはいけない（休まなくてはいけない）のか，という不満である。やりたいことは「仕事」というのも，1つの自律的なキャリアといえなくはないが，他の選択肢をもたずに目の前の仕事にのめりこんでいくのだとすれば，自律的とはいえない。自分にとって仕事と生活のバランスとは何か，ということを考えることは，職業キャリアとライフキャリアの統合化に向き合うことであり，自律的なキャリア開発を行う上での基本的な問いかけであろう。それをベースにして，自分にとって働くことは何か，どのように働きたいのか，将来に向けて今何をすべきか，という具体的な問いへと展開されることになる。

自律的なキャリア開発は，個人が職業キャリアを含めたライフキャリアの中で，進みたい・進むべき方向性を自己決定しながら，時々で優先順位を決め，また組織の事情とも折り合いながら修正すべき点は修正して進めていくもの，ということができる。

従業員が今後の自身のキャリアを考えるようになると，組織側の人事権の裁量度を狭めることになり，組織にとって窮屈になりかねないという危惧がもたれかねない。従業員に自律的なキャリアを促しながらも，手放しで評価できないとすれば，「自律」が組織からの遠心力として作用し，組織としての凝集性がなくなり，個人に協調性などが期待できなくなってしまうのではないか，ということへの懸念が強いからだろう。

しかし，自律的なキャリア開発を支援し評価する組織であれば，そのこと自体が個人の組織への貢献を引き出すことになるだろう。第4章でも示したように，自律的なキャリア志向を持ちながらも，今いる組織と長期的な関係性を維持しようとする層では，キャリア満足度も高く組織とうまく折り合いをつけようとする意識が高い。日本企業における組織コミットメントの研究を行った鈴木は，自律することと組織へのコミットメントとの関係は多義的で，自律と組織への関係が二律背反でないことを指摘する（鈴木［2007］）。

働く人のモチベーションは，努力した結果得られる報酬の魅力度が重要であるが，報酬とは，金銭的なものや地位など外的なものだけではない。第1章で説明したように，人は最終的には自己実現，つまり自分を向上させたい，よりよく生きたいという目標に向かうことになるが，これには終わりがない。だからこそ成長への動機づけが継続するのである。自身のキャリアや能力の向上に前向きな従業員は，そのキャリア志向と組織の進む方向性とが一致すれば，きわめて有用な人材となりうる。

❖ 組織の役割（共助）

したがって，企業組織においては，従業員のキャリア自律意識が高まるのは厄介なこと，と受け止めるのではなく，それを積極的に受け止め，組織目標を達成することとの調整を行う仕組みが必要になる。

本書で繰り返し述べてきたが，キャリア開発において個人の主体性がこれまで以上に重視されるようになるということは，従業員個人にキャリアの選択を委ねて組織はかかわらない，ということではない。個人にとっての成長感や達成感といった内的キャリアの充実は重要であるが，職業キャリアを問題にする以上は，成長や達成は仕事を通じて行われるのであり，その多くは，企業組織の中で役割や責任を担うことと一体化している。したがって，「キャリア自律」は，キャリア開発の選択やその結果の責任を個人に帰する，ということではない。個人が自分は何をしたいのかという軸をもった上でそれに近づくための努力を行うことを重視するのであれば，それに応える組織の役割は従来とは質的に異なるものの，依然として大きなものがある。そのために，共助として企業に何が求められるのか。

第1に，企業の事業展開の方向性と従業員のキャリア展開の志向性を，これまで以上にすり合わせる努力が必要になるだろう。

第6章で，勤務地選択の問題を取り上げたが，このテーマが象徴的である。つまり，これまで企業は従業員の勤務地について，従業員の育成と組織運営上の都合という2つの理由から，原則として企業の人事権として決定してきた。しかし，勤務地は労働者の生活と一体であり，配偶者の仕事や子どもの学業の問題がセットになって生じるものである。共働きが増えれば，自社の事情のみで従業員の異動をさせることが難しくなるなど，従業員の個別事情を無視するわけにはいかなくなる。勤務地決定にあたり，従業員の希望や事情を反映させていかなければ，従業員の確保や定着にも影響が及ぶことになり，経営としても問題である。従業員の希望どおりに異動をするのは難しいにしても，希望を斟酌し，また赴任期間の目安を示すなど，転勤後の生活の可視化を推進しないと，従業員は自分の生活設計をすることすら難しくなってしまう。

第2に，自分のキャリアを真剣に考えたことがない個人が多い現状から，キャリアの方向性を考える手がかりとなるような支援をすることも必要である。泳ぎ方も知らない人を大海の真ん中に放り出すようなことをしてはいけないだろう。たとえば，キャリアコンサルタントによる相談や，上司とのキャリア面談，形骸化している自己申告制度を本来の姿に戻すなど，キャリアを考えるきっかけやツール，時には情報などを提供していくことが必要になる。

第3に，従業員自身がキャリアを選ぶ仕組みとして，社内公募制度なども活用されてよいだろう。キャリア自律の程度が日本より高いと見られる欧米では，異動時には社内公募が積極的に活用される。社内公募で提供される職務やポストが自分の今後のキャリアにとってどれだけ有効か，個々に判断しながら従業員が応募している。従業員のすべての希望を満たすことは難しいが，こうした制度が，従業員が自分の興味・関心を自覚したり，選考に漏れることで次のスキルアップの目標を立てるなど，キャリアを考え直す契機としての機能も期待できる。

また，欧米の企業では，仕事をしながら大学や大学院で学び直す従業員に対する支援策も充実しており，社会人の学生が多いのも日本の大学との違いである。特に日本では，経済的負担以上に，時間的余裕のなさが社会人の学び直しを阻んでいるとみられる。社外で能力を高めることを選んだ従業員に対して，その意欲を評価し積極的にサポートすることも必要である。

日本企業でもユニークな人事制度を実施する企業がある。半導体装置メーカーのディスコは，入社した新入社員が社内の「大学」で様々な業務を経験し，卒業後は自分で希望する配属先と交渉して配属先を決定する。同社では社内の仮想通貨があり，これを通じて業務の受発注を行う仕組みも構築しており，どのような仕事を経験して稼ぐか，を自分で考える制度となっている。同社の仕組みはきわめてユニークなものであるが，これが自律的な人材の育成につながっているとみられる。

従業員のキャリア自律を前提にして組織が担う役割を再検討し，また，必要な支援策を整備していくことが「企業の役割」=「共助」といえる。

❖ 公助の重要性

個人のキャリア自律が重視される組織の中で，個人と企業組織が協力して個人のキャリア開発を進めるようになっていくことが１つの理想である。自律的にキャリアを構築できるような強い個人には，結果として組織も支援を惜しまない。強い個と組織の支援がタッグを組んで，自律度の高い個人が成長の機会を獲得していく。これが，今後のモデル的な企業と組織の姿である。

しかし，現実にはそううまくは進まないだろう。大きな問題は，自分のキャリアを自律的に考えるといっても，何をどう考えてよいかわからない人の方が圧倒的に多いことである。本書でも取り上げたブラック企業の問題や，非正規雇用のキャリア開発が不十分になってしまう問題は，自律するための情報不足やスキル不足に起因する部分が多い。これを，労働者個人の自己責任と切り捨てることはできない。個人間の格差が大きくなっている今日，努力したくてもできない層が生まれている。こうした人たちが，自律型社会からスピンアウトされないためには，公的な支援＝「公助」が不可欠である。

ここでいう公助には，社会保障などの政策ももちろん含まれるが，本書でそれを扱うことは難しいので，雇用関連政策における公助の役割について３つの観点から整理をしておきたい。

まず第１に，企業が行う従業員のキャリア自律支援を，公的な立場から推進するという役割がある。2016年４月からキャリアコンサルタントが国家資格となり，以前から実施されていた技能検定制度と併せて，キャリアコンサルタントの重要性が制度にも反映されている。しかし，キャリアコンサルティングがある事業所（全体の４割程度）でも，専門性のあるキャリアコンサルタントを活用している企業は8.8％と１割に満たない（厚生労働省「令和３年度　能力開発基本調査」)。2022年施行の改正職業能力開発推進法において，職業能力開発の多様な場面でキャリアコンサルティングの機会を確保することが事業主に求められ，「キャリアコンサルティングの機会を確保する場合には，キャリアコンサルタントを有効に活用するように配慮するものとする」とされた。もちろん，キャリアコンサルタントでなくても従業員のキャリア支援は可能であるが，専門知識をもって客観的な立場でキャリア支援を行う有資格者が，企業の中で活躍する場は今後さらに増えていくと予想される。また，専門家がキーパーソンとなって，管理職層が部下のキャリア支援に対応できるような職場環境の整備を進め，組織全体として従業員の自律的なキャリア開発をサポートするよう体制整備が図られることも必要である。

第2に，キャリアコンサルタントが個別企業の中で活躍することと並行して，企業を超えた場でのキャリア支援も重要である。企業内でキャリア支援の仕組みが整備されているケースは多くはなく，整備が進んでいるのは大企業が中心である。勤務先の企業で自身のキャリアについて相談をするフォーマルな場がない労働者の方が圧倒的に多い。転職や再就職など，具体的な行動を起こそうとすれば，適宜相談機関に足を運ぶことになるが，それがなければ自分のキャリアに向き合う機会はほとんどない。常に変動する社会の中で，将来を見据えて自己啓発をしようとしても，何から始めたらよいのかわからないことの方が多い。キャリアを考えるきっかけとなったり，具体的な情報を提供する場が，企業を超えたところに存在することも求められるだろう。

第3に，先に述べたようなブラック企業で働く若者や非正規労働者など，企業内での育成システムから抜け落ちてしまうような層が増えていることを踏まえて，こうした層に対するキャリア支援を行う公の役割の重要性を指摘したい。第4章で，デンマークに代表されるEUのフレキシキュリティ政策を紹介したが，自律的なキャリア開発を進めようとすると，それが難しい層，あるいは途中でやり直しをしたい層が当然あらわれる。こうした個人に対して，セーフティネットを準備するのも公の役割である。

日本では，内部労働市場が発達していたために，労働者のキャリア開発に関して，企業の役割が大きく，相対的に公の役割が小さくなっていた。しかし，ここ20年程度で，内部労働市場の外にいる労働者の量が増えるとともに，そこでは若年層などキャリア開発のための投資が求められる労働者が増えており，こうした層が育成機会に恵まれないために，キャリア開発が行われないという問題も起きている。今後の産業界の人材ニーズを踏まえて，人材を育成する仕組みを公的に整備していくことが必要になっている。また，企業間の競争が激しくなり，労働者がそのしわ寄せを受ける形で，低賃金，長時間労働など厳しい労働条件の下で働かざるを得ないという問題も継続的に発生しており，労働条件確保のための政策のさらなる充実化も進められるべきである。

参考文献

第1章

Argyris, C. [1957] *Personality and Organization,* New York: Harper & Row.（伊吹山太郎，中村実訳［1970］『組織とパーソナリティー—システムと個人との葛藤』日本能率協会.）

Barnard, C.I. [1938] *The Functions of the Executive,* Mass.: Harvard University Press.（山本安次郎，田杉競，飯野春樹訳［1968］『新訳　経営者の役割』ダイヤモンド社.）

Baruch, Y. [2004] "Transforming Careers: From Linear to Multidirectional Career Paths: Organizational and Individual Perspectives," *Career Development International,* Vol. 9, pp.58-73.

Cytrynbaum, S. & Crites, J.O. [1989] "The Utility of Adult Development Theory in Understanding Career Adjustment Process," in Arthur, M.B., Hall, D.T. & Lawrence, B. S. (eds.), *Handbook of Career Theory,* New York: Cambridge University Press, pp.66-88.

Hall, D.T. [2002] *Careers In and Out of Organization,* California: Sage.

Herzberg, F. [1966] *Work and the Nature of Man,* New York: The World of Publishing Company.（北野利信訳［1968］『仕事と人間性—動機づけ-衛生理論の新展開』東洋経済新報社.）

Levinson, D.J. [1978] *The Seasons of a Man's Life,* New York: Alfred Knopf.（南博訳［1992］『ライフサイクルの心理学（上・下）』講談社.）

Levinson, D.J. [1996] *The Seasons of a Women's Life,* New York: Alfred Knopf.

Maslow, A.H. [1954] *Motivation and Personality,* New York: Harper & Row.（小口忠彦訳［1987］『人間性の心理学—モチベーションとパーソナリティ（改訂新版）』産能大出版部.）

Mayo, E. [1933] *The Human Problems of an Industrial Civilization,* Illinois: Scott, Foresman.（村本栄一訳［1967］『産業文明における人間問題』日本能率協会.）

McGregor, D.M. [1960] *The Human Side of Enterprise,* New York: McGraw-Hill.（高橋達男訳［1970］『企業の人間的側面—統合と自己統制による経営』産能大出版部.）

Porter, L.W. & Lawler, E.E. [1968] *Managerial Attitudes and Performance,* Illinois.: Irwin.

Rousseau, D.M. [1989] "Psychological and Implied Contracts in Organizations," *Employee Responsibilities and Rights Journal,* Vol. 2, pp.121-139.

Schein, E.H.［1965］*Organizational Psychology,* N.J.: Prentice-Hall.

Schein, E.H.［1978］*Career Dynamics : Matching Individual and Organizational Needs,* Mass.: Addison-Wesley.（二村敏子，三善勝代訳［1991］『キャリア・ダイナミクス―キャリアとは，生涯を通しての人間の生き方・表現である』白桃書房.）

Super, D.E.［1957］*The Psychology of Careers : An Introduction to Vocational Development,* New York : Harper & Row.

Super, D.E.［1980］"A Life-span, Life-Space Approach to Career Development," *Journal of Vocational Behavior,* Vol. 16, pp.282-298.

Taylor, F.W.［1911］*Principles of Scientific Management,* New York : Harper & Row.（上野陽一訳［1969］『科学的管理法（新版）』産業能率短期大学出版部.）

渡辺三枝子，Herr, E.L.［2001］『キャリアカウンセリング入門―人と仕事の橋渡し』ナカニシヤ出版.

第2章

Abegglen, J.C.［1958］*The Japanese Factory : Aspects of Its Social Organization,* New York : Free Press.（山岡洋一訳［2004］『新・日本の経営』日本経済新聞出版社.）

Becker, G［1993］*Human Capital : A Theoretical and Empirical Analysis with Special Reference to Education, 3rd Ed.,* Chicago : University of Chicago Press.

Bratton, J. & Gold, J.［2003］*Human Resource Management : Theory and Practice, 3rd ed.,* Basingstoke : Palgrave Macmillan.（上林憲雄，原口恭彦，三崎秀央，森田雅也訳［2009］『人的資源管理―理論と実践　第3版』文眞堂.）

Doeringer, P.B. & Piore, M.J.［1971］*Internal Labor Markets and Manpower Analysis,* Mass.: D.C. Heath and Company.（白木三秀監訳［2007］『内部労働市場とマンパワー分析』早稲田大学出版部.）

Spence, M.［1973］"Job Market Signaling," *Quarterly Journal of Economics,* Vol. 87, pp.355-374.

伊藤元重，加護野忠男［1993］「日本企業と人的資源」伊丹敬之，加護野忠男，伊藤元重編『日本の企業システム　第3巻　人的資源』有斐閣，pp.1-20.

篠塚英子［1989］『日本の雇用調整―オイル・ショック以降の労働市場』東洋経済新報社.

仁田道夫［2003］『変化のなかの雇用システム』東京大学出版会.

第3章

Cappelli, P.［2008］*Talent on Demand : Managing Talent in an Age of Uncertainty,*

Mass.: Harvard Business School Press.（若山由美訳［2010］『ジャスト・イン・タイムの人材戦略―不確実な時代にどう採用し，育てるか』日本経済新聞出版社.）

Lepak, D.P. & Snell, S.A.［1999］"The Human Resource Architecture: Toward a Theory of Human Capital Allocation and Development," *Academy of Management Review*, Vol. 24, pp.31–48.

OECD CERI［1973］*Recurrent Education ; A Strategy for Lifelong Learning*, Paris: OECD.

荒木淳子［2008］「職場を越境する社会人学習のための理論的基盤の検討―ワークプレイスラーニング研究の類型化と再考」『経営行動科学』第21巻，第2号，pp.119–128.

池田秀男［1996］「フロント・エンド・モデルと生涯学習」『教育と医学』第44巻，第3号，pp.205–211.

石山恒貴［2018］『越境的学習のメカニズム―実践共同体を往還しキャリア構築するナレッジ・ブローカーの実像』福村出版.

今野浩一郎［2012］『正社員消滅時代の人事改革』日本経済新聞出版社.

今野浩一郎，佐藤博樹［2020］『人事管理入門（第3版）』日本経済新聞出版社.

川上淳之［2021］『「副業」の研究―多様性がもたらす影響と可能性』慶應義塾大学出版会.

木村周［2015］「これからのキャリア・コンサルティングに求められるもの」『日本労働研究雑誌』No. 658，pp.80–82.

小池和男［1999］『仕事の経済学（第2版）』東洋経済新報社.

厚生労働省・キャリア形成を支援する労働市場政策研究会［2002］『「キャリア形成を支援する労働市場政策研究会」報告書』.

佐々木英和［2020］「政策としての『リカレント教育』の意義と課題―『教育を受け直す権利』を足がかりとした制度設計にむけて」『日本労働研究雑誌』No. 721，pp.26–40.

佐藤博樹［2022］「ダイバーシティ経営に適合的な人事管理システム」佐藤博樹・武石恵美子・坂爪洋美『多様な人材のマネジメント』中央経済社，pp.83–110.

中原淳［2012］『経営学習論―人材育成を科学する』東京大学出版会.

濱口桂一郎［2009］『新しい労働社会―雇用システムの再構築へ』岩波新書.

濱口桂一郎［2011］『日本の雇用と労働法』日本経済新聞出版社.

久本憲夫［2008］「第三章　能力開発」仁田道夫，久本憲夫編『日本的雇用システム』ナカニシヤ出版，pp.107–161.

平野光俊［2006］『日本型人事管理―進化型の発生プロセスと機能性』中央経済社.

守島基博［2009］「人材育成の未来」佐藤博樹編『叢書・働くということ　第4巻

人事マネジメント』pp.55-80.

第4章

Arthur, M.B. & Rousseau, D.M.［1996］*The Boundaryless Career : A New Employment Principle for a New Organizational Era,* New York : Oxford University Press.

Briscoe, J.P., Hall, D.T. & DeMuth, R.L.F.［2006］"Protean and Boundaryless Careers : An Empirical Exploration," *Journal of Vocational Behavior,* Vol. 69, pp.30-47.

Deci, E.L. & Flaste, R.［1995］*Why we do what we do : The dynamics of personal autonomy,* N.Y. : G.P.Putnam's Sons,（桜井茂男訳（1999）『人を伸ばす力―内発と自律のすすめ』新曜社.）

Deci, E.L. & Ryan, R.M.［2000］"The 'What' and 'Why' of Goal Pursuits : Human Needs and the Self-Determination of Behavior," *Psychological Inquiry,* Vol. 11, No. 4, pp.227-268.

Hall, D.T.［1996］"Protean Careers of the 21st Century," *Academy of Management Executive,* Vol. 10, pp.8-16.

Hall, D.T.［2002］*Careers In and Out of Organizations,* California : Sage.

Hirschman, A.O.［1970］*Exit, Voice, and Loyalty : Responses to Decline in Firms, Organizations, and States,* Mass. : Harvard University Press.（矢野修一訳［2005］『離脱・発言・忠誠―企業・組織・国家における衰退への反応』ミネルヴァ書房.）

Madsen, P.K.［2005］*How Can It Possibly Fly? – The Paradox of a Dynamic Labour Market in a Scandinavian Welfare State,* Centre for Labour Market Research.

Sullivan, S.E.［1999］"The Changing Nature of Careers : A Review and Research Agenda," *Journal of Management,* Vol. 25, pp.457-484.

鈴木竜太［2007］『自律する組織人―組織コミットメントとキャリア論からの展望』生産性出版.

諏訪康雄［2012］「職業能力開発をめぐる法的課題―『職業生活』をどう位置づけるか？」『日本労働研究雑誌』No. 618，pp.4-15.

武石恵美子［2019］「『適材適所』を考える―従業員の自律性を高める異動管理」『生涯学習とキャリアデザイン』Vol. 17，No. 1，pp.3-19.

武石恵美子，林洋一郎［2013］「従業員の自律的なキャリア意識の現状―プロティアン・キャリアとバウンダリーレス・キャリア概念の適用」『キャリアデザイン研究』Vol. 9，pp.35-48.

日本経営者団体連盟・教育特別委員会［1999］『エンプロイアビリティの確立をめざ

して―「従業員自律・企業支援型」の人材育成を』.
日本経済団体連合会［2006］『主体的なキャリア形成の必要性と支援のあり方―組織と個人の視点のマッチング』.
日本経済団体連合会［2018］『Society5.0―ともに創造する未来』.
日本経済団体連合会［2020］『Society5.0時代を切り拓く人材の育成―企業と働き手の成長に向けて』.
花田光世［2006］「個の自律と人材開発戦略の変化―ESとEAPを統合する支援・啓発パラダイム」『日本労働研究雑誌』No. 557, pp.53-65.
柳沢房子［2009］「フレキシキュリティ―EU社会政策の現在」『レファレンス』5月号, pp.80-103.

第5章

Cox, T.H. & Blake, S.［1991］"Managing Cultural Diversity: Implications for Organizational Competitiveness," *Academy of Management Executive*, Vol. 5, pp.45-56.
Guillaume, Y.R.F., Dawson, J.F., Otaye-Ebede, L., Woods, S.A., & West, M.A.［2017］"Harnessing demographic differences in organizations: What moderates the effects of workplace diversity?," *Journal of Organizational Behavior*, Vol. 38, No. 2, pp.276-303.
Jackson, S.E. & Joshi, A.［2011］"Work team diversity," in S. Zedeck (Ed.), *APA handbooks in psychology. APA handbook of industrial and organizational psychology, Vol. 1. Building and developing the organization,* pp.651-686. DC: American Psychological Association.
Roberson, Q.M.［2006］"Disentangling the Meanings of Diversity and Inclusion in Organizations," *Group & Organization Management,* Vol. 31, No. 2, pp.212-236.
Shore, L.M., Randel, A.E., Chung, B.G., Dean, M.A., Ehrhart, K.H. & Singh, G.［2011］"Inclusion and Diversity in Work Groups: A Review and Model for Future Research," *Journal of Management,* Vol. 37, No. 4, pp.1262-1289.
Thomas, D.A. & Ely, R.J.［1996］"Making Differences Matter: A New Paradigm for Managing Diversity," *Harvard Business Review,* September－October, pp.79-90.
van Knippenberg, D., De Dreu, C.K.W. & Homan, A.C.［2004］"Work Group Diversity and Group Performance: An Integrative Model and Research Agenda," *Journal of Applied Psychology,* Vol. 89, No. 6, pp.1008-1022.
経済産業省［2012］『ダイバーシティと女性活躍の推進―グローバル化時代の人材戦略』

経済産業省［2014］『ダイバーシティ経営戦略２―多様な人材の活躍が，企業の成長力に繋がる』
経済産業省［2015］『平成26年度　ダイバーシティ経営企業100選　ベストプラクティス集』.
厚生労働省・雇用政策研究会［2019］『雇用政策研究会報告書―人口減少・社会構造の変化の中で，ウェル・ビーイングの向上と生産性向上の好循環，多様な活躍に向けて』
佐藤博樹［2022］「ダイバーシティ経営に適合的な人事管理システム」佐藤博樹・武石恵美子・坂爪洋美『多様な人材のマネジメント』中央経済社，pp.83-110.
武石恵美子［2022］「従業員の自律的なキャリア形成支援」佐藤博樹・武石恵美子・坂爪洋美『多様な人材のマネジメント』中央経済社，pp.139-170.
谷口真美［2005］『ダイバシティ・マネジメント―多様性をいかす組織』白桃書房.
日本経営者団体連盟・ダイバーシティ・ワーク・ルール研究会［2002］『原点回帰―ダイバーシティ・マネジメントの方向性』日本経営者団体連盟.

（第６章）

Atkinson, J.［1985］*Flexibility, Uncertainty and Manpower Management,* IMS report, No. 89.
Jacoby, S.M.［2005］The Embedded Corporation, Princeton, NJ : Princeton University Press（鈴木良始・堀龍二・伊藤健市訳（2005）『日本の人事部・アメリカの人事部―日本企業のコーポレート・ガバナンスと雇用関係』東洋経済新報社）.
今野浩一郎［2010］「転勤と人材ポートフォリオ，賃金制度との関係」『人事実務』No. 1091，pp.8-11.
今野浩一郎［2012］『正社員消滅時代の人事改革』日本経済新聞出版社.
今野浩一郎［2022］「労働者の居住地選択をめぐる人事施策とその人事管理への影響」『日本労働研究雑誌』No. 746，pp.4-14.
今野浩一郎，佐藤博樹［2020］『人事管理入門（第３版）』日本経済新聞出版社.
太田肇［2008］『日本的人事管理論―組織と個人の新しい関係』中央経済社.
金井幸子［2018］「使用者の配転命令権と雇用保障」『日本労働研究雑誌』No. 698, pp.28-37.
厚生労働省［2012］『「多様な形態による正社員」に関する研究会報告書』.
厚生労働省［2014］『「多様な正社員」の普及・拡大のための有識者懇談会報告書』.
厚生労働省［2022］『多様化する労働契約のルールに関する検討会報告書』.
佐藤博樹［2012］『人材活用進化論』日本経済新聞出版社.
佐藤博樹［2014］「Ⅰ総論編　調査結果の概要」三菱UFJリサーチ&コンサルティング（厚生労働省委託研究）『「諸外国の働き方に関する実態調査」報告書』，pp. 総論５-総論16.
佐藤博樹［2022］「ダイバーシティ経営に適合的な人事管理システム」佐藤博樹・武石恵美子・坂爪洋美『多様な人材のマネジメント』中央経済社，pp.83-110.
武石恵美子［2013］「勤務地限定社員の処遇の実態と就業意識―『正社員多元化調査』の再分析２―」『日本労務学会第43回全国大会　研究報告論集』pp.241-248.
武石恵美子［2017］「ダイバーシティ推進と転勤政策の課題―社員の納得性を高めるために」佐藤博樹・武石恵美子編『ダイバーシティ経営と人材活用―多様な働き方を支援する企業の取り組み』東京大学出版会，pp.23-42.
武石恵美子［2022］「転勤施策の運用実態と課題―勤務地を決めるのはだれか」『日本労働研究雑誌』No. 746，pp.15-30.
鶴光太郎［2016］『人材覚醒経済―日本再生への岩盤突破』日本経済新聞出版社.
中村恵［1995］「ホワイトカラーの異動」猪木武徳，樋口美雄編『シリーズ現代経済研究９　日本の雇用システムと労働市場』日本経済新聞社，pp.151-174.
ニッセイ基礎研究所［2002］『多様で柔軟な働き方を選択できる雇用システムのあり方に関する研究会報告書』.
日本経営者団体連盟［1995］『新時代の「日本的経営」―挑戦すべき方向とその具体策』日本経団連出版.
濱口桂一郎［2009］『新しい労働社会―雇用システムの再構築へ』岩波新書.
濱口桂一郎［2011］『日本の雇用と労働法』日本経済新聞出版社.
久本憲夫［2003］『正社員ルネサンス―多様な雇用から多様な正社員へ』中公新書.
松原光代［2017］「転勤が総合職の能力開発に与える効果―育成効果のある転勤のあり方」佐藤博樹・武石恵美子編『ダイバーシティ経営と人材活用―多様な働き方を支援する企業の取り組み』東京大学出版会，pp.43-63.
水町勇一郎［2007］「ワーク・ライフ・バランスの視点―なぜ，どのようにして，WLBを進めていくか？」電機連合『21世紀生活ビジョン研究会報告』pp.174-197.
労働政策研究・研修機構［2017］『改正労働契約法とその特例への対応状況及び多様な正社員の活用状況に関する調査結果』.
労務行政研究所［2021］「転勤制度の見直し事例」『労政時報』第4024号，pp.64-99.

第７章

Greenhaus, J.H. & Beutell, N.J.［1985］"Sources of Conflict Between Work and Family Roles," *Academy of Management Review*, Vol. 10, pp.76-88.
Greenhaus, J.H. & Powell, G.N.,［2006］"When Work and Family Are Allies : A Theory of Work-Family Enrichment," *Academy of Management Review*, Vol. 31, pp.72-92.

Parasuraman, S., Purohit, Y.S., Godshalka, V.M. & Beutell, N.J.［1996］"Work and Family Variables, Entrepreneurial Career Success, and Psychological Well-Being," *Journal of Vovational Behavior,* Vol. 48, pp.275-300.

Westman, M.［2001］"Stress and strain crossover," *Human Relations,* Vol. 54, pp.717-751.

小倉一哉［2008］「日本の長時間労働—国際比較と研究課題」『日本労働研究雑誌』No. 575, pp.4-16.

黒田祥子［2010］「日本人の労働時間—時短政策導入前とその20年後の比較を中心に」鶴光太郎，樋口美雄，水町勇一郎編『労働時間改革』日本評論社，pp.33-51.

佐藤博樹［2020］「働き方改革の担い手としての管理職」佐藤博樹・松浦民恵・高見具広『働き方改革の基本』中央経済社，pp.75-103.

佐藤博樹，武石恵美子編［2008］『人を活かす企業が伸びる—人事戦略としてのワーク・ライフ・バランス』勁草書房.

佐藤博樹，武石恵美子［2010］『職場のワーク・ライフ・バランス』日本経済新聞出版社.

高見具広［2020］「ワーク・ライフ・バランスに関わる労働時間の多様な側面」佐藤博樹・松浦民恵・高見具広『働き方改革の基本』中央経済社，pp.31-54.

高村静［2017］「ワーク・ライフ・バランス管理職と組織の支援—変化する管理職」佐藤博樹・武石恵美子編『ダイバーシティ経営と人材活用—多様な働き方を支援する企業の取り組み』東京大学出版会，pp.185-209.

武石恵美子［2012a］「ワーク・ライフ・バランス実現の課題と研究の視座」武石恵美子編『国際比較の視点から日本のワーク・ライフ・バランスを考える—働き方改革の実現と政策課題』ミネルヴァ書房，pp.1-31.

武石恵美子［2012b］「ワーク・ライフ・バランスを実現する職場マネジメント」武石恵美子編『国際比較の視点から日本のワーク・ライフ・バランスを考える—働き方改革の実現と政策課題』ミネルヴァ書房，pp.147-182.

武石恵美子，佐藤博樹［2011］「時間意識の向上のためのモデル事業と働き方改革」佐藤博樹，武石恵美子編『ワーク・ライフ・バランスと働き方改革』，pp.110-139.

松浦民恵［2020］「働き方改革と生活改革」佐藤博樹・松浦民恵・高見具広『働き方改革の基本』中央経済社，pp.131-148.

麦山亮太・小松恭子［2022］「テレワーク実施可能性における格差—新型コロナウイルス感染症流行前後の時系列比較」JILPT Discussion Paper Seires 22-SJ-01.

山口一男［2009］『ワークライフバランス—実証と政策提言』日本経済新聞出版社.

山本勲，松浦寿幸［2012］「ワーク・ライフ・バランス施策と企業の生産性」武石恵美子編『国際比較の視点から日本のワーク・ライフ・バランスを考える—働き方改革の実現と政策課題』ミネルヴァ書房，pp.35-62.
渡辺峻［2009］『ワーク・ライフ・バランスの経営学―社会化した自己実現人と社会化した人材マネジメント』中央経済社.

第8章

Brinton, M.C.［1993］*Women and the Economic Miracle : Gender and Work in Postwar Japan*. Berkeley : University of California Press.
Esping-Andersen, G.［1990］*The Three Worlds of Welfare Capitalism,* Cambridge : Polity Press.（岡沢憲芙，宮本太郎監訳［2001］『福祉資本主義の三つの世界―比較福祉国家の理論と動態』ミネルヴァ書房.）
Hewlett, S.A. & Sherbin, L.［2011］*Off-Ramps and On-Ramps Japan : Keeping Talented Women on the Road to Success,* Center for Work-Life Policy.
Kanter, R.M.［1977］*Men and Women of the Corporation*, New York : Basic Books.（高井葉子訳［1995］『企業のなかの男と女―女性が増えれば職場が変わる』生産性出版.）
OECD［2012］*Closing the Gender Gap : Act Now.*（濱田久美子訳［2014］『OECDジェンダー白書―今こそ男女格差解消に向けた取り組みを！』明石書店.）
Phelps, E.S.［1972］"The Statistical Theory of Racism and Sexism," *American Economic Review*, Vol. 62, No. 4, pp.659-661.
川口章［2008］『ジェンダー経済格差』勁草書房.
黒澤昌子［2012］「アメリカにおけるワーク・ライフ・バランス」武石恵美子編『国際比較の視点から日本のワーク・ライフ・バランスを考える―働き方改革の実現と政策課題』ミネルヴァ書房，pp.185-211.
厚生労働省［2014］『平成26年度　労働経済の分析』.
高橋美恵子［2012］「スウェーデンにおけるワーク・ライフ・バランス」武石恵美子編『国際比較の視点から日本のワーク・ライフ・バランスを考える―働き方改革の実現と政策課題』ミネルヴァ書房，pp.295-329.
武石恵美子［2001］「大卒女性の再就業の状況分析」脇坂明，冨田安信編『大卒女性の働き方―女性が仕事をつづけるとき，やめるとき』日本労働研究機構，pp.117-141.
武石恵美子［2006］『雇用システムと女性のキャリア』勁草書房.
武石恵美子［2009］「キャリアパターン別に見た女性の就業の特徴」『国立女性教育会館　研究ジャーナル』第13号，pp.3-15.
武石恵美子［2014］「女性の仕事意欲を高める企業の取り組み」佐藤博樹，武石恵美子編『ワーク・ライフ・バランス支援の課題―人材多様化時代における企業の対応』東京大学出版会，pp.15-33.

武石恵美子・高崎美佐［2020］『女性のキャリア支援』中央経済社.
21世紀職業財団［2017］『「一般職」女性の意識とコース別雇用管理制度の課題に関する調査研究―「一般職」女性の活躍に向けて』
内閣府［2005］『平成17年版　国民生活白書』
内閣府［2006］『平成18年版　国民生活白書』
内閣府男女共同参画局［2007］『女性のライフプランニング支援に関する調査報告書』.
日本女子大学現代女性キャリア研究所［2012］「『女性とキャリアに関する調査』報告書」『現代女性とキャリア』第4号，pp.63-94.
山口一男［2008］「男女の賃金格差解消への道筋―統計的差別の経済不合理の理論的・実証的根拠」『日本労働研究雑誌』No. 574，pp.40-68.
脇坂明，奥井めぐみ［2005］「なぜ大卒女性は再就職しないのか」橘木俊詔編『現代女性の労働・結婚・子育て―少子化時代の女性活用政策』ミネルヴァ書房，pp.184-207.

第9章

Hall, D.T., Lee, M.D., Kossek, E.E. & Heras, M.L.［2012］"Pursuing Career Success while Sustaining Personal and Family Well-Being : A Study of Reduced-Load Professionals over Time." *Journal of Social Issues*, Vol. 68, pp.742-766.
Kossek, E.E. & Lee, M.D.［2005］*Making Flexibility Work : What Managers Have Leaned About Implementing Reduced －Load Work,* Michigan : Michigan State University.
Lirio, P., Lee, M.D., Williams, M.L., Haugen, L.K. & Kossek, E.E.［2008］"The Inclusion Challenge with Reduced-Load Professionals : The Role of the Manager," *Human Resource Management,* Vol. 47, pp.443-461.
佐藤博樹［2022］「ダイバーシティ経営の土台としての働き方改革と『境界管理』」佐藤博樹・武石恵美子・坂爪洋美『多様な人材のマネジメント』中央経済社，pp.111-137.
佐藤博樹，武石恵美子［2004］『男性の育児休業―社員のニーズ，会社のメリット』中公新書.
武石恵美子［2013］「短時間勤務制度の現状と課題」『法政大学キャリアデザイン学会紀要　生涯学習とキャリアデザイン』Vol. 10，pp.67-84.
武石恵美子［2015］「妊娠・出産・育児期における女性のキャリア形成の課題―妊娠差別に関する最高裁判決を受けて」『法政大学キャリアデザイン学会紀要　生涯学習とキャリアデザイン』Vol. 12，No. 2，pp.13-24.
武石恵美子，松原光代［2014a］「男性の育児休業―取得促進のための職場マネジメント」佐藤博樹，武石恵美子編『ワーク・ライフ・バランス支援の課題―人材多様化時代における企業の対応』東京大学出版会，pp.97-124.
武石恵美子，松原光代［2014b］「イギリス，ドイツの柔軟な働き方の現状―短時間勤務制度の効果的運用についての日本への示唆」『法政大学キャリアデザイン学会紀要　生涯学習とキャリアデザイン』Vol. 11，pp.15-33.
武石恵美子，松原光代［2017］「短時間勤務者のキャリア形成―効果的な制度活用のあり方を考える」佐藤博樹・武石恵美子編『ダイバーシティ経営と人材活用―多様な働き方を支援する企業の取り組み』東京大学出版会，pp.135-155.
内閣府［2013］『平成25年版　男女共同参画白書』
内閣府［2020］『令和２年版　男女共同参画白書』.
労働政策研究・研修機構［2011］『出産・育児期の就業継続―2005年以降の動向に着目して』.

第10章

Cullen, K. & Gareis, K.［2011］*Company Initiatives for Workers with Care Responsibilities for Disabled Children or Adults,* European Foundation for the Improvement of Living and Working Conditions.
朝井友紀子，武石恵美子［2014］「介護不安を軽減するための職場マネジメント」佐藤博樹，武石恵美子編『ワーク・ライフ・バランス支援の課題―人材多様化時代における企業の対応』東京大学出版会，pp.139-153.
朝井友紀子，佐藤博樹［2015］『中央大学大学院戦略経営研究科　ワーク・ライフ・バランス＆多様性推進・研究プロジェクト　介護の課題を抱える社員や将来抱える可能性の高い社員に対する支援のあり方―仕事と介護の両立に関する2014年調査』.
池田心豪［2021］『仕事と介護の両立』中央経済社.
佐藤博樹［2014］「企業による仕事と介護の両立支援の課題」佐藤博樹，武石恵美子編『ワーク・ライフ・バランス支援の課題―人材多様化時代における企業の対応』東京大学出版会，pp.177-199.
武石恵美子［2014］「従業員の介護不安の現状と職場に求められる対応」『日本労務学会誌』第15巻第１号，pp.4-19.
21世紀職業財団［2011］『介護を行う労働者の両立支援策に係る調査研究報告書』.
松浦民恵，武石恵美子，朝井友紀子［2015］「ケアマネジャーによる仕事と介護の両立支援の現状」『日本労働研究雑誌』No. 658，pp.66-79.
矢島洋子［2015］「仕事と介護における『両立の形』と『企業に求められる両立支援』」『日本労働研究雑誌』No. 658，pp.47-65.

第11章

石川経夫［1999］『分配の経済学』東京大学出版会.

小倉一哉［2013］『「正社員」の研究』日本経済新聞出版社.

厚生労働省［2003］『平成15年版労働経済の分析』.

厚生労働省・非正規雇用のビジョンに関する懇談会［2012］『望ましい働き方ビジョン』.

島貫智行［2017］『派遣労働という働き方―市場と組織の間隙』有斐閣.

武石恵美子［2003］「非正規労働者の基幹労働力化と雇用管理」『日本労務学会誌』第5巻第1号，pp.2-11.

鶴光太郎［2011］「非正規雇用問題解決のための鳥瞰図―有期雇用改革に向けて」鶴光太郎，樋口美雄，水町勇一郎編『非正規雇用改革』日本評論社，pp.1-44.

松浦民恵［2009］「派遣労働者のキャリア形成に向けて―ヒアリング調査による考察」『日本労働研究雑誌』No. 582，pp.29-39.

宮本みち子［2012］『若者が無縁化する―仕事・福祉・コミュニティでつなぐ』ちくま新書.

山本勲［2011］「非正規労働者の希望と現実―不本意型非正規雇用の実態」鶴光太郎，樋口美雄，水町勇一郎編『非正規雇用改革』日本評論社，pp.93-120.

第12章

Freeman, R.B. & Medoff, J.L.［1984］*What Do Unions Do?* New York : Basic Books.

大内伸哉［2014］『君の働き方に未来はあるか？―労働法の限界と，これからの雇用社会』光文社新書.

小倉一哉［2015］「『違法労働』の国際比較」『日本労働研究雑誌』No. 654，pp.45-52.

厚生労働省［2009］『今後の労働関係法制度をめぐる教育の在り方に関する研究会報告書』

小林徹［2015］「違法労働の発生要因と従業員の主観的ブラック企業認識―職場の特性やHRMに着目して」『日本労働研究雑誌』No. 654，pp.26-44.

今野晴貴［2012］『ブラック企業―日本を食いつぶす妖怪』文春新書.

今野晴貴［2015］『ブラック企業２―「虐待型管理」の真相』文春新書.

武石恵美子，後藤嘉代，佐藤厚［2015］「働き方の現状と課題―『ブラック的』な働き方に関する考察」『生涯学習とキャリアデザイン』Vol. 12，No. 2，pp.67-83.

武石恵美子，佐藤厚，後藤嘉代［2016］「『ブラック的』な働き方の背景とそれへの対応行動に関する研究」『日本労働研究雑誌』No. 667，pp.92-105.

東京海上日動リスクコンサルティング［2021］「令和２年度 職場のハラスメントに関する実態調査報告書（厚生労働省委託）」

濱口桂一郎［2013］『若者と労働―「入社」の仕組みから解きほぐす』中公新書ラクレ.

労働運動総合研究所編［2014］「特集『ブラック企業』調査報告」『労働総研クオータリー』No. 96，労働運動総合研究所，pp.2-49.

終　章

金井壽宏［2002］『働くひとのためのキャリア・デザイン』PHP 新書.
鈴木竜太［2007］『自律する組織人―組織コミットメントとキャリア論からの展望』生産性出版.
花田光世，宮地夕紀子，大木紀子［2003］「キャリア自律の新展開」『一橋ビジネスレビュー』51巻 1 号，東洋経済新報社，pp.6-23.

索　引

●さ 行

●た　行

●な　行

●は　行

●ま　行

●や　行

●ら　行

●わ 行

著者紹介

武石　恵美子（たけいし　えみこ）

法政大学キャリアデザイン学部教授。専門は人的資源管理論，女性労働論。
労働省（現　厚生労働省），ニッセイ基礎研究所，東京大学社会科学研究所助教授等を経て，2006年4月より法政大学。2001年お茶の水女子大学大学院人間文化研究科博士課程修了。博士（社会科学）。
著書に，『雇用システムと女性のキャリア』（勁草書房，2006年），『職場のワーク・ライフ・バランス』（共著，日経文庫，2010年），『国際比較の視点から日本のワーク・ライフ・バランスを考える』（編著，ミネルヴァ書房，2012年），『ワーク・ライフ・バランス支援の課題』（共編著，東京大学出版会，2014年），『シリーズ　ダイバーシティ経営／女性のキャリア支援』（共著，中央経済社，2020年），『シリーズ　ダイバーシティ経営／多様な人材のマネジメント』（共著，中央経済社，2022年）など。
その他，厚生労働省「労働政策審議会委員」「労働政策審議会　人材開発分科会長」等の公職を務める。

キャリア開発論（第2版）
——自律性と多様性に向き合う

2016年9月20日　第1版第1刷発行
2021年2月15日　第1版第3刷発行
2023年4月30日　第2版第1刷発行

著　者　武　石　恵美子
発行者　山　本　継
発行所　㈱中央経済社
発売元　㈱中央経済グループパブリッシング

〒101-0051　東京都千代田区神田神保町1-31-2
電話　03（3293）3371（編集代表）
03（3293）3381（営業代表）
https://www.chuokeizai.co.jp
印刷／昭和情報プロセス㈱
製本／㈲井上製本所

ISBN978-4-502-46181-1　C3034